U0453025

千村故事

特产特品卷

浙江省农业和农村工作办公室
浙江农林大学中国农民发展研究中心
浙江省农民发展研究中心
中国名村变迁与农民发展协同创新中心

本卷主编 车裕斌

中国社会科学出版社

图书在版编目(CIP)数据

千村故事·特产特品卷 / 车裕斌主编. —北京：中国社会科学出版社，2021.4
ISBN 978-7-5203-8321-9

Ⅰ.①千… Ⅱ.①车… Ⅲ.①村落文化—介绍—中国②土特产品—介绍—中国
Ⅳ.①K928.5②F762.7

中国版本图书馆 CIP 数据核字（2021）第 076151 号

出 版 人	赵剑英
责任编辑	宫京蕾
责任校对	秦 婵
责任印制	李寡寡

出　　版	中国社会科学出版社
社　　址	北京鼓楼西大街甲 158 号
邮　　编	100720
网　　址	http://www.csspw.cn
发 行 部	010-84083685
门 市 部	010-84029450
经　　销	新华书店及其他书店

印刷装订	北京君升印刷有限公司
版　　次	2021 年 4 月第 1 版
印　　次	2021 年 4 月第 1 次印刷

开　　本	710×1000　1/16
印　　张	18.75
插　　页	2
字　　数	316 千字
定　　价	98.00 元

凡购买中国社会科学出版社图书，如有质量问题请与本社营销中心联系调换
电话：010-84083683
版权所有　侵权必究

浙江省历史文化村落"千村故事"丛书编委会

编委会主任
王辉忠　黄旭明

编委会副主任
章文彪　张才方　蒋珍贵　宣　勇　周国模
严　杰　金佩华　王景新

编委会成员
王长金　王旭烽　王思明　车裕斌　包志毅
沈月琴　陈华文　何秀荣　宋洪远　余振波
张梦新　李勇华　李建斌　邵晨曲　郑有贵
林爱梅　赵兴泉　顾益康　葛永明　温　锐
樊志民

编辑室
胥　亮　李琳琳　吴一鸣　朱　强

总　　序

　　村落是人类的摇篮，是人类文明的根脉。浙江是中华文明的发源地之一，历史悠久，农耕文明高度发达，地域文化独具特色。数千年来，勤劳智慧的浙江人民世世代代辛勤劳作，在浙山浙水之间聚居，形成了成千上万个传承着农耕文化和铭刻着乡愁记忆的历史文化村落。从写意山水的富春山居到流畅文脉的楠溪古村，从白帆渔歌的东海渔庄到听泉耕读的径山茶舍，从唐诗之路的会稽山坑到宋都遗风的天目山坞，当我们置身在这些诗画江南的古韵村落之中时，犹如正在穿越吴越文化的时空隧道，在翻阅农耕文明的历史画卷，在聆听浙人先贤的空谷放歌。这一个个的历史文化村落，不仅在岁月的长河中留下了农耕之源、文化之邦、丝绸之府、茶叶之都、鱼米之乡的浙江印记，望山看水，承载着乡愁，更是一部厚重的历史诗卷，凝聚着浙江人民的智慧创意和人文精神，让我们在生机勃勃的现代化建设中，仍能感受到温情脉脉的文化传承。

　　习近平总书记强调，实现城乡一体化，建设美丽乡村，不能大拆大建，特别是要注意保留村庄的原始风貌，把古村落保护好，让居民望得见山、看得见水、记得住乡愁。浙江省委、省政府历来高度重视历史文化村落的保护、传承与利用工作。20世纪90年代以来，浙江就开始古村落保护利用的探索。2003年，浙江启动"千村示范、万村整治"工程，时任省委书记习近平强调："要正确处理保护历史文化与村庄建设的关系，对有价值的古村落、古民居和山水风光进行保护、整治和科学合理的开发利用。"2006年，浙江省委、省政府明确提出，在新农村建设过程中，要切实加强对优秀乡土建筑和历史文化环境的保护，努力实现人文与生态环境的有机融合。2012年，浙江出台《关于加强历史文化村落保护利用的若干意见》，全面启动历史文化村落的保护利用工作。在浙江多年的美丽乡村建设实践中，以西塘、乌镇、诸葛村、堰头村等为代表的一大批历史文化村落，走出了各具特色的保护利用之路，成为与现代文明有机结合的美丽乡村，在全国产生了较大影响。目前，浙江确定的历史文化村落有1237个，其中176个被列入中国传统村落名录，数量全国领先。

"千村故事"丛书，是按照接续历史文脉、让"古村落活起来"的要求，全面挖掘、整理和记载历史文化村落里的生态人居、经济社会、制度习俗、传统工艺、人物传记等物质和非物质文化遗产，通过深入细致的调查研究，整理出最能够体现每一个历史文化村落的人文特色和历史底蕴的故事。本套丛书收录了近千个历史文化村落的历史人文故事，以群众喜闻乐见、图文并茂的形式，系统地展现浙江丰富的农耕文化、深厚的历史积淀和向善向上的人文精神。可以说，这套"千村故事"丛书，是一部故事与史志相融合，集趣味性、科普性和教育性于一体，兼具史学意义、学术价值和教育科普功能的文化精品。

我期望这套丛书的出版发行，能让更多的人关心和保护历史文化村落。传讲好千村故事，传承好优秀文化，从而增强广大人民群众对中华优秀传统文化和乡土文化的认同感与归属感，为全面建成更高水平的小康社会提供精神支撑。

是为序。

2016年3月18日

前　　言
"千村故事"书写中国美丽乡村建设浙江新篇章

一　缘起

寻乡愁，
祖宗兴村族规修。
劝农劝学基业定，
礼仪道德孝中求。
生态人居子孙旺，
民风民俗村史留。

寻乡愁，
千村故事话风流。
清廉大义万古传，
名人名流胜封侯。
手技手艺代际承，
特产特品我村优。

寻乡愁，
美丽乡村历史悠。
民族振兴中国梦，
村域发展是重头。
自在安然农民心，
共同富裕写春秋。

一首婉转悠扬的"千村故事"之"一碟影像"主题歌，唱出了浙江人民保护历史文化村落、寻访传统故事、定格乡土印象、回味乡愁记忆的诗意情怀，抒发了浙江人民践行自由平等、建设美丽乡村、奔向共同富裕的壮志豪情。

"《千村故事》'五个一'行动计划"（以下简称"千村故事"）缘起浙江历史文化村落保护、利用工作。"做好历史文化村落的保护利用工作，是彰显美丽乡村地方特色的需要。"① 浙江历史文化村落保护利用工作的启动，标志着浙江以"千村示范、万村整治"为载体的美丽乡村建设跃升到新阶段。这一阶段，是浙江社会主义新农村建设的"美丽成果"转化为农村经济社会发展"资源优势"的重要阶段，是"生产发展、生活宽裕、乡风文明、村容整洁、管理民主"的社会主义新农村建设目标的实现阶段，也是浙江"推动信息化和工业化深度融合、工业化和城镇化良性互动、城镇化和农业现代化相互协调，促进工业化、信息化、城镇化、农业现代化同步发展"和"城乡一体化发展"的大融合阶段。

浙江美丽乡村建设始于2003年。是年6月，时任中共浙江省委书记习近平启动了浙江"千村示范、万村整治"工程，揭开了中国美丽乡村建设的时代篇章。2005年10月，中共十六届五中全会提出了"建设社会主义新农村"的重大历史任务，将浙江"千村示范、万村整治"融入中国社会主义新农村建设大潮。至2007年，浙江省完成了10303个建制村的初步整治，其中1181个建制村建成"全面小康建设示范村"。2008年，浙江省安吉县提出"中国美丽乡村"计划。2009年9月，一批国内古建筑和文物保护专家集聚浙江省建德市新叶村，发表了《新叶共识》，希望政府"把遗产保护和民生工程建设结合起来……倡导全社会关注抢救正在日渐消失的中国乡土建筑"。2010年，浙江省制订了《美丽乡村建设行动计划（2011—2015年）》，同时，浙江省农业和农村工作办公室（以下简称省农办）、财政厅、住建厅、文化厅、林业厅、省文物局六部门联合开展历史文化村落普查。2012年4月，浙江省贯彻习近平总书记关于"优秀传统文化是一个国家、一个民族传承和发展的根本，如果丢掉了，就割断了历史命脉"的讲话精神，出台了《关于加强历史文化村落保护利用的若干意见》，把修复、保护、传承和永续利用历史文化村落作为美丽乡村建设的重要内容。2012年11月，党的十八大报告提出了"努力建设美丽中国，实现中华民族永续发展"的要求。习近平总书记指出："中

---

① 李强：《在全省历史文化村落保护利用工作现场推进会上的讲话》（2012年5月9日）。

国要强，农业必须强；中国要美，农村必须美；中国要富，农民必须富。"建设美丽中国，重点和难点都在农村，美丽乡村建设理所当然地成为当今中国的时代潮流。

"千村故事"在浙江美丽乡村建设跃升阶段应运而生。2014年5月20日，浙江省委副书记王辉忠、副秘书长张才方一行到浙江农林大学调研，在听取了中国农民发展研究中心关于"中国名村变迁与农民发展协同创新中心"的工作汇报后，表示要支持协同创新中心开展历史文化村落保护、利用研究，浙江农林大学随即向省委办公厅呈送了书面报告，王辉忠副书记做了批示。2014年11月，浙江省美丽乡村建设现场会和2015年1月浙江省农村工作会议，先后做出了"挖掘和传承好古村落古民居背后的故事"的部署。2015年3月2日，浙江省农业和农村工作办公室根据上述两次会议部署和省领导的指示精神，委派相关负责人到中国农民发展研究中心，共同商讨、制订了"千村故事"行动计划，并于3月24日呈送浙江省委、省政府。夏宝龙书记、李强省长、王辉忠副书记、黄旭明副省长分别对此做了重要指示：要把这件大事办好，全力创作"精品"。

浙江省委、省政府四位领导批示后，省农办相关负责人多次到浙江农林大学指导、对接和协调，讨论"千村故事"实施方案，部署和推进这项工作。浙江农林大学主要领导要求举全校之力抓好《千村故事》"五个一"行动计划，金佩华和王景新作为总负责和总主编。浙江农林大学中国农民发展研究中心按照上述要求，联络"中国名村变迁与农民发展协同创新中心"及省内外专家，成立了"千村故事"专家委员会，组建了"千村故事"研究团队和工作室，启动了"五个一"行动计划。

二　任务

浙江省提出的"历史文化村落"概念，涵盖了浙江省域内的中国历史文化名村、中国传统村落和古建筑村落、自然生态村落与民俗风情村落。中国历史文化名村是指保存文物特别丰富且具有重大历史价值或纪念意义的，能较完整地反映一些历史时期传统风貌和地方民族特色的村，由住建部和国家文物局共同组织评选。2003年10月至2014年3月，分6批公布了276个历史文化名村，其中浙江28个，占总数的10.1%。中国传统村落过去称"古村落"，2012年，住建部、文化部、国家文物局、财政部联合组成了"传统村落保护和发展专家委员会",此后用"传统村落"替代了"古村落"概念。传统村落是指1911年辛亥革命以前建村,保留了较多传统建筑环境、建筑风貌,村落选址未有大的变动,具有独特民俗民风,虽年代久远,但至今仍为人们服务的村落。2012年至2014年12月,该委员会分3批公布了"中国传统村落"2555个,浙江入选176个,占总数的6.9%。2012年,浙委办〔2012〕38号文件界定:"历史文化村落包括古建筑村落、自然生态村落和民俗风情村落等。"这份文件把现存古建筑等历史文化实物和非物质文化遗产比较丰富的村落,建筑与自然生态相和谐、历史建筑保护较好的村落,传统民俗风情等非物质文化遗产丰富、民俗文化延续至今、活动频繁的村落,都纳入了"历史文化村落"范畴。

"千村故事"主要针对纳入《浙江省历史文化村落保有数量和名单库》(以下简称"库内村")的1237个村,开展"寻访传统故事—编撰一套丛书,触摸历史脉搏—形成一个成果,定格乡土印象—摄制一碟影像,回味乡愁记忆—推出一馆展示,构建精神家园—培育一批基地"活动。

"编撰一套丛书",共9卷,其中,《千村故事·古村概览卷》是为"库内村"立档。《千村故事·礼仪道德卷》收集和编撰"库内村"在仁义、慈爱、孝道、勤俭、和睦、善行、清白、诚信、情谊(包括兄弟邻里情谊及民族和谐等)方面的典故。《千村故事·清廉大义卷》收集和编撰"库内村"宗族督导其入仕子孙为官清正廉洁、热爱国家、坚守民族大义的典故。《千村故事·生态人居卷》收集和编撰"库内村"经典的堪舆布局,合理的聚落结构,巧妙的给排水系统,精致的建筑园林,优美的自然景观及其传承、保护等方面的故事。《千村故事·劝农劝学卷》收集和编撰"库内村"戒子戒规、劝农劝学、耕读传家的那人、那事、那典范,弘扬勤奋苦读、乐于农耕、崇勤倡简、勤俭持家,以及自强不息、勤勉坚韧、艰苦奋斗的乡土文化。《千村故事·名人名流卷》收集和编撰"库内村"学而优则仕、则商,学而不优则耕读传家等名仕、名商、名师、名学和名绅的故事,弘扬干一行、爱一行,行行出状元,造福乡梓的优秀文化。《千村故事·民风民俗卷》收集和编撰"库内村"祭祀、婚嫁、丧葬、节庆、季节与农耕、族规乡约、邻里互助等方面的经典故事,弘扬村落民风、民俗、民习,以及村落秩序与基层治理的优秀文化。《千村故事·手技手艺卷》收集和编撰"库内村"独特的工匠技术，石雕、砖雕、木雕、竹雕、竹编、绘画、书法、剪纸、刺绣、女红、戏曲、民歌、武术等乡土非物质文化遗产及其传人的故事，传承乡土手艺、技术和民间艺术。《千村故事·特产特品卷》收集和编撰"库内村"著名农产品、林果蔬产品、畜产品、"老字号"手工产品和特产、名吃及其背后的故事。

"形成一个成果"，就是利用"编撰一套丛书"的调查资料和数据，研究和总结江南历史文化村落变迁（兴衰更替或持续发展）的历史脉络、发展条件、阶段性特征和一般规律，以及文化遗产保护、传承、利用的浙江特色、中国经验。出版《浙江历史文化村落变迁与发展》（专著），提出"浙江历史文化村落保护利用现状和持续发展调研报告"及其"政策建议"，编制"浙江省2016—2020年历史文化村落保护利用规划"。

"摄制一碟影像"，其目的在于用影像手段记忆乡愁，记录"库内村"保护、利用现状，收集和保存"库内村"原有影像资料，宣传"千村故事"。任务包括：一是收集、整理"库内村"以往的纪录片、宣传片、新闻片，储备"千村故事"之"一馆展示"的馆藏影像资料；二是拍摄"库内村"的人居环境，记录"库内村"民居、宗祠、廊桥等历史建筑修复、保护、利用现状，复活"库内村"民风民俗、手技手艺等非物质文化遗产；三是按照"千村故事"一套丛书的8卷分类，挑选经典、精彩的故事，组织亲历者、传承人和典型代表人物讲述本村、本家和自己的故事，编辑成8集宣传性故事片。

"推出一馆展示"，是以浙江农林大学"浙江名村博物馆"建设为载体，设立浙江历史文化村落变迁展示馆。展示内容包括：一是农耕生产工具、手工业器具、传统生活用具、民间艺术作品等方面的实物；二是历史文化村落的村史、村志、名人、名流传记和作品，档案及散落民间的契约文书等文献资料；三是村庄布局及其变迁的历史图片、碑刻拓片和影像资料；四是农村发展的对比材料，如村落景观对比、村域自然环境对比、农民居住条件对比、农户经济收入对比、生活质量和公共服务水平提升对比等，采集历史文化村落有记载的历史数据、图片、统计年报、农户记账资料、老照片、村集体经济组织所受的表彰及荣誉称号证件等，最终形成浙江历史文化村落数据库。

"培育一批基地"，是结合"库内村"保护利用重点村项目的实施，分"乡土历史文化保护传承示范村""时代印记文化保护传承示范村"两种类型,培育"看得见山、望得见水、记得住乡愁"的示范基地。

上述任务是一个整体,其中,"编撰一套丛书"既是"形成一个成果"的资料源泉、"摄制一碟影像"的脚本、"推出一馆展示"的脉络和线条,又是"培育一批基地"的重要依据。"一套丛书""一个成果""一碟影像""一馆展示"和"一批基地"相互支撑,共同托起浙江历史文化村落物质和非物质文化遗存保护利用的历史殿堂。

三 价值

"千村故事"是浙江省在历史文化村落物质文化遗存修复、保护和利用的基础上,对非物质文化遗产抢救性挖掘、整理、记忆和传承的乡土文化建设的重大任务。"千村故事"将为千秋万代留下一份具有诗意情怀的传统村落变迁史料,将为现代农业中如何继承中华民族传统农业精华发挥启迪作用,将为世界留下一份具有人文底蕴的中国江南鱼米之乡的乡愁记忆。

中国农村变迁发展以村庄为载体。农村变迁史本质上是村庄变迁史。历史文化村落是中国乡土文化遗产的博物馆,是乡愁记忆的百科全书,也是中国国学的思想宝库。历史文化村落镌刻着古代中国农业、农村和农民发展的历史印记,承载着近现代中国共产党领导新民主主义革命、社会主义革命和建设、改革开放和社会主义现代化建设的伟大功勋,展示着中国农业、农村和农民现代化的巨大业绩,凝聚着无数农民精英的历史贡献。我们从历史文化村落走过,仿佛走进了中国农耕文明、乡土文化及国学精髓的博物馆,走进了中国共产党领导农民革命和社会主义建设的纪念馆,走进了农业、农村和农民现代化的业绩馆,走进了祖宗先辈、农民精英和名人名流的传记馆。但是,"快速发展的工业文明正在疯狂地吞噬着农耕文明,乡村社会正在成片地急剧消失,作为整个人类摇篮的、绵延了数千年的带有中古韵味的原始村落正一个个地被五光十色的现代建筑群所取代"。[①] 中国历史文化村落保护时不我待,中国历史文化村落社会经济变迁研究时不我待,中国历史文化村落影像资料摄制和农耕文明博物馆建设时不我待!

---

① 王先明:《从东方杂志看近代乡村社会变迁——近代中国乡村史研究的视角及其他》,《史学研究》2004年第12期。

浙江省历来高度重视历史文化村落的保护、利用工作，一直将其作为农村经济社会发展的重要支撑和美丽乡村建设的重要内容。2003 年浙江省启动"千村示范、万村整治"工程时，时任中共浙江省委书记习近平就强调："要正确处理保护历史文化与村庄建设的关系，对有价值的古村落、古民居和山水风光进行保护、整治和科学合理地开发利用。"[①] 2012 年，浙江省开全国传统村落保护、利用之先河，在一个省级区域内，有组织、有计划、大规模地展开历史文化村落保护、利用工作。自 2012 年始，浙江省委、省政府每年召开一次"全省历史文化村落保护利用工作推进会"，每年投入近 10 亿元资金，[②] 连续 3 年（3 批）对全省历史文化村落"库内村"中的 130 个重点村、649 个一般村开展了修缮和保护工作。浙江省各级党委、政府做了许许多多的好事、善事，提供了许许多多的新做法、新经验，功在当代、惠及子孙，得到了浙江农村干部和广大农民的肯定、赞扬和积极响应。而今浙委办〔2012〕38 号文件提出的关于"到 2015 年，全省历史文化村落保有集中县规划全覆盖，历史文化村落得到基本修复和保护"的总目标已经基本实现。

四 方法

"千村故事"是浙江省"政、学、研、民"合作、大规模调研、大团队协同调研的有益尝试。按照上级要求，"千村故事"由省农办组织协调，省财政厅保障相关经费，浙江农林大学联合"中国名村变迁与农民发展协同创新中心"的力量组织实施。

省农办与浙江农林大学研究团队密切合作，将"千村故事"的研究对象、故事收集与撰写方法、写作要求与范本、工作进度等，通过省农办文件形式传达各地。2015 年，省农办为"千村故事"发文、发函就有《关于组织开展"〈千村故事〉'五个一'行动计划"的通知》（浙村整建办〔2015〕11 号）、《关于核对和完善"千村故事"千个历史文化村落名单的通知》（浙村整建办〔2015〕14 号）、《关于组织开展〈千村故事丛书〉基础材料收集、整理编撰工作的通知》（浙村整建办〔2015〕18 号）

[①] 转引自吴坚《箫鼓牵情古风淳——浙江历史文化村落保护利用工作纪实》，《今日浙江》2014 年第 16 期。

[②] 2013 年，浙江省、市、县三级共投入资金 9.29 亿元，其中省级下拨 2.3 亿元。参见王辉忠《在全省历史文化村落保护利用工作现场会上的讲话》（2014 年 7 月 1 日）。

等。这些文件成为协同各方的重要依据。省农办要求：历史文化村落保有量大、入选"库内村"数量多的县（区、市）也要成立相应的指导委员会。要从县（区、市）文化局（文化馆）、方志办和档案馆等单位抽调专业人员，组成专门工作班子，负责有关乡镇（街道）、村的组织协调以及基础材料、经典故事、影像图片等的收集、整理、撰写、审读、修改和报送等工作。

定点定村是"千村故事"研究和编撰工作展开的基础。省农办以2012年六部门联合普查确定的历史文化村落"库内村"（971个村）为基础，按照"有价值、有形态、有文脉、有故事、有人脉"的标准，对各地历史文化村落的保有数量和名单进行核实、退出或补充。截至2015年年末，全省普查纳入历史文化村落"库内村"1237个。①

浙江农林大学研究团队于2015年4月上旬召开"千村故事"培训会，统一了研究思路和方法，随即组织农村经济、建筑、规划、历史、文化、旅游、民俗等方面的专家，两次深入"库内村"开展预调研。其目的为：一是通过预调研拟定"一套丛书"总框架，以及《古村概览卷》和8卷故事的章、节与故事范本，方便基层参与者在收集、整理、编撰千村故事基础材料时参照；二是摸索"政、学、研、民"合作联动的方法，以及研究团队联合攻关机制。至2015年6月下旬，上述目标全部达成，并形成了关于"千村故事""一套丛书"编撰总要求、体例和方法等方面的共识。

第一，编撰总要求。"一套丛书"编撰要按照省政府领导批准的"千村故事"行动计划所列框架破题，展现历史文化村落"那村、那人、那故事"，最终形成一部故事与史志结合的系列编著。"一套丛书"编撰要坚持"三性"并重原则：故事挖掘、整理和编撰要具有史实性，是历史文化村落里真实存在、广为流传的故事；要体现知识性，可读、可藏、可传；要发挥教育性，弘扬和传承历史文化村落的优秀文化。

第二，编撰对象。"千村故事"研究和编撰对象为浙江历史文化村落"库内村"，非"库内村"若确有经典故事的，亦可选编，但数量要严格控制。凡以人物为中心的故事，必须遵循"生不立传，顺应时代与表现'正能量'，大人物写小事、小人物写大事"等基本原则，如果几个村落撰写同

---

① 浙江历史文化村落"库内村"数量不断调整，三个阶段的数据分别为971个、1123个和1237个，因此，在"千村故事"研究过程中，不同时段撰写的研究成果中，其"库内村"数量不同，特予说明。

一个人物的故事，要合并为一个故事，但要体现这个人物在多个村庄的活动印记。以人物为中心的故事，不能异化为个人传记而见人不见村。

2015年6月25日，省农办根据上述共识，下发《关于组织开展〈千村故事丛书〉基础材料收集、整理编撰工作的通知》，要求各县（区、市）农办会同文化、广电、史志、档案等部门，抽调相关专业人员，组成专门工作班子，按照上述要求扎实做好基础材料、影像图片等的收集、整理、编撰、审读、上报工作，于2015年8月1日前，分别上报省农办社会发展处与浙江农林大学"千村故事"工作室。

2015年7月8日，浙江省农办社会发展处牵头，项目研究团队协助，召开了省、市、县农办分管领导和"千村故事"基础材料编撰业务骨干培训班（400余人参加）。"一套丛书"各卷主编，以及"一个成果""一碟影像""一馆展示"的主持人，分别宣讲各卷和各项目的主旨、框架、要求、范本、方法及注意事项，省农办分管领导、浙江农林大学分管副校长先后提出要求。省培训会议后，各地用不同方式逐级传达落实。一时间，"千村故事"讲述、编撰与求证等，在浙江历史文化村落里蔚然成风、家喻户晓。

2015年暑假期间，浙江农林大学研究团队组织11个联络组带领百名大学生分赴浙江省11个地级市"寻访千村故事"、调查研究和巡回指导[①]。其具体任务包括：一是选择典型村落，配合各地开展调查研究，寻访历史故事；二是接受邀请，为收集、编撰故事有困难的，特别需要帮助的村落提供援助；三是在编撰"一套丛书"的同时，收集"一个成果""一碟影像""一馆展示"和"一批基地"的资料和实物。

截至2015年8月25日，"千村故事"工作室共收到"历史文化村落信息采集表"1244份，其中有效信息采集表1158份，为《古村概览卷》提供了翔实的材料；故事基础材料1227篇，其中《礼仪道德卷》136篇，《清廉大义卷》130篇，《生态人居卷》287篇，《劝农劝学卷》84篇，《名人名流卷》228篇，《民风民俗卷》179篇，《手技手艺卷》99篇，《特产特品卷》84篇。8月26日，浙江农林大学研究团队举行了"千村故事"暑期调研汇报交流会，进一步讨论了历史文化村落保护、利用现

---

① 浙江农林大学"寻访千村故事"大学生暑期社会实践团，获中宣部、中央文明办、教育部、共青团中央、全国学联组织开展的"2015年全国大中专学生志愿者暑期'三下乡'社会实践活动优秀团队"荣誉称号。

状及对策，部署各组统计分析历史文化村落本底数据，阅读筛选故事基础材料并提出修改意见。

"千村故事"研究团队调研和巡回指导村落，覆盖全省11个地级市、57个县（区、市）、163个村落，协助各地区修改或重写的故事达259篇。2015年年末和2016年年初，9卷故事初稿基本完成。2016年春节（寒假）前后，浙江农林大学研究团队再次进村入户调研，进一步修改、补充和完善历史文化村落的历史故事。2016年4月8—10日，浙江农林大学研究团队在湖州市南浔区荻港村召开了"千村故事"统稿会，"千村故事"专家委员会部分成员，中国社会科学出版社领导和相关编辑人员，以及"千村故事""一套丛书"各卷主编和其他"四个一"的项目负责人齐聚一堂，审读"一套丛书"初稿，统一编撰要求，按照"表述精准，兼具史实性、知识性和教育性，同时突出重点村，反映浙江区域特色"的原则，遴选《千村故事精选》（卷一、卷二、卷三）三卷样稿。至此"千村故事""一套丛书"调研和编撰工作基本完成。接下来，"一套丛书"交由中国社会科学出版社，进入辛苦而繁复的出版程序。

五 梗概

《古村概览卷》厘清了浙江历史文化村落物质文明遗存及其保护利用现状。据历史文化村落基础信息有效采集的1158个村的统计数据显示，浙江历史文化村落主要集中在浙西、浙南、浙中的山区和丘陵地区，而杭嘉湖平原地区、宁绍平原地区、海岛地区相对较少，其中丽水市228个村、台州市170个村、衢州市159个村、温州市150个村。浙江传统村落历史悠久，唐代及以前始建的村落160个，占13.82%，其中舟山市定海区马岙村被誉为"海上河姆渡"[①]"千岛第一村"。宋代始建的村落居多，共有367个村，占总数的31.69%；元代始建的有103个村，占8.89%；明代始建的有297个村，占25.65%；清代始建的有149个村，占12.87%；民国及以后始建的有82个村，占7.08%。所有古建筑物质文化遗存中，有文物保护级别的共有4351处，国家级375处，省级699处，市级400处，县级2877处。各类古建筑数量主要统计各村的古民宅、古

[①] 距今6000多年的马岙海岛史前文化遗址，就位于马岙村，其代表性的"具有人造痕迹"的土墩文化群，被认为与宁波余姚境内的河姆渡古文化遗址互相佐证，因此也被称为"海上河姆渡"。

祠堂、古戏台、古牌坊、古桥、古道、古渠、古堰坝、古井泉、古街巷、古城墙、古塔、古寺庙、古墓十四类信息，汇总其数量有3.6万多处，其中最多的是古民宅，共23071处，古祠堂1624处，古城墙91处，古塔69处。有1022个村保存族谱，占"库内村"总数的82.15%，一村多部族谱也是常见现象，本次调查统计有4505部族谱。有295个村落保存有古书、名人手稿、字画等文物资源。906个村有古树名木，占"库内村"总数的73%，有的村还拥有古树名木群。据不完全统计，这些村落中1000年以上的古树有135棵，如丽水莲都区路湾村有1600年树龄的香樟，建德石泉村有1400多年树龄的樟树7棵，建德乌祥村有1500多年树龄的古香榧，杭州余杭区山沟沟村汤坑汤氏宗祠前有1200多年树龄的红豆杉和银杏，景宁畲族自治县大漈乡西一村有1500多年树龄的柳杉王……在村落的非物质文化遗产中，国家级有89个，省级有187个，市级有172个，县级有237个。浙江省重视历史文化村落保护和利用，2012年至今，先后三期批准历史文化村落保护、利用重点建设村和一般村达779个，占"库内村"总数的62.6%。

《礼仪道德卷》述说浙江历史文化村落的价值追求。浙江历史文化村落里的人们，对礼仪道德的重视主要展现在三个方面。第一，有形载体众多。农村礼仪道德故事并不仅仅停留在村民的口耳相传之中，往往化为物质载体，传承着村民的共同记忆。第二，注重传承。许多农村礼仪道德故事对于村民而言并不仅仅是一个传说，而是化为族规家训在子孙后代中传承。第三，影响深远。农村礼仪道德故事对于村民而言并非遥远的往事，而是真实地存在于村民的生活之中，影响着每一个人。浙江历史文化村落礼仪道德故事中，以下几个方面显得尤为丰富。一是慈爱孝悌。浙江历史文化村落有大量父慈子孝的故事，许多村庄将"孝"作为立村之本。慈孝故事可分为严父慈母的故事、寸草春晖的故事、慈孝传家的故事和节孝流芳的故事，在传统农村社会最为丰富，影响深远，对民风的端正起到了极大的作用。二是贵和尚中。这些故事大致可分为三类：第一类为家和事兴，第二类为乌鹊通巢，第三类为民族和睦。三是见利思义。浙江历史文化村落的见利思义故事也可分为三类：第一类为勤俭诚信的故事，第二类为公而忘私的故事，第三类为积善得报的故事。四是乐善好施。乐善好施是浙江历史文化村落美德故事的重大主题，总体可分为三类：第一类为回报桑梓的故事，第二类为扶危济困的故事，第三类为造福一方的故事。这些都是中国传统农村社会注重礼仪道德典型的体现,这些传统美德与农村社会生活密切相连,它们是农民创造的宝贵精神财富,是农村社会持续发展的不竭精神动力。

《清廉大义卷》传颂浙江"忠义廉正、光昭史策"的如林贤哲。忠诚爱国、廉洁奉公、心系天下是他们为官从政的基本价值取向,也是他们为官做宰的基本要求。他们在其位谋其政,勤于政事,为民请命,爱民如子,以民众和国家利益为先;他们志行修洁,清廉刚正,讲求以身任天下,把个人的安身立命与天下兴亡、百姓福祉联系在一起,得志时则兼济天下,不得志时则独善其身。在一乡则有益于一乡,在一邑则有益于一邑,在天下则有益于天下。每当国家兴盛时,士大夫多以廉洁自重,刻意砥砺德行;每当社稷衰颓之时,竭忠效命、临难捐躯者指不胜屈。故事主人公们在道德实践上主要依靠内省、自律去克制欲望,抵制诱惑,诉诸的是主体向内用力的道德自觉,而不完全依靠外在他律的规范和约束,养廉多于治廉。他们的政治实践则主要体现在:责君之过,以正君臣;律己之行,以严公私;爱民如子,以和官民;进思尽忠,退思补过;先忧后乐,用舍皆行。他们的政治诉求则是"天—君—民"三位一体的政治架构,在这个传统的政治架构中,臣民可忠于君主,也可忠于社稷天下。忠于君主者,以君主利益为第一位,唯君主马首是瞻;忠于社稷天下者,以民众和国家利益为先。在官与民、权与理、君与国的矛盾前面,站在民、理、国这三方面,"苟利国家生死以,岂因祸福避趋之"。而伴随着近代"国家""民族"概念的传入,政统与道统、君主与国家区分更为明显。近代以来,浙江无数的仁人志士为了革命理想信仰、为了救亡图存、为了至高无上的道义精神慷慨就义。

《生态人居卷》集萃浙江先民人居环境建设的智慧。"人居环境的灵魂即在于它能够调动人们的心灵",各村落因地形地貌、水土植被、经济发展程度的不同,形成富有地域特色的个性。浙江历史文化村落大多是有着宗族体系的血缘村落,宗族伦理观念强烈地影响着村落的空间布局和建筑形态,村落布局形态讲究道德伦理关系,重视等级制度和长幼之分。出现了以宗祠为核心,以主要商业街、道路或河流为发展轴,根据地形因地制宜的布局模式。浙中地区特别讲究形成山水环抱、聚气藏风的"风水"格局,甚至不惜人力、物力改造风水,比较典型的如武义郭洞村。浙江历史文化村落的历史建筑营造匠心独运,除建筑艺术精美之外,还体现了浓郁的人文理念。建筑群体组合往往有着严谨的秩序，祠堂大多设置在传统村落的中心位置，而亭、廊、桥等风景建筑则体现"天人合一"与"文以载道"的思想观念，巧妙结合地形地貌，诠释伦理道德、承载美好愿望。浙江水系众多，形成了清新、淡雅、古朴的历史文化村落风貌，村落中合理科学的水系规划，不仅调节了小气候，满足了日常饮用、灌溉、排污和消防等功能，同时又形成了优美的人居环境。浙江历史文化村落大多是望得见山、看得见水的"山水田园村落"，植根于周围山水自然环境，因地制宜进行家园建设，并辅以恰当的人文景观，形成了既质朴自然又如诗如画的乡村风景园林。浙江自古以来人文鼎盛，历史文化村落中多有诗词歌咏、楹联题刻、文化典故等人文景观。在这些人文景观中，有的记录村落发展的重要历史事件，有的记录传说故事或歌颂风景名胜，彰显着村落的人文内涵之美。

《劝农劝学卷》夯实浙江历史文化村落兴村根基。耕读传统是浙江历史文化的重要传统之一，它的产生是与古代中国"劝农劝学"观念的内在要求和政策制度相契合的。浙江耕读传统始于农本经济（物质基础）、科举入仕（制度保障）、兴家旺族（直接动力）、隐逸文化（思想渊源）、人口迁徙（促成因素）五大基石，其中农本经济、科举入仕和兴家旺族是浙江耕读传统产生的一般要素，隐逸文化和人口迁徙则是浙江耕读传统产生的特殊要素。在中国农业社会的历史长河中，"耕读并重"作为农民的生活模式，是一种可保进退自如的持家方略，二者相辅相成、相得益彰。源于此，"耕读传家"成为当时村落根深蒂固的生活理想，是宗族（家庭）事务的头等大事，每个宗族都期望族人可以中举、中进士，入朝为官，光耀门楣。因此，族规家训都极为强调耕读之首要性。耕读传统使得浙江地区人才辈出，尤显家族代传性特征。如温州瑞安曹村自南宋高宗绍兴二十七年（1157）至明成祖永乐二年（1404），200多年中一共出了82名进士，是全国闻名的"中华进士第一村"；永嘉屿北村的"一门三进士，父子两尚书"；江山广渡村的"四代十登科，六子七进士"；绍兴州山村的"父子两尚书""祖孙四进士""十八进士"等。近代以来，则有"状元村"之美誉的宁海梅枝田村和"博士村"之美誉的缙云姓潘村。"劝农劝学"观念的化身则是耕读传统在中国农耕社会中形成、发展和转型的思想轨迹，鲜明地揭示了历史上富裕农家和仕宦之家对于家族（家庭）文化教育前景的企求实态，它表明耕读传家观念不仅源远流长，而且深远地影响了农业中国的乡村社会。

《名人名流卷》记录浙江历史文化村落一颗颗璀璨明珠。浙江历史文化村落名人故事丰富多彩，所述人物故事涉及名儒名臣、名贾名商、诗画艺人、乡贤民硕和侠客义士等，寄托了村民的情感，反映了时代心理，还有一定史料研究意义。此次"千村故事"收集到的名人名流故事，以明代到近现代的居多。这与浙江省历史文化名村形成的历史相一致。从时代变迁看，中国文化经济重心不断南移，尤其是南宋定都临安后，给浙江带来前所未有的发展机遇，从而使浙江成为全国举足轻重的经济和文化重镇，也造就了一批批从浙江乡村中走出的优秀儿女。地理对文化和名人名流的分布影响显著。从地理类型上看，浙江历史文化村落名人名流的分布大致代表了西南山地文化、浙北平原文化、海洋文化三种类型。山区名人名流的特点有崇文尚武、武术医家和义士将军等；平原地区多半为鱼米之乡，交通发达，文化基础本身较好，多出巧匠、商人、科学家和文艺人士等；沿海地区名人名流具有开放冒险、抵御外侮和漂洋经商的生活经历。浙江人祖先多半是中原移民，经过几次大规模的南迁运动，很多北方家族南下，到浙江重新聚居，形成历史文化村落。新移民将北方的文明与本地特色结合，将优秀的中原文化传统延续下来。实际上，自秦灭越之后，传统意义上的吴越地域文化特点并不突出，浙江文化与中原汉文化实现了自然接轨。

《民风民俗卷》延续浙江历史文化村落鲜活历史。浙江历史文化村落保留的民俗不仅多种多样，而且具有深厚的人文底蕴和独特的地域色彩。比如，素有"鱼米之乡""丝绸之府"之称的杭嘉湖地区，流传于该地区的蚕桑文化民俗，将民间喜闻乐见的范蠡与西施的传说融合在内，使原本单纯的生产习俗增加了浓郁的人文色彩。浙江地域面积虽不大，但依山濒海，江河纵横，自然环境复杂，地形地貌丰富。因此坐落于不同地区村落的村民，生产和生活习俗也各有不同，且又与其所生活的区域自然环境息息相关。浙西多山，山地村落流行的风俗与村民千百年所依赖的山地环境关系密切，如流传于衢州洋坑村的"喝山节"；浙北多平原水乡，流行的民俗多与水上活动有关，如嘉兴地区民主村的水上庙会习俗；浙东南濒海、多岛屿，因此生活在滨海和岛上的村民，其民俗就带有浓厚的海洋气息，如浙南洞头县东沙村祭祀妈祖（海神）的习俗。另外，民风民俗还具有各地的民族特色。浙江是畲族的主要聚居地区，景宁是中国第一个也是唯一一个畲族自治县,有"中国畲乡"之称。在畲族分布村落内,流传着畲族独有的风俗,成为浙江历史文化村落民俗中极具鲜明地域风格的代表。浙江历史文化村落的民俗大体归为:一是传统的岁时节令类;二是人生历程中的婚嫁、生育、寿庆和丧葬类;三是反映家族文化的祭祖和修谱等族规类;四是农事生产类;五是乡村美食与风物特产类。此外,还有一些涉及居住建筑、传统体育、游戏娱乐和口头文学等。民俗是过去生活的记忆与缩影,也是民居村落在千百年的生产、生活中积淀的文化遗产,随着社会经济的高速发展和城镇化的快速推进,不少良风美俗也都面临着湮没之危。我们希望"千村故事"能够让这些乡村记忆传之久远。

《手技手艺卷》展示浙江历史文化村落里百姓与"这方水土"相互厮守的故事。从远古走来的浙江人民世世代代与这片土地同呼吸、共命运,并由此衍生了具有浓厚区域色彩的手技手艺,这些手技手艺曾经是普通百姓的重要谋生手段,尤其是在农耕社会时期,生产力水平不发达,交通闭塞,对一个家庭乃至一个家族而言,掌握一门手艺将给他们带来相对稳定的收入。由于区域的相通性,很多手技手艺都是相类似的,展现出手技手艺的地域乡土性。传统技艺存在于生活之中,只要有适宜的环境,手工艺就会得到传承。比如,木作、雕琢、烧造、冶炼、纺织、印染、编织、彩扎、装潢、造纸、制笔、烹饪、酿造和印刷等,在当代社会的现实生活中仍然有着广阔的生存空间。费孝通先生曾说过,非物质文化遗产"之所以传下来就因为它们能满足当前人们的生活需要。既然能满足当前人们的生活需要,它们也就是当前生活的一部分,它们就还是活着。这也等于说一个器物、一种行为方式,之所以成为今日文化中的传统,是在它还发生'功能',能满足当前的人们的需要"。

《特产特品卷》印制浙江历史文化村落亮丽的名片。浙江历史文化村落的特产特品文化深厚,各地的每一种特产都不是简单的自然馈赠品,而是各地居民在千百年的生产和生活中积淀下来的文化遗产,每一种产品都有其独特的种养、加工技巧和工艺流程,许多产品还有一套与其生产过程相配套的地方习俗和文化故事。浙江历史文化村落农特产品具有鲜明的地域差异性。比如,浙北杭嘉湖平原地区是种植、养殖及加工特产集中区,农特产品主要以种植产品、淡水养殖品及加工制品为主,传统养殖产品以蚕桑最具特色,现代种植产品则主要以瓜果蔬菜为特色,如槜李、湖菱、大头菜、莼菜、雪藕等特色果蔬在区域内均有一定的分布;浙中金衢盆地地区是瓜果、药材、粮油肉加工产品集中区,如兰溪杨梅和枇杷,常山胡柚,磐安元胡、玄参和白芍等,金华火腿,金华两头乌猪,龙游乌猪和衢江三元猪,金华酥饼,龙游发糕,江山铜锣糕和常山山茶油等;浙西丘陵山地地区则盛产茶叶和竹木等产品;浙南山地地区是林木和山石产品集中区;浙东丘陵地区是特产多样性地区;浙东沿海平原地区则是蔬果和海产集中区;东南滨海岛屿地区则是海洋捕捞产品集中区,陆地特产相对较为贫乏。浙江历史文化村落的特产特品被注入了深刻的文化印记,其中许多农特产品从一个村落发源,经过历代村民精心呵护与反复打磨,已经走出村落、走向世界,成为历史文化村落的名片。

(执笔:王景新,浙江农林大学中国农民发展研究中心暨浙江省农民发展研究中心常务副主任,中国名村变迁与农民发展协同创新中心首席专家;文中"梗概"由各卷主编撰写。)

目　　录

第一篇　浙江历史文化村落与浙江农特产品 ………………………… (1)
　　一、浙江特产的总体特征 …………………………………………… (1)
　　二、浙江特产的地区差异 …………………………………………… (3)
　　三、浙江特产的分类及本篇的框架结构 …………………………… (5)

第二篇　茶叶 …………………………………………………………… (10)
　　杭州市西湖区梅家坞村　西湖龙井 ………………………………… (10)
　　安吉县大溪村　安吉白茶 …………………………………………… (13)
　　淳安县常青村　鸠坑毛峰 …………………………………………… (16)
　　杭州市富阳区安顶村　安顶云雾 …………………………………… (20)
　　绍兴市柯桥区王化村　日铸茶 ……………………………………… (23)
　　长兴县顾渚村　紫笋茶 ……………………………………………… (26)
　　杭州市余杭区王位山村　天龙茶 …………………………………… (29)
　　临海市上周村　藤茶 ………………………………………………… (33)
　　三门县香山村　香山特早茶 ………………………………………… (36)
　　宁海县团结村　桑洲的早茶与麦饼 ………………………………… (39)

第三篇　水果 …………………………………………………………… (42)
　　慈溪市大山村　慈溪杨梅 …………………………………………… (42)
　　余姚市石步村　余姚杨梅 …………………………………………… (46)
　　丽水市莲都区下南山村　莲都杨梅 ………………………………… (50)
　　桐乡市桃园村　桐乡槜李 …………………………………………… (53)
　　衢州市衢江区宝山村　宝山枇杷 …………………………………… (57)
　　绍兴市上虞区东澄村　东澄樱桃 …………………………………… (60)
　　杭州市余杭区雅城村　雅城黄花梨 ………………………………… (63)
　　台州市黄岩区凤洋村　黄岩蜜橘 …………………………………… (67)

第四篇　林木产品 (70)

- 诸暨市榧王村　枫桥香榧 (70)
- 嵊州市袁郭岭村　嵊州香榧 (74)
- 绍兴市柯桥区占岙村　柯桥香榧 (77)
- 杭州市临安区岛石村　临安山核桃 (81)
- 新昌县严丹赤村　新昌板栗 (84)
- 松阳县沿坑岭头村　松阳柿枣儿 (87)
- 余姚市柿林村　丹山吊红 (90)
- 新昌县大市聚村　新昌牛心柿 (93)
- 海盐市吴家埭村　吴家埭山毛笋 (96)
- 遂昌县小忠村　小忠冬笋 (99)
- 天台县培新村　培新笋制品 (102)
- 缙云县鱼川村　鱼川毛竹 (105)

第五篇　种养产品 (108)

- 天台县紫云山村　紫云山香米 (108)
- 金华市金东区仙桥村　金华佛手 (111)
- 嵊泗县青沙村　三礁海蜇皮 (114)
- 台州市椒江区胜利村　大陈黄鱼 (117)
- 嵊泗县大王村　东海贻贝 (120)
- 遂昌县金竹村　金竹山油茶 (123)
- 仙居县方宅村　方宅油茶 (126)
- 建德市里叶村　里叶白莲 (129)
- 武义县壶源村　武义宣莲 (132)
- 龙游市天池村　天池富硒莲 (135)
- 东阳市后周村　后周中药材 (139)
- 宁波市鄞州区蜜岩村　樟村贝母 (142)
- 遂昌县淡竹村　遂昌花 (145)
- 松阳县吴弄村　松阳晒红烟 (148)
- 新昌县龙皇堂村　龙皇堂桑蚕 (151)
- 台州市椒江区凤尾村　大陈岛海鲜鸡鸭 (154)

第六篇 加工产品 ……………………………………………… (157)

　　常山县球川村　球川贡面 ……………………………… (157)
　　磐安县冷坑村　番薯敲面 ……………………………… (161)
　　义乌市上杨村　义乌红糖 ……………………………… (164)
　　常山县山溪边村　常山红糖 …………………………… (168)
　　义乌市田心村　田心火腿 ……………………………… (171)
　　杭州市富阳区东坞山村　东坞山豆腐皮 ……………… (174)
　　绍兴市柯桥区上王村　绍兴女儿红 …………………… (177)
　　宁海县箬岙村　箬岙家酿 ……………………………… (179)
　　龙游市庙下村　庙下酒 ………………………………… (182)
　　泰顺县徐岙底村　乌衣红曲 …………………………… (185)
　　杭州市临安区国石村　昌化鸡血石 …………………… (188)
　　龙泉市南秦村　龙泉宝剑 ……………………………… (191)
　　龙泉市金村村　龙泉青瓷 ……………………………… (194)
　　舟山市定海区里钓山岛　里钓山石 …………………… (197)
　　永嘉县缸窑村　缸窑土陶 ……………………………… (200)
　　泰顺县石角坑村　一都纸 ……………………………… (202)

第七篇 乡村美食 ……………………………………………… (205)

　　宁波市象山区溪东村　象山米馒头 …………………… (205)
　　龙游市马戍口村　龙游发糕 …………………………… (208)
　　诸暨市次坞新村　次坞打面 …………………………… (212)
　　杭州市富阳区红星村　红星花糕 ……………………… (215)
　　建德市陈店村　陈店千层糕 …………………………… (219)
　　苍南县西沙村　"朱广和"糕饼 ………………………… (222)
　　文成县桂库村　桂库黄年糕 …………………………… (225)
　　桐庐县金塘坞村　畲乡麻糍 …………………………… (228)
　　龙游市石佛村　石佛圆粿 ……………………………… (231)
　　嵊州市七八村　陈氏炖鸭 ……………………………… (234)
　　杭州市余杭区葛巷村　仓前"掏羊锅" ………………… (237)
　　遂昌县箍桶丘村　箍桶丘农家美食 …………………… (241)

第八篇　乡村旅游 ……………………………………………………（244）

嘉善县北鹤村　浙北桃花岛 ……………………………………（244）

衢州市衢江区东坪村　东坪千年古道 …………………………（247）

桐乡市桂花村　桂花之村 ………………………………………（250）

海宁市尖山村　尖山水果乐园 …………………………………（253）

丽水市莲都区箬坑村　红豆杉故乡 ……………………………（256）

玉环县东沙村　普安灯塔 ………………………………………（259）

泰顺县溪东村　仕阳碇步 ………………………………………（263）

泰顺县下排村　红色村落 ………………………………………（267）

仙居县三井村　三井村特色饮食 ………………………………（270）

第一篇　浙江历史文化村落与浙江农特产品

中国自古就有"一方水土养一方人"之说，这句话也可以用来诠释特产的内涵。"水土"是特产之源、"方"是特产之本、"人"是特产之魂。所谓特产，百度词条的解释是"指某地特有的或特别著名的产品，有文化内涵或历史，亦指只有在某地才生产的一种产品"。特产之"特"，可以是地域、品质、工艺、文化任何一个方面的独特性或兼而有之。

本卷所称"特产特品"，包括各地著名农产品、果蔬产品、林木山产、畜禽产品、水产品、传统手工产品、地方名吃以及知名乡村旅游产品等。

特产每个地方都有，但浙江作为中国面积最小的省份之一，在10.55万平方公里的土地上，却产出了数以千计的特色产品，其中不乏诸如西湖龙井、杭州丝绸、嘉兴粽子、湖笔、宁波汤圆、舟山海鲜、绍兴花雕、金华火腿、黄岩蜜橘、常山胡柚、龙泉青瓷、青田石雕等海内外知名的地方特产。这些地方特产不仅极大地拓展了当地居民的生存空间，还丰富了不同地区居民的生活，更是各地特色文化记录与传承的重要载体。介绍浙江历史文化村落特产的同时，记录整理这些浙江特产背后的文化故事，成为本卷的重点所在。

一、浙江特产的总体特征

浙江省地处我国东部沿海，属典型的亚热带海洋性季风气候，温热多雨、雨热同期、日照充足，优良的气候条件为浙江丰富的物产营造了重要的生存环境。浙江省地形地貌复杂多样，全省山地丘陵面积约占陆地面积的70.4%，山地丘陵坡度相对较缓，其余为平原、盆地和滨海岛屿，内陆水系约占国土面积的10%，东临东海，拥有面积广阔的滨海滩涂资源和海洋渔场。一方面，复杂多样的地形地貌营造了浙江各地多样化的局地生态环境，为浙江物产的多样性提供了环境保障；另一方面，以山地、海洋为主体的资源条件，决定了浙江物产以山产和海产为主。

浙江历史悠久，传统文化深厚。距今7000年的河姆渡文化的发现表明，浙江自史前时代即有人类活动的痕迹，而自夏商以来，这里一直是人类的重要栖息繁衍地，并在南宋时进入文化繁荣鼎盛时期。悠久的历史和深厚的文化底蕴，不仅极大地促进了浙江工农业的发展，不断丰富浙江特产的品类，而且为浙江物产注入了深刻的文化印记。一些特产如茶叶、干果、水果在这里已经有千年以上的栽培加工史，产品背后的故事亦极具意味。

通过梳理浙江各地特产名录，笔者发现浙江特产总体上具有的基本特征如下：

数量众多。按照笔者的初步统计，散布于浙江各地的特产总数超过2000个，平均每个市级行政区拥有的特产数近200个，平均每个县级行政区约20个。作为土地面积最小的省级行政区之一，浙江特产总数在全国省级行政区中名列前茅，而如此密度的特产数，在全国各地更不多见。在11个市级行政区中，除杭州、宁波两市特产数量略多，舟山市的特产数量相对较少外，其他各市特产数量基本均衡。

种类丰富。尽管浙江特产总体上以山产和海产为主体且特色鲜明，但其他类别的特产亦多有分布。根据浙江特产名录，浙江特产的类别构成大致包括茶叶、水果、干果、原竹（含竹笋及其制品）、木本油料、林木、菌类（黑木耳、蘑菇、竹荪等）、粮油、花卉、中药材、经济林苗木、经济作物、牲畜、禽类（含禽蛋）、桑蚕、水生植物、淡水养殖（淡水鱼、虾、鳖、蟹、珍珠等）、滩涂养殖（咸水鱼、虾、蟹、贝等）、海洋捕捞、手工制品（纺织品、编织品、窑制品、雕刻品、腌制品、酿造品、其他加工品等）、特色小吃（瓜子、糕点、面点、糖果等）、地方饭食、地方菜肴。在上述各类特产中，又以特色小吃（瓜子、糕点、面点、糖果等）、地方饭食、地方菜肴的数量最为丰富。

品质超群。浙江特产的高品质，可以从三个方面得到体现：一是有一批在国内外具有较高知名度的地方特产，几乎每个地市都有本地叫得响的产品；二是在2000多个知名特产中，据笔者的不完全统计，注册为国家地理标志产品的有184个，接近占到特产总数的10%；三是各类特产在国内外相关产品评奖中获得的大大小小奖项不计其数，其中一些知名产品更是屡获国际金奖。在上述各类特产中，具有品质集中优势的品类无疑是茶叶、干鲜果、黄酒和丝织品。浙茶向来就是中国名茶中的上等品，除世人皆知的西湖龙井外，安吉白茶、苍南翠龙茶、平水日铸茶、开化龙顶等亦是品质上乘的茶中极品。浙江干鲜果中，最为世人所熟知的无疑是各地的杨梅、枇杷和山核桃。浙江黄酒是我国酒类体系中的一个独特品类，其中最知名的则是产自绍兴的绍兴花雕、绍兴女儿红。浙江丝绸很早就为世人熟知，但随着近年来本地桑蚕养殖业的萎缩，该产品的发展面临一定挑战。

文化深厚。浙江各地的每一种特产，都不是简单的自然馈赠品，而是各地居民在千百年的生产生活中积淀下来的文化遗产，每一种产品都有其独特的种养、加工技巧和工艺流程，许多产品还有一套与其生产过程相配套的地方习俗和文化故事，本篇后面各章展示出来的每一种产品背后的文化故事，是对浙江特产深厚文化底蕴的最好诠释。

地域鲜明。独特的自然地理环境和深厚的浙江文化，使得以上各类产品都具有鲜明的浙江符号，而各地区的产品由于其地理环境的差异和文化特质的不同，则有其相应的地区差异，这种地区差异将在下一部分作进一步说明。

二、浙江特产的地区差异

浙江特产的地区差异与浙江地形区具有高度相关性。

浙北杭嘉湖平原地区：种、养、加特产集中区。包括杭州北部、湖州东北部和嘉兴，这里历来是鱼米之乡，人类活动频繁，经济发达，因而这一地区的特产以种植产品、淡水养殖品及加工制品为主。传统种植产品以蚕桑种植最具特色，现代种植产品则主要以瓜果蔬菜为特色，如槜李、湖菱、大头菜、莼菜、雪藕等特色果蔬在区内均有一定的分布。淡水养殖品以太湖地区最具盛名，主要特色渔产有湖州"四宝"（银鱼、鲚鱼、白虾、角鱼）、太湖蟹等。加工制品则以丝绸制品最具规模和特色，包括丝绸织品、丝绸刺绣、丝绸扇、丝绸伞等。此外，在该区域广泛养殖的湖羊也是颇具特色的一大产品。

浙中金衢盆地地区：瓜果、药材、粮油和肉加工产品集中区。包括金华的中西部、衢州的中东部。盆地中部地势平坦、河网密布，历来是浙江的重要粮仓，亦是历史悠久的人类聚居地，以传统粮油作物种植和瓜果蔬菜种植为主，畜禽养殖亦相当发达，盆地周边为低缓丘陵山地，以林木种植和水果生产为主。该地区最具特色的特产有四类：一是水果，如兰溪杨梅和枇杷、常山胡柚；二是中药材，如浙贝母、磐安元胡、磐安玄参、磐安白芍等；三是畜禽养殖产品及其制品，如金华火腿、金华两头乌猪、龙游乌猪、衢江三元猪等；四是粮油制品，如金华酥饼、龙游发糕、江山铜锣糕、常山山茶油等。

浙西丘陵山地地区：茶叶、竹木产品集中区。包括杭州西南丘陵山区、湖州南部丘陵山区、衢州西北丘陵山区，以低缓的丘陵为主，间或有一些略小的山地。区内人口密度相对较小，居民以竹木生产、加工和茶叶种植为主，主要代表性特产为茶叶、竹木产品、干果。浙江最为著名的茶叶多产自该区，如西湖龙井、余杭径山茶、天目青顶、千岛玉叶、桐庐雪水云绿茶、安吉白茶、莫干黄芽等。该区最具特色的竹林产品主要有竹笋（如天目雷笋、天目笋干、安吉冬笋）和竹制品（如中泰竹笛、临安翠竹制品、湖笔、竹根雕）。干果类特产的代表则是临安山核桃、长兴白果等。

浙南山地地区：林木、山石产品集中区。包括丽水市大部、温州西南部及衢州东南部分地区。该地区为浙江省内地势最高的山区，多为千米以上的群山盘结，其中位于龙泉境内的黄茅尖，海拔1929米，为浙江省最高峰。相比于省内其他丘陵山区而言，本区地势相对陡峭，传统农业发展受到诸多制约，林木、山石为区内主要资源，其代表性特产亦围绕这两类主要资源发展，同时本区还是我国畲族的主要集中居住地之一，拥有一些畲族文化的代表性特产。本区主要代表性特产包括茶叶（如松阳银猴茶、仙都笋峰茶、缙云黄茶、景宁惠明茶）、菌类（如云和黑木耳、庆元香菇、龙泉灵芝、龙泉黑木耳）、山石加工品（龙泉青瓷、青田石雕）三类。

浙东丘陵地区：物产多样性地区。包括绍兴大部、宁波西部、台州西北和金华东北部分地区。本区由低缓山丘及大量山间小盆地为主体构成，东临东海，优良的自然条件和多样的小环境使得本区成为浙江特产品类最为丰富的地区。主要知名特产包括：蔬菜（如奉化芋艿头、宁波白蚕豆）、水果（如余姚杨梅、慈溪杨梅、嵊州水蜜桃、嵊州桃形李、黄岩蜜橘、路桥枇杷、仙居杨梅等）、茶叶（如奉化曲毫茶、平水日铸茶、嵊州珠茶、临海蟠毫、天台山云雾茶等）、特种经济作物（如鄞州蔺草、樟村浙贝、新昌小京生、绍兴兰花、新昌白术、新昌香料烟、天台乌药等）、畜禽（如岔路黑猪、宁海梅林鸡、余姚白羽王鸽、嵊县花猪、绍兴麻鸭、嵊州长毛兔、天台黄牛、仙居三黄鸡、温岭草鸡等）、草木编（如余姚草编、宁波草席、慈溪草帽、宁波竹编、上虞柳编、温岭草编等）、农产品加工制品（如宁波汤团、余姚年糕、余姚皮蛋、余姚咸蛋、余姚榨菜、绍兴干菜、绍兴腐乳、绍兴黄酒等)、竹木干果(如大雷黄泥拱笋、溪口白果、嵊州香榧、诸暨香榧、绍兴角竹、新昌板栗、诸暨银杏等)、特色小吃(如宁波臭三拼、溪口千层饼、慈城印花糕、绍兴霉苋菜梗等)。

浙东沿海平原地区:蔬果、海产集中区。包括宁波、台州、温州的东部沿海地区。浙东沿海平原并不构成一个完整的整体,由台州平原、温州平原及较为分散的其他小平原构成。该区地势平坦且临近东海,是浙江重要的粮、油、果、蔬种植区,也是浙江主要的沿海滩涂养殖和海洋捕捞基地,主要物产可分为农产和海产两大类。农产类特产主要有粮油(如温州二源乡绿色大米)、瓜果(如温岭西瓜、大石葡萄、温岭葡萄、黄岩葡萄、"滨珠"葡萄)、蔬菜(如余姚茭白、甸山盘菜、临海西兰花、三门辣椒、汛桥荠头、苍南槟榔芋、乐清花椰菜、瑞安盘菜)、畜禽(如象山白鹅、余姚白羽王鸽、鸭妹子海鸭蛋);海产类特产主要有鱼类(如象山大黄鱼、南麂大黄鱼、大陈黄鱼、越溪跳鱼、三门跳跳鱼、带鱼)、蟹类(如象山梭子蟹、庵东青蟹、炎亭梭子蟹、乐清牡蛎、三门青蟹、一市青蟹)、虾类(如慈溪南美白对虾、大佳何对虾、三门对虾、临海麦虾)、贝类(如长街蛏子、三门缢蛏、三门牡蛎、西店牡蛎、乐清黄牡蛎、南田泥螺、长街泥螺、海头泥螺、龙山黄泥螺)及其他类(如海蜇、奉化摇蚶、乐清泥蚶、三门望潮)。

东南滨海岛屿地区:海洋捕捞产品集中区。包括舟山市和台州市的玉环、温州的洞头两县以及一些个别的零星小岛。这一地区单个岛屿的面积都不大,陆地物产相对较为贫乏,较为知名的特产主要有玉环楚门文旦、普陀佛茶、舟山晚稻杨梅、舟山金塘李子、登步黄金瓜等,主要特产为海洋捕捞产品,其中以舟山的海洋捕捞更为知名,这里是我国主要的海洋渔场之一,知名的海洋特产有嵊泗贻贝、舟山三疣梭子蟹、嵊泗梭子蟹、枪蟹、舟山大黄鱼、舟山带鱼、嵊泗带鱼、舟山竹节虾、舟山鲳鱼、舟山墨鱼、嵊泗鳗鱼、嵊泗墨鱼、嵊泗石斑鱼等。

三、浙江特产的分类及本篇的框架结构

浙江"千村故事"以列入"浙江历史文化村落"中的村为对象,通过村落故事的形式来表达浙江乡村的历史、文化与产品,受对象范围的限制,本篇无法准确表达浙江特产的全貌,因而对特产的分类主要基于章节的均衡性和从所搜集故事的特产内涵来统合考虑。

本篇共收入村落故事 83 篇,其村落区属及故事讲述的产品类别如下表所示。

特产特品卷村落故事一览表

市	县市	村	序号	产品	类别
杭州市	淳安县	常青村	1	鸠坑毛峰	茶叶
	富阳区	安顶村	2	安顶云雾	茶叶
		东坞山村	3	东坞山豆腐皮	食品
		红星村	4	红星花糕	小吃
	建德市	里叶村	5	里叶白莲	水产
		陈店村	6	陈店千层糕	小吃
	临安区	岛石村	7	临安山核桃	干果
		国石村	8	昌化鸡血石	矿产
	桐庐县	金塘坞村	9	畲乡麻糍	小吃
	余杭区	王位山村	10	天龙茶	茶叶
		雅城村	11	雅城黄花梨	水果
		葛巷村	12	仓前"掏羊锅"	小吃
	西湖区	梅家坞村	13	西湖龙井	茶叶
嘉兴市	海宁市	尖山村	14	尖山水果乐园	农家乐
	海盐市	吴家埭村	15	吴家埭山毛笋	竹木
	嘉善县	北鹤村	16	浙北桃花岛	农家乐
	桐乡市	桃园村	17	桐乡槜李	水果
		桂花村	18	桂花之村	农家乐
湖州市	安吉县	大溪村	19	安吉白茶	茶叶
	长兴县	顾渚村	20	紫笋茶	茶叶
宁波市	余姚市	石步村	21	余姚杨梅	水果
		柿林村	22	丹山吊红	干果
	宁海县	团结村	23	桑洲早茶	茶叶
		箬岙村	24	箬岙家酿	酒类
	慈溪市	大山村	25	慈溪杨梅	水果
	象山区	溪东村	26	象山米馒头	小吃
	鄞州区	蜜岩村	27	樟村贝母	药材

(续表)

市	县市	村	序号	产品	类别
绍兴市	柯桥区	王化村	28	日铸茶	茶叶
		占岙村	29	柯桥香榧	干果
	上虞区	上王村	30	绍兴女儿红	酒类
		东澄村	31	东澄樱桃	水果
	嵊州市	袁郭岭村	32	嵊州香榧	干果
		七八村	33	陈氏炖鸭	小吃
	新昌县	严丹赤村	34	新昌板栗	干果
		大市聚村	35	新昌牛心柿	干果
		龙皇堂村	36	龙皇堂桑蚕	养殖
	诸暨市	榧王村	37	枫桥香榧	干果
		次坞新村	38	次坞打面	小吃
台州市	椒江区	胜利村	39	大陈黄鱼	水产
		凤尾村	40	大陈岛海鲜鸡鸭	畜禽
	黄岩区	凤洋村	41	黄岩蜜橘	水果
	临海市	上周村	42	藤茶	茶叶
	三门县	香山村	43	香山特早茶	茶叶
	天台县	培新村	44	培新笋制品	竹木
		紫云山村	45	紫云山"香米"	粮食
	仙居县	方宅村	46	方宅油茶	油料
		三井村	47	三井村特色饮食	农家乐
	玉环县	东沙村	48	普安灯塔	乡村游
温州市	苍南县	西沙村	49	"朱广和"糕饼	小吃
	泰顺县	徐岙底村	50	乌衣红曲	酒类
		石角坑村	51	一都纸	纸制品
		溪东村	52	仕阳碇步	乡村游
		下排村	53	红色村落	乡村游
	文成县	桂库村	54	桂库黄年糕	小吃
	永嘉县	缸窑村	55	缸窑土陶	陶瓷

(续表)

市	县市	村	序号	产品	类别
金华市	东阳市	后周村	56	后周中药材	药材
	金东区	仙桥村	57	金华佛手	药材
	磐安县	冷坑村	58	番薯敲面	食品
	武义县	壶源村	59	武义宣莲	水产
	义乌市	上杨村	60	义乌红糖	食品
		田心村	61	田心火腿	食品
衢州市	常山县	球川村	62	球川贡面	食品
	龙游市	山溪边村	63	常山红糖	食品
		天池村	64	天池富硒莲	水产
		庙下村	65	庙下酒	酒类
		马戍口村	66	龙游发糕	小吃
	衢江区	石佛村	67	石佛圆粿	小吃
		宝山村	68	宝山枇杷	水果
		东坪村	69	东坪千年古道	乡村游
丽水市	缙云县	鱼川村	70	鱼川毛竹	竹木
	莲都区	下南山村	71	莲都杨梅	水果
		箬坑村	72	红豆杉"故乡"	乡村游
	龙泉市	南秦村	73	龙泉宝剑	宝剑
		金村村	74	龙泉青瓷	陶瓷
	松阳县	沿坑岭头村	75	松阳柿枣儿	干果
		吴弄村	76	松阳晒红烟	烟草
	遂昌县	小忠村	77	小忠冬笋	竹木
		金竹村	78	金竹山油茶	油料
		淡竹村	79	遂昌花	药材
		箍桶丘村	80	箍桶丘农家美食	农家乐
舟山市	定海区	里钓山岛	81	里钓山石	矿产
	嵊泗县	青沙村	82	三礁海蜇皮	水产
		大王村	83	东海贻贝	水产

在83个村落故事中，小吃、茶叶、水果、干果四类产品故事相对较为集中，分别为11个、10个、8个、8个，这与浙江特产的总体特征大致相当。而浙江特产以山产最为典型，尤以茶叶、水果、干果最为知名。

为反映浙江特产的这一类型特征，本篇在分类上将茶叶、水果作为独立的类别，其他产品则通过归并，保证各类别故事数量上的均衡。具体的归并方式是：将竹木产品与干果类产品合并为林木产品类特产；将乡村小吃类与食品合并为乡村美食类特产；将粮油、蔬菜、药材、畜禽、水产、海产等其他农产品归并为种养产品类特产；将酒类、矿产、手工艺品等并入食品成为一类——加工产品类；将农家乐、乡村游合并为乡村旅游类产品。

由此本卷将浙江农村特产特品分为七类：茶叶、水果、林木产品、种养产品、加工产品、乡村美食、乡村旅游，尽管这一分类体系显然并不科学，相关类别并不在一个层级上，但却能够突出地反映了浙江农村特产的类型特征。

按照上述分类，本卷共分为八篇。

第一篇浙江历史文化村落与浙江农特产品为全书概述，主要介绍浙江特产的总体特征及其地区差异。

第二篇茶叶，主要讲述浙江各地知名茶叶产品背后的村落故事，共收入故事 10 篇。

第三篇水果，主要讲述浙江各地知名水果，如杨梅、枇杷、樱桃、梨、李、橘等特产背后的村落故事，共收入故事 8 篇。

第四篇林木产品，主要讲述浙江各地知名干果、竹木、干鲜菌产品背后的村落故事，共收入故事 12 篇，其中干果类产品故事 8 篇，竹木类产品故事 4 篇。

第五篇种养产品，主要讲述浙江各地知名粮油、蔬菜、中药材、畜禽、水产等农业种植、养殖产品背后的村落故事，共收入故事 16 篇，其中粮油产品 3 篇，中药材 4 篇，水产 6 篇，烤烟、桑蚕、畜禽产品各 1 篇。

第六篇加工产品，主要讲述浙江各地利用农林牧渔产品及自然资源（林木、山石）加工生产的各类制品背后的村落故事，共收入故事 16 篇，其中加工食品 6 篇，酒类产品 4 篇，山石矿产品 2 篇，陶瓷制品 2 篇，纸制品、手工艺术品各 1 篇。

第七篇乡村美食，主要讲述浙江各地知名糕点、饭食、菜肴等特产背后的村落故事，共收入故事 12 篇。

第八篇乡村旅游，主要讲述浙江各地农家乐、采摘游、乡村游等特色旅游产品背后的村落故事，共收入故事 9 篇。

第二篇 茶叶

杭州市西湖区梅家坞村

西湖龙井

梅家坞村，地处浙江省杭州市西湖风景名胜区西部腹地、梅灵隧道以南，沿梅灵路两侧纵深长达10余里，有"十里梅坞"之称。梅家坞茶文化村，正在以"十里梅坞"自然山水环境为依托，以茶文化为底蕴，成为杭州对外的一块"金字招牌"。穿过梅灵隧道，便见山上、田里处处是茶，路边茶社连着茶社，漂亮的房子在青山的衬托下，美得像一幅画（图2-1）。

图2-1 梅家坞茶园一角

梅家坞四周青山环绕，茶山叠嶂，有山有貌、有坞有水、有茶有文，梅家坞茶文化村是西湖龙井茶一级保护区和主产地之一，也是杭州城郊最富茶乡特色的农家自然村落和茶文化休闲观光旅游区。梅家坞是一个有着600多年历史的古村，现有农居500余户，常住农业人口1262人，居民502人。梅家坞村共有茶园2300亩。梅家坞村一带土地肥沃，周围山峦重叠，林木葱郁，地势北高南低，既能阻挡北方寒流，又能截住南方暖流，在茶区上空常年凝聚成一片云雾。良好的地理环境、优质的水源，为茶叶生产提供了得天独厚的自然条件。

西湖龙井位列我国十大名茶之首，具有1200多年历史，明代列为上品，清顺治列为贡品。龙井茶历史悠久，最早可追溯到中国唐代，当时著名的茶圣陆羽，在其所撰写的世界上第一部茶叶专著《茶经》中，就有杭州天竺、灵隐二寺产茶的记载。龙井茶之名始于宋，闻于元，扬于明，盛于清。元代，龙井附近所产之茶开始露面，有爱茶人虞伯生始作《游龙井》饮茶诗，诗中曰："徘徊龙井上，云气起晴画。澄公爱客至，取水挹幽窦。坐我詹卜中，余香不闻嗅。但见瓢中清，翠影落碧岫。烹煎黄金芽，不取谷雨后。同来二三子，三咽不忍漱。"到了明代，龙井茶开始崭露头角，名声逐渐远播，开始走出寺院，为平常百姓所饮用。明嘉靖年间的《浙江匾志》记载："杭郡诸茶，总不及龙井之产，而雨前细芽，取其一旗一枪，尤为珍品，所产不多，宜其矜贵也。"万历年《钱塘县志》又记载"茶出龙井者，作豆花香，色清味甘，与他山异"。此时的龙井茶已被列为中国之名茶。明代黄一正收录的名茶录及江南才子徐文长辑录的全国名茶中，都有龙井茶。如果说在明代龙井茶还介于诸名茶之间的话，到了清代，龙井茶则立于众名茶的前茅了。清代学者郝壹忞行考"茶之名者，有浙之龙井，江南之芥片，闽之武夷云"。乾隆皇帝6次下江南，4次来到龙井茶区观看茶叶采制，品茶赋诗。在这1000多年的历史演变中，龙井茶从无名到有名，从老百姓饭后的家常饮品到帝王将相的贡品。

"梅坞龙井"产于云栖、梅家坞一带，外形挺秀、扁平光滑、色泽翠绿，是我国著名绿茶，外形挺直削尖、扁平俊秀、光滑匀齐、色泽绿中显黄。冲泡后，香气清高持久，香馥若兰；汤色杏绿，清澈明亮，叶底嫩绿，匀齐成朵，芽芽直立，栩栩如生。品饮茶汤，沁人心脾，齿间流芳，回味无穷，有色绿、香郁、味甘、形美"四绝"的特点。龙井茶始产于宋代，明代益盛。在清明前采制的叫"明前茶"，谷雨前采制的叫"雨前茶"，素有"雨前是上品，明前是珍品"的说法。龙井茶泡饮时，但见芽芽直立，汤色清冽，幽香四溢，尤以一芽一叶，俗称"一旗一枪"者为极品。清代品茶名家赞誉龙井："甘香如兰，幽而不冽，啜之淡然，看似无味，而饮后感太和之气弥漫齿额之间，此无味之味，乃至味也。"先时此茶按产期先后及芽叶嫩老，分为八级，即莲心、雀舌、极品、明前、雨前、头春、二春、长大；今分为十一级，即特级与一至十级。一斤特级龙井，约有茶芽达三万六千个之多。该茶采摘有严格要求，有只采一个嫩芽的,有采一芽一叶或一芽二叶初展的。其制工亦极为讲究,在炒制工艺中有抖、带、挤、挺、扣、抓、压、磨等十大手法,操作时变化多端,令人叫绝。

龙井绿茶含叶绿素、氨基酸、儿茶素、维生素 C 等成分均比其他茶叶多,营养丰富,可以提神、生津止渴,具抗氧化、抗突然异变、抗肿瘤、降低血液中胆固醇及低密度脂蛋白含量、抑制血压上升、抑制血小板凝集、抗菌、抗产物过敏等功效。梅家坞龙井茶的产量是有限的,高档茶更是如此。真正的明前茶还带有一点糯米的清香,经好水一泡更是如此,龙井茶对器具的要求不是很严格,只要有玻璃杯就可以了。高级龙井茶宜用85℃左右的开水进行冲泡,冲泡后芽叶一旗一枪,簇立杯中交错相映,上下沉浮,栩栩如生。

在杭州梅家坞村至今还流传着一个关于龙井茶来历的有趣传说。据传,古时梅家坞旁住着一位老妇人,老妇人屋舍周围种着十几棵野山茶树。而她家门口的路是南山农民去西湖的必经之路,行人走到这里总想稍作休息。于是老太太就在门口放一张桌子、几条板凳,同时用野山茶叶沏上一壶茶,让行人歇脚,日子一久,就远近闻名。有一年冬天,快过年时,雪下得很大,茶树将要冻死,采办年货的行人络绎不绝,依旧在老太太家门口歇脚,其中有一长者见老太愁容不展,就问:"老太太年货采办了没有?"老太太长吁短叹地说:"别说年货无钱采办,就是这些茶树也快冻死,明年春天施茶也就不成了。"长者指着边上一个破石臼说:"宝贝就在这里,有何为,不如将此石臼卖与我好吗?"她说:"这石臼越旧越好,如今洗了就不值钱了。"她又说:"破臼本不值钱,你要只管取去。"长者掏出 10 两银子将石臼搬去,老太太本不肯收钱,无奈长者转身已不知去向,老太太只得将钱收下。过了年,第二年春天,原来的茶树嫩芽新发,长得比往年更好,并且洗臼泼水的地方又长出无数棵茶树,老太太又欢天喜地地施起茶来。这就是西湖龙井茶的来历。

走进"梅坞",亲近自然,尽情享受茶文化休闲、观光、旅游的无穷乐趣。

(余晓琳、曾方)

安吉县大溪村

安吉白茶

浙江省安吉县天荒坪镇大溪村地处天目山北麓，这里群山起伏，树竹交荫，云雾缭绕，土壤肥沃。全年雨量充沛，气候温和湿润。无霜期短，冬春低温时间长，空气相对湿度81%，直射的紫外线较少，土壤中富含钾、镁等微量元素。这些特定的自然条件，为安吉白茶生长提供了良好的生态环境，有利于安吉白茶中氨基酸等氮化合物及营养物质的形成和积累，为安吉白茶高氨低酚、味鲜香郁的品质奠定了不可或缺的基础。

在大溪村的横坑坞山上，生长着一株千年白茶王，被称为"白茶祖"，其树冠直径可达2米至3米，每年母树可采鲜叶3公斤左右（图2-2）。安吉白茶是一种珍罕的变异茶种，属于"低温敏感型"茶叶，其阈值约在23℃左右，茶树产"白茶"时间很短，通常仅一个月时间。早春萌发的嫩芽因叶绿素缺失为玉白色，经脉翠绿，谷雨后随温度升高逐渐转为白绿相间的花叶，至夏叶恢复为全绿。正因为神奇的安吉白茶是在特定的白化期间采摘和加工制作的，所以安吉白茶经冲泡后，其汤色清澈明亮，滋味鲜爽，叶底玉白显翠脉，这是安吉白茶独特的品质风格。

图2-2 安吉白茶祖

北宋皇帝赵佶曾在《大观茶论》中说道：白茶自为一种，与常茶不同，其条敷阐，其叶莹薄。崖林之间，偶然生出，虽非人力所可致。有者不过四五家，生者不过一二株，所造止于二三胯而已。芽英不多，尤难蒸培，汤火一失，则已变而为常品。须制造精微，运度得宜，则表里昭彻，如玉之在璞，它无与伦比；浅焙亦有之，但品不及。

据传，徽州有一曹姓望族，家中老爷在朝廷之中谋有重要官职，不久被奸人陷害惹怒了当朝皇帝，一气之下将曹家满门抄斩，但有一人因在外做客而幸免于难。闻讯后，他匆忙遁走他乡。在前往皖浙交界的途中，遭遇官差盘问，他不敢实言，无意中望见远处有棵桂树，正散发出阵阵浓郁的甜香，遂灵机一动，答曰姓"桂"，这才侥幸逃过一劫。

从那以后，他流落至安吉大溪地界，为避免不测，藏身隐匿于横坑坞深山。这个地方属于巍峨天目山的支脉，重峦叠嶂，人烟稀少，在接近山梁的深坞上，有一处地势较为平坦的山坡，前面有清澈的山溪顺流而下，背面则是连绵群峰。于是，他便在这里开垦山地，清茅筑庐，扎下根来。

有一天夜里，他忽得一梦：一位须发皆白的清癯仙翁将其领至西面山坡，随手一指，山地上破土而出一双奇葩。须臾，长成两株白色的仙树，正诧异间，仙翁已悄然隐去。

翌日清晨，在屋后的山坡上，他发现有不少野茶树，而且均长出了新芽，但和其徽州老家茶树不同的是，其中有两株茶树的芽叶竟然是玉白色的。远远望去，这两丛茶树宛如锦团簇拥，灿若太白金星。他觉得好奇，便精心呵护起来。

后来，他又将这些茶叶采摘下来进行炒制，取来山前的泉水烧开一泡，汤色嫩黄带绿，馥郁幽芳，冉冉飘逸，口感相当清爽，滋味竟是清甘无比。

更为奇妙的是，这些芽叶在碗中展开后，叶片愈发显得玉白，仿佛璞中美玉，宛如晶莹春雪。从此，这一大一小仿佛情侣般的茶树就成了"桂"姓者的至爱。

春去秋来，这位异乡人与附近的山民成了家，并生儿育女，过着平淡如茶的山里生活。斗转星移，"桂"家与这株"白茶王"结下了不解之缘，春来勤施肥，冬来细剪枝，细心养护，桂家也繁衍生息，至今已有13代。这个地方，后来就叫"桂家场"，而那两株奇异的茶树就叫"大溪白茶"。

桂家以茶为主要营生，自祖辈开始，就立下了"分家不分茶"的规矩。因为这两丛白茶产量很有限，桂家每年将采制的白茶视为珍品，仅用来招待贵客。后来，因家境不好桂家夫人就把茶叶拿到市场上，换取一些银两。随着时间的推移，夫人卖出去的茶叶得到了更多人的认可，不少北边的商人们得知这里有白茶，纷纷不惜翻越30多里的山路来这里抢买，从此桂家的后人们就更加重视对这对白茶树的保护。他们也曾尝试过茶树繁育，可奇怪的是，白茶开花但很少结籽。即便结籽，播种长大后，叶子却是绿色的，失去了白化性状，与其他树一样。久而久之，白茶树又多了个别名"石女茶"，意思是无法传宗接代的茶。

说起石女茶，其实在明代就有人提及了。那时，一位曹洞宗的元来大师（博山无异，安徽舒城人）就有"懒烹石女茶"语，而安吉灵峰寺的蒲益大师还与元来颇有法缘。

到了近代，又有好事者将其中一株小的白茶移植出谷，可惜不久就夭折了。从此，大溪桂家场只剩一株白茶树，孤寂地藏身于深邃的山坞。一株千年茶祖就这样幽栖于大溪山中，郁郁葱葱、长盛不衰、生机勃勃，成为"白茶之乡"神圣的吉祥物。

随着科技的进步发展，20世纪80年代初，安吉县林科所的林技术员剪取了该茶树上的枝条，在县林科所进行无性繁殖（扦插）培育，获得成功，经30多年的发展推广，目前全县安吉白茶种植面积已达17万亩，产值超22个亿，"安吉白茶"品牌价值29.1亿元，安吉白茶已成为安吉农业的一大支柱产业。

2008年4月19日，由安吉县人民政府主办的安吉白茶茶王茶拍卖会在上海举行。50克茶王茶以5万元高价拍出。此前"2008杭州龙坞西湖龙井开茶节"上，500克西湖龙井成交价为25万元，每克也只不过500元，而安吉白茶王以每克1000元的高价，再次刷新了珍品茶叶市场的拍卖纪录。随着安吉白茶产业的发展，安吉人已不满足于安吉白茶的单一产品制作和销售，且向多茶类、深加工等方向发展，研制开发了安吉白茶饮料、安吉白茶含片、安吉白茶酒、安吉白茶花精油等产品，已形成独特的安吉白茶文化。

（安吉县农办）

淳安县常青村

鸠坑毛峰

鸠坑乡常青村地处浙西山区淳安西北部，距县城50公里，东北部临千岛湖，南部与梓桐镇接壤，西部与安徽歙县隔山而处。因两山夹一水，源深峡窄又称细坑源。该村从源头到源尾由石山、鸠岭山、避暑坞、荆树坞、潘店、施家门前、方店等7个自然村组成，有259户、748人。该村依山脉走势和溪道流向靠山临水而建，呈"S"形曲线条块状散列分布。几十株参天古树点缀其中，清末民初的古民居、石拱桥、凉亭和20世纪50—80年代的黄泥土楼房，风貌依存，约占全村建筑比例的85%以上。避暑亭对联"钱塘璀璨家声远，吴越峥嵘世泽长"和村堂对联"宗山拱秀隆基业，显斗长明映画堂"，体现了古人崇尚耕读传家的美德，劝诫后人要勤耕好读，代代相传。

常青村源头有两座山峰，东边叫石山，西边称鸠岭山，两座山逶迤起伏，由南往北连绵数十里至村口交会。常青村祖祖辈辈以茶为业，以茶为生。村落前后的低丘缓坡有千亩茶园，高山峻岭为万亩山海，百株百年古茶树分布在鸠岭山、石山自然村。在鸠坑乡常青村鸠岭山自然村后山顶（土名宋家塘）聚集着一批"资深"老茶树，这些老茶树有着非同一般的乔木形身段，显得特别高大，树高达到3米至4米以上。茶树从基部分枝，无明显主干。据村里人测量，以每棵老茶树最粗分枝的枝围计算，达到20厘米的有18棵，25厘米以上的有8棵，最粗的一棵枝围达到32厘米，直径足有10厘米（图2-3）。老茶树集中分布的宋家塘海拔约450米，是茶叶最佳生长海拔带。这里四季分明、温和湿润、雨量充沛、光照充足，加上水库小气候影响，气候条件比同温度茶区更加优越。尤其是春季，气温由低逐渐升高，降雨多，时晴时雨，空气湿度大，土壤含水量高，茶树生长旺盛，咖啡碱和氮芳香物质多，所以春茶品质比夏季好，大多名茶也在春季采制。

该村主要制作鸠坑毛峰茶和鸠坑毛尖茶。鸠坑毛峰属条形烘青绿茶类，古称"雨前鸠坑茶"。该茶外形肥壮成条，色泽绿翠显毫，滋味醇厚

图 2-3　宋家塘老茶树

鲜爽耐泡。鸠坑毛峰在 4 月上旬开采，采摘标准为一芽二叶初展。经适度摊放后即可炒制，工艺分杀青、揉捻、烘焙三道工序。烘至手捏可成粉末状下笼凉摊，分筛去末后即可包装。与鸠坑毛峰不同的是，鸠坑毛尖鲜叶采摘标准为一芽一叶初展，形似笔尖，每 500 克毛尖约 4000—5000 个芽叶。一般要求清明前开园，采摘要求芽长叶短，长短大小一致。鸠坑毛尖的制作工艺比鸠坑毛峰制作更加严格，要经过杀青、揉捻、烘二青、整形、烘干等程序。

据史料记载，鸠坑的茶叶始于汉，名盛于唐。唐时列为贡茶，称"睦州贡鸠坑茶"，已有 1800 多年历史。中国茶圣——唐代陆羽的世界第一部茶叶专著《茶经》（撰于公元 758 年左右）中，有关名茶产地和名种都提到"睦州鸠坑"；唐朝李肇《唐国史补》（公元 825 年前后）载"茶之名品……睦州有鸠坑"。唐朝杨华《膳夫经手录》（撰于公元 856 年前后）载："睦州鸠坑茶，味薄，研膏绝胜霍者。"元代《韩墨金书》载："鸠坑，在黄光潭对涧，二坑分绕，鸠坑岭产茶，以其水蒸之，色香味俱臻妙境。"明朝李时珍《本草纲目》"集解"中，有"睦州之鸠坑"列为"吴越茶"名茶的记载等等。

《中国名茶传说》记载，常青村鸠岭山自然村后山顶（土名宋家塘）是"鸠坑毛峰茶"传说诞生之地。相传，很久很久以前，在鸠坑乡常青村的鸠岭山上，住着一对年轻夫妻，男的取名金龙，女的取名毛凤。金龙开山种玉米，毛凤挖地种茶，生活虽然过得十分清贫，但是夫妻两个日出而作，日落而息，勤勤恳恳打理农作物，小日子虽然不富裕但也算过得去。鸠坑乡是睦州到徽州的要道，是两地居民往来的必经之地。来往客商和脚夫到鸠岭山，都要在此地小憩。日子久了，来往行人与金龙、毛凤也渐渐熟悉，待人热忱的夫妻俩总是泡上茶水给客人喝。白天夫妻俩外出务农，家门也是虚掩，客人可以自己进屋取茶水，有些人甚至还在他们家过上一夜再赶路。作为答谢，有的客人付给铜钱，有的送给头巾、针线，但是他俩一概不收。

一传十，十传百，夫妻俩好客的消息不胫而走，途径鸠岭山讨茶水喝的人也越来越多。屋后岗上种的那点茶叶原本除了待客后还有结余，尚可出售部分添补家用，现在所有的茶叶都只能招待客人了。但夫妻俩寻思着，就算自己少吃少穿，也不能让客人渴着。于是，金龙又到老山崖开垦了一块茶园。

有一年，春季雨水过多，夏季又特别干旱，茶叶的收成非常不好，夫妻俩甚是发愁。这年冬天，来了一位过路客人，只见他鹤发童颜，身穿道袍，手拄拐杖，貌似仙人。金龙、毛凤热情地冲茶待他。一边喝茶，夫妻俩一边陪着老人拉家常。言语间，老人得知夫妻俩有难处，就问："二位主人为何事发愁？"金龙、毛凤连忙含笑答道："老伯，凡是路过我们家讨茶喝的，都是看得起我们的。只是今年收成不好，过往客人又多，我们种的茶叶不够吃，正为这事发愁。"老人听了哈哈大笑，拍拍金龙、毛凤的肩膀说："我老汉也懂点种茶手艺，带我到你们家茶园看看，或许我能帮你解决问题。"二人陪伴老人到屋后老山崖茶园，只见老人在茶园里一边走一边抚摸着茶树，口中念念有词："好茶好茶，凤蕊龙团，舍茶待客，名垂金榜。"说来也奇怪，自从这老人走后，鸠岭山一连半个月打雷、刮风、下雨，夫妻俩也一连半个月没法出门干农活。天放晴了，心急如焚的金龙、毛凤跑去茶园一看，那些茶树非但没有死掉，反而更加碧绿粗壮，连地上的"黄皮塌"也变成松软肥沃的"香灰土"了。偶遇此事，夫妻俩虽说是疑虑重重，但心中确是十分高兴，心想一定与那位老人有关，莫非真是遇到仙人了。从此，他们夫妻俩对待来客比往常更加的热情。

第二年春季，采下来的茶叶碧绿青翠、清香扑鼻，炒制出的茶叶足足有好几百斤。过往客人喝了都赞不绝口："好茶、好茶！"金龙、毛凤将多余的茶叶挑到市场上去卖。买主一看，真如雀舌云片、凤蕊龙团，忙问:"这是什么茶?为何清香扑鼻?"金龙一下想起老人的话,随手指着老山崖采来的茶说:"这是金龙茶。"又指着屋后岗上采来的茶说:"那是毛凤茶。"买主连连点头称赞,茶叶卖出了比往年高许多倍的价钱。凭着这茶叶,金龙、毛凤家的生活也一年比一年好。

山农茶待客,客气富茶农。金龙、毛凤种茶待客变富的事,很快被大家知道了,整个鸠坑源的人都学他俩的做法,种茶待客,不几年,家家都富起来了。后来,鸠坑的金龙、毛凤茶被皇帝选为贡茶,在京城里很有名气,可谓是"名垂金榜"了。不过,鸠坑茶成为贡品后,皇帝忌其名,于是降旨改名为"鸠坑毛峰茶"。如今,鸠坑茶已经成为鸠坑百姓最主要的经济来源。不仅如此,鸠坑单株茶籽于2003年乘坐"神州五号"载人飞船进行了航天育种。关于鸠坑茶的故事远不止于此,你若想知道更多,就请到鸠坑常青来。

(淳安县农办)

杭州市富阳区安顶村

安顶云雾

在富阳区里山镇最南端，海拔最高处有个山村，叫安顶村，最高处车正山顶海拔 790 米。整个村地势呈马蹄形，南北走向，北邻富春江，东南分别与渔山、礼源、灵桥接壤。现在村民收入的 75% 来自茶叶收入。

泉涌灵峰千滴水，香浮安顶一壶茶。

安顶云雾茶，其外形扁平光滑，色泽绿润，清香扑鼻，滋味鲜爽，汤色绿明，乃是享誉千年的茶之绝品。三国时东吴帝孙皓每逢举办皇宴，安顶茶是必备的宫廷饮品。在明朝正德年间（公元 1506—公元 1521 年）每岁贡茶二十斛，一直延至清代。清《杭州府志》有"杭州之特产，良者富阳茶"之说。据 1926 年《浙江之特产》记载，"明时茶为进贡之品，声誉最隆……今富阳茶色、香、味不亚于龙井茶"。《富阳县志》记载"岩顶茗毫，史称富阳岩顶茶、安顶云雾茶，为浙江五大名茶之一"。

云雾茶，外形紧细、卷曲秀丽，开水冲后以色绿香浓、味醇、形秀著称。"安顶茶一粒茶七粒米"，这是在当地百姓中广为流传的一句古话。安顶云雾茶为什么如此金贵？有诗云"野泉烟火白云间，坐饮香茶爱此山"。因为安顶山位于仙霞岭余脉的富阳里山境内，平均海拔 650 米，最高峰为 790 米，四季雨量充沛，常年云雾缭绕，昼夜温差 15℃ 以上。山中地形奇特，略呈马蹄形，土壤疏松肥沃，有机含量丰富，pH 值 5.5 左右。这样的地理位置和气候环境最适宜茶树生长，也是盛产名茶的好地方（图 2-4）。它的金贵还缘于其拥有独特的炒制工艺。历史上的安顶云雾茶均为手工炒青茶，其采用的"高温少量敏捷抛炒法"与泰顺的"扬料杀青"、嵊县泉岗的"闷杀青"被齐称为浙江绿茶杀青三大手法。2009 年，安顶云雾茶炒制技艺被列入杭州市级"非遗"名录。

安顶云雾茶不仅金贵，而且非常神秘。至今在当地民间还流传着一则关于明朝开国皇帝朱元璋与安顶云雾茶的美丽传说。

相传，那是在元朝末年，朱元璋起兵反元，进攻杭州失败，遭元兵追杀，一时慌不择路，只身逃至安顶山大西庵。这时，大西庵内三名道士正

图 2-4　安顶云雾茶园

围坐在一起品茶论经。三名道士眼见庵门突然"嘭"地一声被撞开，摔进了一个浑身血污的人来，急忙立身戒备。朱元璋忙见过三位道士，喘着粗气把元兵追杀的事说了一遍，央求三位道士能够救他一命。三名道友见朱元璋面貌奇伟、体形彪悍，又怜他是个落难之人，恻隐之心油然而生。三名道士听到紧追而来的元兵的脚步声、呐喊声越来越近，情况万分危急，于是当机立断，打开后门，叫朱元璋立即藏身到庵后的十八丛茶蓬中去。当朱元璋刚在茶棚中躲好后，三位道士就马上一起披发仗剑，口中念念有词，随剑一指，大声喝道："疾！"立见东南方腾起一片巨大乌云，滚滚而来，不一会，茶丛就被浓浓云雾笼罩了起来。

却说元兵追上安顶山，忽然不见了朱元璋的影子，就在山顶上到处搜查。当搜到庵内茶地时，只见白茫茫的一片着地云雾，一进入茶地，犹如坠入夜幕之中，连人站在对面也看不清楚，东南西北也分辨不出来，更不用说寻找朱元璋的踪迹了。元兵一个个无奈地退出了茶地，又到庵内的角角落落搜查了一遍，仍然一无所得，只得灰溜溜地退下山去。

元兵退后，朱元璋从茶地来到庵内，向三位道士谢过救命之恩。道士见他惊魂稍定，就给他沏了一杯茶说："庵内别无他物，喝杯茶压压惊吧。"朱元璋连日跋山涉水，再加上与元兵的一场恶战，正感到头昏眼花，口干舌燥，精疲力竭。他顾不上道谢，接过茶来就迫不及待地猛喝了一口。谁知这茶刚一入口，一股醇香就沁入心脾，顿时感到心旷神怡，精神大振，连日来的疲乏一扫而光。他凝神一看茶杯，只见杯内茶烟凝聚，久久不散，清香四溢。他连忙问道："这是何茶，竟有如此奇效？"其中一位道士一甩云帚，慢慢说道："施主有所不知，这茶乃本山杨树岗所产，就是你刚才藏身的那十八蓬茶树,每枚茶叶有筋络十八条,与山上的十八蓬茶树相互呼应。每年谷雨过后,待新茶长到二至三叶时,我等就采摘下来,烘干炒燥,存于庵内,供香客饮用。"朱元璋听后,半信半疑,悄悄用手指夹起几片茶叶,摊在桌上仔细一数,不多不少,每片茶叶上筋络都是十八条。他一仰脖子,把杯中之茶一饮而尽,而后抹一抹嘴巴,望一望那笼罩在云雾中的十八丛茶树,深有感触地说:"好个安顶云雾茶呀!"

18年后,朱元璋称帝南京,做起皇帝来了。当皇帝了,自然是今非昔比,起居饮食真有天壤之别。他天天吃的是山珍海味,喝的是琼浆玉液,喝久了,渐渐就觉得乏味。一天,他忽然心血来潮,回想起自己在富阳安顶山落难时道士请他喝的那杯安顶云雾茶的美妙滋味,也思念起救他于危难的三位道士,遂派钦差前往富春江畔安顶山大西庵寻取安顶云雾茶,并邀三位道友进京封官行赏。万万没有想到,远在安顶山上的三位道士,一听说有钦差大臣正在上山寻访三名道士,顿时惊慌失措,坐立不安。原来三名道士乃是前朝通缉的要犯,在犯事后逃往安顶山并决心远离尘世定居在山中的。他们不明缘由,心想这下完了,朝廷怎么会打听到此,肯定凶多吉少了。于是三人一合计,决定以命来抵消罪过,竟然选了个黄道吉日一起来到云雾缭绕的杨树岗上,自缢于三棵杨树之上。待到钦差赶至山上,只见空空的庙堂和三位道士遗留的安顶云雾茶,只好带着茶叶回去复命。朱元璋闻此噩耗,深感悲痛,为报答三位道士的救命之恩,挥泪写下"三仙明王"金匾,赐予三位恩人,并将四字镌刻在石碑上,立在三道士合葬墓前。朱元璋随后又命钦差到安顶山大西庵传旨,将该茶列为进献朝廷的贡品,岁岁进贡。

从此以后,朱元璋每逢批阅奏章或与大臣议事感到疲倦时,总要泡一杯安顶云雾茶来提提神。而正由于安顶云雾茶的年年进贡,"三仙明王"的炒茶技术才得以传承了下来。直至今天,安顶村村民个个都会种茶和炒茶、卖茶和品茶。尤其是近年来,富阳通过采取商标品牌战略、茶叶包装改进提升、推进茶叶企业生产许可(QS)认证等一系列保护和提升措施,已经使得"安顶云雾茶"广为人知,品牌价值一路攀升,茶叶产业已成为当地农民增收的支柱产业。寻觅深山清茗香,醉在千年茶韵里。朱元璋和"三仙明王"的故事,随着安顶云雾茶的名声远播逐渐被沉淀了下来,成为人们在品茗之时的必谈佳话。

(徐蝶)

绍兴市柯桥区王化村

日铸茶

在绍兴市区东南距市区 55 里的会稽山日铸岭下,有一个地方叫王化。王化村由原王化、寺前、五一、长塘头四个自然村合并而成,地域面积 11.391 平方公里,与上虞汤浦镇、绍兴县王坛镇、富盛镇相毗邻,系小舜江水源之一。全村 832 户、2369 人,2007 年村可支配收入 15 万元,村民人均净收入 8193 元,个体私营企业 10 家,年销售收入 1476 万元,上缴国税地税 53.25 万元。全村有耕地 1840 亩,其中水田 1125 亩、旱地 715 亩、山林面积 12607 亩。这里峰峦叠翠、云雾缭绕、山流潺潺、雨量充沛、土地肥沃,是盛产茶叶的宝地(图 2-5),自古以来,王化人就有种植和加工茶叶的传统。

图 2-5 王化村茶园

产于王化的茶叶,早先叫日铸雪芽,后又叫日铸茶或珠茶。翻开中国茶文化的历史,王化有着光辉的一页,历史名人对王化的茶叶有着高度评价。欧阳修《归田录》:"草茶盛于两浙,两浙之品日注(铸)第一。"吴处厚《青厢记》:"越州日铸茶为江南第一,纤白而长,其绝品至二、三寸,余虽未逮,亦非他产可望,味甘软而永,多啜宜人,无停滞酸噎之患。"陆游称此茶芽如苍鹰之爪,胜过当时名品红囊的雪茶;明人张岱尝幕歙人自制日铸茶,称其香味浓郁,色如竹箨方解,绿粉初匀,呼为兰雪名过松萝;清人李慈铭平生再嗜名茶,偶得日铸,品后赞叹:"龙井清隽而太利,碧螺春酝藉而太澹,兼两美而无病者,其在此乎。"《会稽县志》也多有记载,《嘉泰会稽志》载:日铸茶"有名颇晚","殆在吴越除国之后"。康熙《会稽县志》引《黄氏青箱记》云:"千载之远,佳气不泄,蒸于草芽,发为英华,淳味幽香,为人滋养也。"

南宋期间,相传宋高宗赵构,建炎三年(1129)迫于金兵追杀,于10月17日到达越州(今绍兴),赵构率文武百官翻越日铸岭,在王化独封庙躲过一劫,后转水路向明州(今宁波)方向逃去。建炎四年(1130)春,宋高宗回跸越州,沿原路于4月12日在王化村驿站驻跸数天,王化百姓纷纷拿出自己采摘加工而成的日铸雪芽招待高宗赵构和随从官吏,宋高宗喝后惊讶地说:"我从来没有喝过如此浓郁醇香的茶!"他向村民道谢后,问村里的族长:"此茶产于何处?"族长说:"此茶叶乃本地所产,只要万岁喜欢可以带些回去。"宋高宗定都临安(今杭州),御旨日铸茶为特贡珍品。

400多年前,王化日铸岭流传着这样一个民间传说。王化山湾处有一种怪兽叫"山啸",十分可怕,王化百姓都不敢去这个山湾。后知县派两名官吏到这山湾巡查,感觉这个山湾平平常常,无异样之处,只觉得此山湾有一株与众不同的茶树,特别高大挺拔,叶子白嫩纤长。据说这株日铸雪芽极为名贵实属少有之山珍,会稽知县特命人把这株茶树上的茶叶摘下来制成铸茶献给在显圣寺出家修行的大清顺治皇帝。后康熙帝前来显圣寺寻父亲回宫,会稽知县吩咐和尚给康熙帝端杯香味浓醇的"雪芽"解渴,康熙帝喝后连声称好,并问知县这叫什么茶,产于何地,知县告诉他叫"日铸雪芽",产于本地日铸岭里面的一个山岙里。后会稽县衙每到春天就派人采摘加工后进贡康熙帝,康熙帝喝后说道:"可惜这茶太少了。"皇帝口为圣旨,第二年山湾里满山遍野长出了白嫩嫩的雪芽茶来,这就是后来人们常说的御茶湾。从那以后,"山啸"也消失了,后人传说"山啸"是雪芽茶的护卫神,御赐"御茶湾"以后,它完成了天职,就自然隐居了。

新中国成立后,王化的茶业有了较快的发展,在"若要富,茶竹兔"的口号下,王化人大力开发茶园,至20世纪80年代,茶山面积达到

8000余亩，年产珠茶7500担以上，建有茶叶初制工场和精制茶厂，为国家的茶叶出口作出了贡献。

日铸茶香飘中外。1915年，平水珠茶荣获巴拿马万国博览会金奖。2014年5月，平水日铸茶获第九届浙江绿茶博览会金奖。2015年5月6日，CCTV-4"江河万里行"摄制组专程来王化采访并拍摄纪录片《珠茶纪事》，并在6月9日在"远方的家"栏目中播出。

茶叶的采摘和制茶的工艺也是非常讲究。茶叶生产的数量和质量同采摘时间有着密切的关系，所以茶农历来十分注重采摘时间的安排。道光《会稽县志》载："最早者为清明茶，香味特浓，清明后采者曰雨前茶，谷雨后采曰早春茶，俱属会稽佳品，最后则曰夏茶，其味减矣。"张岱《陶庵梦忆》概做茶之法，须"俟风日清美茶须旋采、抽筋摘叶、急不待时"。因此茶叶必须适时采摘。

随着千百年来的生产加工，王化茶叶已经形成独具特色的茶叶文化。客人来了，饭可以不吃，茶必须要沏，这是礼貌；老人寿诞之日，送上一杯茶，叫寿茶；新娘入洞房喝一杯茶，谓之新人茶；茶宴、茶话会，以茶会友，形形色色的喝茶风俗，形成了源远流长的民族文化。

（柯桥区农办）

长兴县顾渚村

紫笋茶

相传春秋战国时期,吴王夫差至一地,顾其渚而忘返,顾渚由此得名。顾渚村位于长兴县水口乡,东临太湖,北与江苏宜兴接壤,三面环山,是自古闻名的风景区;村域面积18.8平方公里,辖32个承包组,11个自然村,农户761户,总人口2567人。村里拥有农家乐农户86家,近年来,更是因其青山绿水、环境幽雅而成为游人品茗度假休闲的旅游胜地,有着"天然氧吧"的美誉。顾渚村因产紫笋贡茶和金沙泉而成名。2009年全村实现农民人均纯收入12500元。

顾渚是中国茶文化发祥地,紫笋茶、金沙泉自唐代起就被列为贡茶贡水,唐皇八百里加急送贡茶,"金袱裹茶,银瓶盛水"说的就是"顾渚二绝"紫笋茶和金沙泉。被誉为茶圣的陆羽,是中国茶文化的鼻祖,在顾渚居住种植紫笋茶园,并著有旷世之作《茶经》。《西游记》的作者吴承恩,也多次到顾渚游历,小说中许多故事情节和场景均取材于顾渚的历史。

紫笋茶的茶叶特征是白毫显露、芽叶完整,外形细嫩紧结、叶底肥壮成

图 2-6 紫笋茶青茶

朵，色泽绿翠、香气浓强、滋味鲜醇、汤色淡绿明亮、叶底细嫩（图 2-6）。紫笋茶有着优异的内质和独特的香味，芽叶细嫩、芽色带紫、芽形如笋、条索紧裹，沸水冲泡，茶汁碧绿如茵，茶叶舒展后呈兰花状，兰香扑鼻、甘味生津、汤色清朗、茶性温和、提神配目。

已记不清是哪个朝代了，顾渚村上有个老太太到吉祥寺边上去摘茶叶。有一颗茶树蛮奇怪，茶叶刚摘掉，片刻就冒出新的茶芽来。老太太边摘边冒芽，摘得越快，叶芽冒得越快，老太太高兴极了，说它是棵仙茶。晚上回到家里，她把采摘回来的茶叶放在铁镬子里焙干，放在碗里用水泡出茶来，那碗中茶芽带有紫色，朵朵朝上，像笋尖尖一样。后来，人们就称这茶为紫笋茶。此后一直进贡朝廷。

太湖边上有个包漾湖，离包漾湖不远有两个村庄，一个叫薛家滩，一个叫童庄殿。这一带有个叫薛大勇的，他从小就有胆有识，智谋过人。

一天，他划了一条小船正在包漾湖捉鱼，这时，从顾渚方向慢慢地驶来几条沉甸甸的船，里面装的是封好的板箱和一只只甏。船工们个个唉声叹气，没精打采。薛大勇问道："船里装的是什么？运到哪里去？"

"送顾渚茶（紫笋茶）、金沙水到京城。"一个船工懒洋洋地回答。

"今年我们出产的茶叶全部在这里了，真是吃人心肝，叫我们怎么过日子哟？"另一个接着说。

薛大勇一听怒气难抑，心想，这顾渚茶叶、金沙水是抗瘟疫、治百病的宝茶仙水，怎么能赔钱折功夫地送给那个混账皇帝呢？

原来，顾渚茶叶是一种很平常的茶，这里的老百姓一直靠着采茶谋生度日。生活本来就很苦，却又屋漏遭遇连夜雨，有一年瘟疫病在这一带流行，百姓们一个个病倒了，无钱治病，只能眼睁睁等死。后来人们用金沙泉的水泡顾渚山上的茶让病人喝，患病的人喝了以后顿觉精神振奋，瘟病全消。大家高兴得不得了，一个个欢欣鼓舞，奔走相告。一时间沸沸扬扬，方圆百里的人都到这里来舀起金沙水，购买顾渚茶，以消病患。消息越传越远，名声越来越大，结果传到宫里，一道圣旨，顾渚茶、金沙水就成了只能由皇帝品尝的贡品了。

大勇越想越生气，不觉大声喊道："这黑心肠的鬼皇帝，耳朵倒生的长，不要送去，不要送去！"

"嘿，你这年轻后生，说得倒轻巧，皇帝已经下了六道圣旨，没法子啊！"

小伙子默默地思索了一阵子说:"好,这样吧,你们把茶叶全部挑回去,金沙水全部倒掉,换上出风的霉茶叶和浑浊污水,我帮你们送去,看这龟皇帝把我怎样!"

"这样可不行,你白白去送命。"船上的人齐声说。

"保险没事,我有办法对付。"薛大勇拍拍胸脯,十分有把握地说。

大家拗不过他,就照薛大勇说的做了。

薛大勇带了船工慢慢向京城进发,待运到京城,皇帝已经连下十二道圣旨催促过了。但当他看到"仙水宝茶"已经到手了,也不十分追究,满心欢喜地打开一看,一股霉臭气扑鼻而来,顿时龙颜大怒,指着薛大勇大声呼斥:"好大胆,你欺君犯上,胆大妄为!"喝令刀斧手马上把他推出去斩首。

就这样,薛大勇用自己生命为顾渚百姓换来了紫笋茶和金沙泉,使其得以流传至今。

(长兴县农办)

杭州市余杭区王位山村

天龙茶

杭州市西北郊余杭横湖和德清交界的地方,有一座山叫王位山,这座山海拔高达745米,在横湖称得上是一座高山。王位山在古时候称作"黄回山",相传山的名字与黄巢还有点关系。嘉庆《余杭县志》中就有这样的记载:"黄回山,在县北六十里,相传黄巢兵掠余杭,犯临安,为钱武肃王败于此,收其卒而回,故名黄回。"后来,因"黄回"和"王位"在当地的方言中读音差不多,故今人就把"黄回山"称作"王位山"。

王位山下有个村落,因背靠王位山而得名"王位山村"。

> 过境全疑道若穷,萦纡百转曲回通。
> 人行山顶半天上,舟送溪帆乱石中。
> 狱讼已无前世号,衣冠犹有古人风。
> 才归又见争相庆,共听歌谣万室同。
>
> ——宋·汪藻《余杭道中》

王位山村位于杭州西北郊、黄湖镇的北面,南距杭州市中心30公里,

图 2-7 王位山村外景

北邻亚洲第一大蓄水电站天荒坪40公里。04省道穿村而过（图2-7），是北进竹乡安吉的要道，交通便捷。王位山村背靠巍巍王位山，坐北朝南。村内古树参天、竹木葱郁、绿荫掩映，生态环境优美，资源得天独厚，气候宜人。全村人口2807人，村域面积16.7平方公里，村民年人均收入21924元。

王位山产茶，名天龙茶，产于黄湖境内海拔700米的高山上，周边环境山清水秀、云雾缭绕（图2-8）。这里土质有机含量丰富，肥力充分，山涧流水浸润土壤，独特的自然环境孕育出来的茶叶具有无污染、有机物含量高的优点。天龙茶冲泡后形似兰花，色泽翠绿，汤色清澈，幽香持久，滋味鲜爽，叶底明亮。"天龙"品牌树立以后，相继对天龙茶叶的产地、选种、种植、炒制及包装等生产环节制定了标准，以确保天龙茶叶的品质，使其名声远扬。

图2-8 王位山茶园一角

2001年起，王位山天龙茶园被列为径山茶叶系列主产区，已开发到2700亩。2001年春，天龙茶荣获"中茶杯"二等奖、第二届国际名茶金奖，2002年以来连续荣获浙江省茶圣节一等奖。被选送到日本的天龙茶也荣获了国际名茶品评会"中日新闻赏"奖。

有道是"高山出名茶"，王位山村的先辈们很早就在王位山上栽种茶树，每到清明前后就开始采摘，经手工炒制后出售。王位山所产的茶叶属高山云雾茶，冲泡后形如兰花，色泽翠绿，叶底明亮，汤色清澈，深受茶客欢迎。从此，茶叶也就成了王位山的主要特产。

王位山的天龙茶是余杭的名茶，但为何取"天龙茶"的名字，这里还有个故事呢。

相传它的得名还与黄巢有关系。据村里的老年人讲，在很久很久以前，这王位山上有个老鹰洞，老鹰洞里住着只大老鹰。有一天，那老鹰不知道从哪里叼来一个男婴放在了洞中，刚好有一个化缘的和尚从老鹰洞附近走过，突然听到了婴儿的啼哭，和尚寻声音而去，发现婴儿的哭声是从老鹰洞中传来，便入洞救出了那个婴儿。和尚见婴儿可怜，就把那婴儿带在身边自己抚养。因不知道孩子姓什么，和尚便让这孩子姓他出家前的姓"黄"，又因为孩子是从老鹰洞内救出的，故给他取名为黄巢。

黄巢从小便跟着和尚学习武艺，练就了一身本领，黄巢性急，爱打抱不平。18岁那年，他看到邻村一个小孩因跑到财主张阎王的地上偷掰了几根玉米吃，就被张阎王的家丁用乱棍活活打死，不由怒火中烧，二话不说，冲上去对准家丁就是一拳，没想到王巢这一拳势大力沉，那家丁不禁打，竟然一命呜呼了。财主一见，连忙派人报官来抓黄巢，而黄巢却在乡亲们的帮助下趁官兵到来之前溜出了王位山，开始远走他乡。

几年后，黄巢在外地率领农民起义，打下了半壁江山，并率兵一路向余杭、临安、安吉进发。一次在攻打安吉地铺时，黄巢吃了败仗，于是便带着起义的众人退回到王位山上进行休整。没想到有许多起义的战士不知怎地患了红眼病，急需找郎中救治，黄巢便派人下山，从德清去请了一个郎中到山上。郎中到了山上才知道黄巢是让他给治红眼病的，可山上没有药材呀，怎么办？他原本想开张方子让黄巢派人下山买药材，后来忽然想到山上可能会有野茶叶，而茶叶清凉，正是治红眼病的首选。于是郎中便在山上转悠，果然找到了一些野生的茶树。郎中采来了野茶叶，先将采来的野茶叶薄薄地摊在地上，待第二天干后再将那茶叶用开水煮成茶汤，让大家喝下去。说来也奇怪，喝了这茶汤后，那些战士的红眼病居然很快就好了。黄巢十分开心，去谢那个郎中，那郎中告诉黄巢，这山上的野茶叶饱吸了高山的云雾，性极清凉，不但能用来治眼疾，还有润肺、消暑、解毒、利尿通便的功效。黄巢一听大喜，当即叫人把那些野茶挖来进行种植，以防日后不测。就这样，王位山上开始有了人工种植的茶叶。

由于这王位山上的茶叶是黄巢从外地回来后才开始种植的，而那时的黄巢已经自封为皇帝了，老百姓把皇帝称为"真龙天子"，所以，这批黄巢种植的茶最初被当地百姓称为"回龙茶"。

后来，黄巢兵败如山倒，不但起义失败，自己的性命也丢了。王位山的老百姓怕受牵连，再也不敢将那茶叶叫作"回龙茶"了，那叫什么好呢？一个好产品，总得有个好名称呀，刚好这王位山边上有座山峰叫天龙峰，村里有个老人就和大家说，将"回龙茶"改名为"天龙茶"。

黄巢兵败后，王位山这块由黄巢命人种植的茶园无人看管了，由于茶树种在高山上，村里的人平时上山也不便，正好当时山上有个尼姑庵，尼姑们见这么好一块茶园没人管，实在太可惜了，就接管了起来，她们每年都自行加工成茶叶，去山下出售，以出产红茶为主。到了清代中期，有一年，王位山上下了一场罕见的大雪，那雪足足有几十厘米厚，将那尼姑庵压塌，庵内的尼姑皆被压死和冻死。尼姑死光后，山上的茶园又没人管了。后来，一份姓汪的人家接管了茶园，经常派人上山去管理。但那时上山困难，管理不便，这"天龙茶"的产量极低。

到了1937年的冬天，绍兴有个叫施义林的人逃难到了王位山，在山顶上搭棚居住了下来，为了生存，他便在甘露顶的南坡上开垦出茶园三亩，栽种茶树。每年春天，他将自行加工的茶叶挑到山下德清、瓶窑等地出售，由于王位山所产的茶叶品质好，价格明显高于其他茶叶。

1978年，原里山村组织了茶叶专业队在王位山甘露顶原施义林的茶园边又重新开垦出茶园80余亩，将所产茶叶制作成"杭炒青"。这王位山所产的"杭炒青"，当时就被余杭县农业局指定为"高山云雾茶"。

近年来，在当地政府的支持下，王位山上又新增茶园600余亩。由于这"天龙茶"的叫法由来已久，故所产茶叶又重新启用"天龙茶"的品牌。在茶农们的努力下，古老的"天龙茶"品牌开始焕发勃勃生机。

（徐永革　丰国需）

临海市上周村

藤　茶

上周村为宋代古村落，隶属临海市涌泉镇，位于海拔 670 多米的兰田高山之巅。村以姓得名。据《桐峙山记》载："其间虽杂姓之不齐，惟周氏本家子世裔宋末间评事公始迁于此。"据《临海周氏宗谱》记载："桐峙山周氏始迁祖者，即宋评事官永达文煜公是也。"经过 600 多年的演变，2014 年，全村人口 1482 人、445 户，其中周姓人口仍占 95% 以上，较完整地保存了周氏特色的历史风貌，村民至今沿用石制农具，保持手提肩挑的原始农耕方式。上周村背靠桐峙山主峰山顶山，空气清新，生态环境优越，长寿老人众多，2012 年浙江省最长寿老人李海妹（112 岁）即是该村村民。上周村村内保存有高山草甸（天然大草坪）、石头古屋群、高山茶园、老大岩、千亩竹海、高山梯田、山顶日出与云海，以及省内唯一保存基本完好的古红绸树林公园等。上周村优越的生态环境已受到越来越多游客的追捧，它被誉为台州城市"后花园"、台州长寿村。2014 年末，全村有耕地 881 亩、林地 4525 亩、茶园（图 2-9）600 亩，村民人均收入约 8 千元，村集体当年收益不多，约 3 万元。

图 2-9　壮美的上周村梯田茶园

临海市茶叶生产距今已有1700年历史。汉时葛玄植茗于盖竹山。明嘉靖年间云峰茶闻名，有"上云峰茶，味异他处""延峰山茶味佳"的记载。在临海市兰田山区主峰山顶山，却生长着一种省内少见的高山茶树——藤茶，1957年，藤茶被省农业厅评为"浙江高产优良品种"。中国农业网认定藤茶"原产浙江省临海市兰田乡，系茶农单株选育而成"。

野生藤茶叶梗粗，叶子较小，叶片较薄。品之先苦后甜，回甘力度大。临床试验证明，藤茶所含黄酮化合物具有清热解毒、杀菌消炎、镇痛消肿、降脂降压、预防心脑血管疾病、提高人体免疫力等多种功效。

藤茶的来历与上周村村民周高公有关。

周高公，清道光年间人（具体生卒年月无考），慈悲济世，天生异能，精通道术。那时兰田农民生活很苦，每年农忙季节，家里主要劳力都会下山渡江到海门（现椒江区）帮人割稻，借以糊口。周高公也加入兰田"割稻客"大军，到海门一带受雇割稻。但高公觉得兰田人这样下去不是办法，他设法要帮助兰田人走出一条谋生致富的道路。

一年春天，年轻的高公来到位于村后的兰田主峰——山顶山，看到绿油油的野生茶树在风中摇曳，这引起他极大兴趣。他将野生茶叶采摘了一些，炒制成绿茶品尝，黄绿清澈的茶汤飘逸着阵阵清香，沁人心脾，茶味浓醇馥郁，口感极好。他想，如果茶树能在兰田大规模种植，今后百姓就多一份收入来源，再也不用大热天隔江过水去海门做短工了。他回村后立即召集村民研究野生茶叶改良方法。经过高公和村民们反复讨论、多次实践，终于摸索出一种可行的茶树改良方法。那年六月，高公带领村民来到山顶山开始尝试茶树繁殖。他们把野生茶树抽出的新梢小心压到地面，然后在压条上覆盖一层厚厚的土。到明年三月前后，大地回春，万物复苏，压条上长出了新的根须。这时，高公和村民们把压条从老茶树上剪下来栽种在山顶山上。高公和村民们夜以继日，开发荒岭，经过一年努力，原本荒秃秃的兰田主峰被开垦出200多亩土地，全部种上了这种改良的新茶树。

几年后，茶树蓬勃生长，初具规模，即将迎来丰收季节。高公喜上眉梢，村民们也奔走相告，互相道贺，都指望明年春天新茶上市后有个好收成。高公发现经压条法繁殖的茶树叶片狭长似柳叶，枝条柔软似藤，就命名这种茶树为"藤茶"。然而天有不测风云，当年夏秋之交，一场台风不期而至，把山顶山茶树吹得东倒西歪，不成样子。村民们欲哭无泪，丰收希望化为泡影。高公深知农业靠天吃饭，如果不持之以恒改造和利用自然，兰田百姓积贫积弱的局面不可能扭转。高公陷入沉思，愁眉不展。后来，经过高公和村民们艰难抉择，他们决定在山顶山建造城墙，把茶园围起来。村民们众志成城，说干就干，开岩、运石、砌墙，经过整整一年努力，山顶山城墙终于砌成！从此茶园再也不会受台风摧残，村民从此高枕无忧。那座长满苔藓的古城墙至今仍屹立在山顶山，受城墙保护、高公带领村民开辟的古茶园历经190多年，至今保存完好。

  周高公采用压条扦插无性繁殖的方法，培育出发芽早、抗逆性强、产量高、制绿茶品质佳的茶树新品种——兰田藤茶，为茶树良种之一，为兰田农民增收致富创造了新路子。兰田藤茶产量年年创新高，福泽后代，延绵不绝。新中国成立后，在政府有关部门陆续推介下，高公发明的茶树改良方法得到了大力推广。1956年开始，临海县政府组织茶农采用此法，繁育出藤茶、早青茶、水古茶等良种茶苗50多万株，在周边县市产生了一定的影响。宁波专署农林局曾组织各县代表到涌泉区参观学习这种扦插茶苗方法。1979年，上周村建立茶场，高产试验茶园3.65亩，每亩可采收干茶779.3市斤。到1983年，临海县藤茶种植面积已达到480多亩。目前，上周村生产的"山顶绿茶"开始走出兰田，先后在杭州、宁波、余杭及江苏等地扎根发芽，并逐渐走出国门，香飘万里。

（周宁　周先法）

三门县香山村

香山特早茶

香山村地处大山深处，长期以来与世隔绝，是一座在群山环绕之间自然天成的小村落，青砖瓦房、古树宗祠、庵庙古道以及满山遍野的茶园、漫无边际的林海，错落有致、高低起伏、广袤无垠，与周围自然环境紧密结合，山水和田园风光相得益彰，一切看似平淡却意蕴悠远。

对于喝茶人来说，很少有人不知道香山特早茶的，但对于香山村人们却并不么熟悉。香山村位于三门县城西南13公里，隶属于珠岙镇。东靠茶坑山，南近香山庵，西与周家村隔山为邻，北毗岙底谢村。村落沿山麓分布，呈阶梯状。这里历代房舍大门一致朝向前门山，故取名向山，后演称香山。香山村有着悠久的历史，可追溯到距今550年前。据《汪氏宗谱》记载，宋南渡时，尚书汪伯彦辞职隐居于临海东部西溪，为西溪始祖。明宪宗成化年间（1465—1487年）大房十一世孙汪思义，字正文，号草窗，与兄弟四人自西溪迁居宁海县仙岩乡香山（今属三门县），为香山汪氏始祖。2014年，香山村被列为浙江省历史文化村落保护一般村。2014年末，全村有农户195户、738人，耕地面积215亩，村民人均纯收入8224元，村集体经济收入5万元。

香山村自古盛产茶叶，传说始祖从临海西溪迁居时就带来了茶树。村中至今还保存有十几棵古茶树，枝条缠绕穿插，盘虬古朴。自古高山出好茶，香山茶生长在海拔几百米高的云雾山中，四周森林密布，山上云雾缭绕，山间绿水长流，土壤肥沃、气候温和、雨量充沛、人烟稀少、天然无污染，是茶树生长的理想之地。这里的茶树一年四季云滋雾养，饱含日月之精华、天地之灵气，生长过程完全处于自然状态，不施用任何化肥农药，所产茶叶采用幼嫩芽叶按现代特有的炒制工艺精制而成，外形扁平，汤色嫩绿、味醇气香、滋味鲜纯、色、香、味、形俱佳。每年2月底至3月初即可采摘新茶，属特早茶新品种，是真正的天然饮品，为茶中珍品。良好的生态环境、优美的自然风光、深厚的茶文化底蕴使香山早成为名扬一方的名茶。如今小小的香山村茶园（图2-10）已发展到1200多亩，是当地香山早茶叶的主产区。

图 2-10　香山村茶园

　　翻过香山村后几十米高的小山包，便是盛产香山早的茶园。这里的茶树一垄连着一垄，一山连着一山，满山遍野的茶林望不到尽头。香山早历史悠久，据《三门县志》载：早在民国初期，香山早就在上海、宁波等地闻名遐迩。那时的香山早是通过海门（椒江）、象山石浦、宁海白峤等港口销向全国各地的。

　　关于香山茶，还有个有趣的传说。抗日战争时期，陆路、水路交通被阻，商业萎靡，到香山收购茶叶的客商一个都没有。香山村采摘的茶叶堆积如山，卖不出去。茶农们愁眉不展，只好忍痛将茶叶倒到水田里，做肥料壅田。

　　第二天，那些倒入水田里的茶叶，经过山泉的泡浸，田里的水又都是从上一块田自流到下一块田的，所以那些梯田里的水都是浓茶水，田地周围飘着茶的香味。那年的山田稻谷，长势竟出奇地好，病虫害也少，取得了大丰收。而且粮食的品质也格外好，茶农们都说，想不到用卖不出去的茶叶壅田，阴差阳错，却带来了粮食大丰收！村外的人听说该地的粮食是使用茶水浸泡生长的，都十分感兴趣，而且对香山一地的茶叶十分好奇，认为该地的茶叶一定有奇效，自此，香山茶叶的名气更大了。

　　山门"香山茶"素以春茶上市早、香高而著称。现经改良后的"香山早1号"茶叶属于灌木型,植株中等,树姿半开张,分支较密,叶片椭圆形,呈水平状生长。它具有叶色深绿、叶面平整或略有隆起、叶尖渐尖、育芽力强、芽较壮、茸毛少、特嫩性好等特点,而且发芽特早、产量较高,是制作绿茶的优质原料,适宜制作扁形或针形绿茶。浙东一带春茶开摘期一般在2月下旬,即农历"谷雨"这个气节的前夕就要开摘,一般称作"谷雨前茶"。但"香山早1号"的开摘时间,却提前到了"惊蛰"过后2—3天就要开摘,提前了差不多4个节气,明显早于其他茗茶,在全国茗茶市场上可谓独占"品茗之道在于新"的优势。

(齐国雄)

宁海县团结村

桑洲的早茶与麦饼

团结村地处浙江省宁海县桑洲镇屿南岗,由夏家、南山、黄罗洋三个自然村组成,共有农户301户、857人,拥有耕地面积286亩,山林面积1218亩。农户以种植业为主,主要收入来源为茶叶种植。在该镇党委政府全力实施"以茶富民"战略、大力扶持茶叶开发政策的推动下,该村茶叶产业得到了长足的发展,涌现出了一批茶叶大户和制茶能手。自2005年起团结村已连续三年被评为"镇茶叶特色村"。

桑洲人种茶的历史可谓悠久,最早可追溯到清光绪年间。清光绪县志记载:"宁海产茶区,王爱山庄,桑洲庄,麻岙庄,吴岙庄。"故早在清朝,桑洲就是宁海县的主要产茶区。目前全镇共有产茶基地近8000亩,仍是宁海县第一茶叶良种大镇。团结村现共有茶叶种植面积1000余亩(图2-11),其中良种茶面积达400多亩,加工机械设备共100多台。近年来,团结村茗茶制作水平提升得很快,村民们在家基本都能制作名优茶。"桑洲早茶""双尖白茶"等名茶多次荣获"中绿杯"和"中茶杯"金奖、一等奖。其中,最值得骄傲的就是团结村是浙江省十大名茶之首、享誉中外的"望海早茶"的茶叶生产基地。

图 2-11 团结村茶园

"野泉烟火白云间，坐饮香茶爱此山"，桑洲屿南岗成为望海茶生产基地是有原因的。屿南岗地处宁波最南端，沟壑纵横、山多丛稀。气候温暖湿润、光照充足、气温回升早，具有得天独厚的生态环境。其茶树发芽为宁海最早，农历正月二十即可采摘，春采时间比其他地区早20—30天。每每此时游客至岗，好客淳朴的团结村人就会泡上一杯新茶——"望海早茶"待客。"望海早茶"外形匀整紧直，色泽绿翠显毫，汤色嫩绿明亮，滋味鲜醇爽口，饮后满嘴留香，回味无穷。有雅兴的游客在此接一壶山中的甘泉水，泡一杯新采的绿茶，就能体验一把"茶思岳瀑煎"的古典情调。

桑洲茶具有高山茶的独特韵味，这与它独特的采茶方式和制茶方法有关。采茶方面，严格地说，姑娘、大婶们采的不是茶的叶，而是茶的芽。开采前要先洗净双手、剪净指甲（以防指甲掐伤茶枝，茶枝一"中毒"就拒绝抽芽），采摘时只能用大拇指和食指的指肚夹住顶芽，用合适的力度一次性"夹"下。采时还要看茶树的长势留几叶或"一叶采"，一般采一个顶芽和芽旁的第一片叶子，叫"一心一叶"。茶嫂们每工只能采上三五斤，但茶芽都是一顶一的"粒粒相似"。

团结村的村民家家户户都种茶，而且都会制茶品茶。下午将鲜叶采摘下来后摊晾，到了傍晚时分再开始加工制作，制作过程分为杀青、理条、回锅三大步骤。杀青就是把鲜叶放进电炒锅里炒，用高温蒸发鲜叶部分水分，使茶叶变软，便于揉捻成形；理条就是给茶叶整形，理成锥子形；回锅就是理条后放回到电炒锅内烘干、提香。一般来说，4斤鲜叶可加工成1斤干茶，如果是纯手工制作，做1斤干茶需要花费4个小时。

种茶大户们制茶是将机械与手工相结合——杀青、理条用专门的机械，回锅经手工完成。用机械制作1斤干茶只要花1个小时就能完成，不仅大大缩减了加工时间，而且经机械杀青和理条的茶叶外形更为齐整，汤色也更加清亮。

"村古人不古"，团结村抓住其茶叶"发芽最早"的优势，继续打造"绿茶古树人家"的旅游产业，设想创造自己的茶叶品牌，让"绿茶古树"的故事随着岁月传得更远、更芳香……

除"望海早茶"外，团结村的另一大特色就是桑洲麦饼。"麦饼"在西南隅各地十分流行，根据各地麦饼不同的特色，分别有了"岔路麦饼""前童麦饼""黄坦麦饼""桑洲麦饼"等名称。其中，"桑洲麦饼"因其口感独特，最为食客们称赞和推崇，成为游客们"非尝不可"的一道著名美食。关于"桑洲麦饼"的由来，还有一个传说。

桑洲处于浙江省宁海县西部偏南地区，西枕天台山脉，与三门相接，自古就是宁海通向天台府的一处重要的驿道，其境内多冈峦，丘陵起伏。《徐霞客游记》里只用了15个字"其东南十五里为桑洲驿，乃台郡道也"就点出其地理位置在当时的重要性。因三分之二的村民都居住在山上，故村民外出都得带上干粮，以便抵挡三五天翻山越岭不能返家的饥饿。为了防止干粮变质，他们便用温水调和麦粉，不经发酵直接擂成薄饼烙熟，人称"麦饼"。因麦饼主要是作为跋涉劳作之人的干粮，故而十分厚实。而传说400年前，有个著名的游者经过这里，从此改变了麦饼的原貌——他就是徐霞客，徐先生在宁海写下了"开篇"。当他出了西门，走到宁海西域桑洲一带，看到有人在路边现烙圆饼出售，他买了一个品尝，觉得这种裹着虾皮苔条馅的麦饼味道很好，但过于厚实，咬起来费劲，就要求摊主擂得尽量薄一些。不想，这一小小的建议催生了一种更美观、更易熟、更好吃的麦饼，其亦被一些感恩的人们称为"霞客饼"。

团结村家家户户都爱做麦饼、吃麦饼，其主打麦饼有三种。一类是常见的咸麦饼，其馅是由虾皮、苔条和以葱或大蒜，掺入猪油调和做的。将馅裹进粉团，摊在砧板上擂薄，用文火贴熟。麦饼趁热吃最带劲，冷了放上几天也不坏，吃时放暖锅里烙热即可。第二类就是用芝麻、白糖作为馅的甜麦饼，再加一点海苔，甜中有咸，海陆味兼具。村民做馅的芝麻都是自家种植的，海苔也是挑选丝细色绿者用文火烘松而成，入口即化。第三类是从"黄坦麦饼"舶来的淡麦饼，不裹馅直接擂薄，用猛火在锅中翻两番就熟，透一下气后裹入炒熟的芝麻苔或虾皮松，也可裹入更丰富的馅儿，如豆芽、空心腐、腌菜等菜肴。

如果有贵宾到来，村民们会做一种最正宗的"桑洲麦饼"——"拗麦饼"来招待。制作方法是先将面团擂薄，在对折处摊上煎蛋，加入虾皮或鲜肉等馅，再对折成半月形封边，贴锅时放点素油。贴熟的麦饼色泽金黄、香气浓郁、酥脆可口，保证你发出"愿做回头客，长做桑洲人"的感慨。

（娄美琴　陈扬帆）

第三篇 水果

慈溪市大山村

慈溪杨梅

在浙江省慈溪市最南部，群山逶迤，连绵起伏，犹如一道翠绿的屏障，守护在城之南。在这片深山幽壑中，有个美丽的村落，那就是横河镇大山村。横河镇大山村位于慈溪市最南端，平均海拔160米，是慈溪市第二高山村。现有农户348户、1089人。山林面积5423亩，耕地面积399亩。这里古有种植杨梅的传统，大肚山、斧头石岗、狮子山等地随处可见郁郁葱葱的杨梅树。

说起杨梅，它有着悠久的历史。据河姆渡遗址考古发现，早在7000多年前，这一带已有杨梅植株。到了宋代，杨梅种植开始盛行，成为名果珍品，大诗人苏东坡云："闽广荔枝，西凉葡萄，未若吴越杨梅。"可见，当时浙江杨梅已闻名遐迩，而浙江杨梅主要产地在今慈溪。直至今天，杨梅虽在长江流域广为栽培，但慈溪杨梅却一枝独秀，呈现"慈溪杨梅甲天下，横河杨梅冠慈溪"之势。这里所说的横河杨梅，指的就是大山村及附近村落的杨梅，而横河镇也因之成为远近闻名的"中国杨梅之乡"。

杨梅是四季常绿乔木，树冠高大，翠叶如碧。喜清凉湿润的环境、微酸性土壤，耐寒性强，适宜面北的山坡，栽培五六年后结果。大山村处群山环绕之中，草木葱茏、溪流水库众多、气候宜人、雨水充沛，村里种植的3600亩杨梅，很多树龄已有七八十年。有的杨梅树树干粗壮，枝叶披离交错，据说已有100多年的寿命，足见这里的环境、气候、土壤、水分最适宜杨梅生长。

每年春风吹拂，杨梅开出黄褐的花，但花期短暂。到四五月间，杨梅已结出青绿色果子。六月，梅雨淅沥，杨梅逐渐由青变红，继而转黑，则是到了成熟可以采摘的季节。村里的男女老少都知道这样一句农谚："端午杨梅挂篮头，夏至杨梅满山红。"此时，若去大山村，蜿蜒的盘山公路

图 3-1　大山村荸荠种杨梅

上，挤满了来自四面八方的车辆。置身林间，绿荫翳翳、丹实累累、溪涧淙淙、人影幢幢，这是大山村每年最欢腾繁忙的季节。

成熟的杨梅紫黑圆润、如珠似玑，甜中略带酸味，古也有"骊珠""金丹"之称。杨梅品种很多，而大山村的"荸荠种"杨梅更是杨梅之上品，它因果实呈黑紫色，形如荸荠而得名。荸荠种杨梅果粒中等偏大，核小，味甘甜清香，汁水多。在一代又一代大山人的辛勤培育下，一株荸荠种杨梅可有 70 多公斤产量，生命旺盛的树产量则达 300 多公斤，村里 3000 多亩杨梅林一年可有 820 吨左右的产量，村民大部分经济收入来源于此。站在浓密的树荫下，你只要随手摘一颗送进嘴里，唇齿间立即染满红色的汁水，酸酸甜甜的滋味和淡淡的清香顿时溢满心扉。

大山人每天微亮就要上山采摘杨梅。他们腰间挂个竹篓，手里提个长钩，灵活地爬上树。近的，伸手可摘；远的，用钩子轻轻一勾，片刻就摘得满满一篓。饿了，往嘴里送几颗乌黑的杨梅；累了，坐在树上歇息片刻，任山风徐徐吹干汗水湿透的衣背。梅雨季节，淫雨霏霏，常常打湿大山人的衣衫。这汗水混着雨水，饥饿带着疲惫，于常人看来是十分辛苦，但大山人却从不会因此感冒得病。他们爽朗地笑着，说全是因为吃了杨梅。

确实，杨梅有着非常奇特的功效。杨梅果子酸甜清香，吃了消暑去痧。《本草纲目》记载："杨梅可止渴，和五脏，能涤肠、胃，除烦愦恶气。"世上再难寻得一种果子能与它一样，哪怕吃再多也绝不伤脾胃。唯有杨梅！大山人还喜欢把杨梅浸于上好的烧酒之中，三伏天，吃上四五颗烧酒杨梅，便可以防暑理气。是什么让杨梅有如此奇特的功效？究其原因，大山人说，杨梅是仙果，它有段非同寻常的动人故事。

很久以前，天上有位美丽的仙子，掌管百果，叫百果仙子。有一年春来，掌管百花的百花仙子云袖一挥，吹开了凡间所有的鲜花。这繁花似锦、姹紫嫣红的美景吸引了百果仙子，于是，百果仙子决定离开云烟缥缈的天庭，来凡间巡游一番。当她云游到浙东之地时，看见句章之南，就是现在大山村一带，层峦叠翠、云雾缭绕、鸟鸣啾啾、溪流欢唱，看惯了仙境的清雅芬芳，没想到这山村野林的景色竟如此秀丽！就在百果仙子恍惚沉吟时，一阵砍柴的声音从林间传来，砍柴的是个少年。他叫石郎，以砍柴打猎为生。他有英俊的脸庞，强壮的体魄，此时，光着的胳膊正汗涔涔地在阳光下挥动。世间竟有这么俊朗的少年！那瑶池虽好，总是过于清静，哪有凡间这番景象生动？百果仙子思忖着，不觉动了凡心，于是化身为山野少女和少年结为夫妻。仙子也给自己取了个很好听的名字，叫梅珠。因为这大山之中随处可见一潭潭碧波清泉，晶莹透亮，宛若颗颗明珠。

石郎和梅珠十分恩爱，平时石郎砍柴狩猎，梅珠就教乡邻们种植，也常常采药给乡邻治病。山里人很喜欢她。然而山中有个恶魔，垂涎梅珠已久。有一年春天，石郎出门打猎，恶魔趁机劫持了梅珠，梅珠与恶魔激战，最终因怀有石郎骨肉，仙力不支，坠下了山崖。石郎和乡亲们在涧底找到了梅珠，含泪把她埋在了山坡间。做完这一切，石郎就默默地走向山林深处，谁也不知道他去了哪里。从那天起，山里下起了雨。雨淅淅沥沥足足下了两个月，直到夏天来临。

乡亲们发现，在埋葬梅珠的地方不知什么时候已长出了一棵树，叶子碧绿如同杨树叶，树上结满了紫红色的果子。有位老人向果树施了一礼，然后轻轻摘下果子尝了尝，果子甘甜清口，甜中又略带着酸味，还未吞咽已觉神清气爽。乡亲们含着热泪说，这树一定是梅珠姑娘所化！梅珠姑娘生前那么善良，常常行医济世，帮扶乡邻，她是想把这份甜蜜继续留给乡亲们啊！而甜中透着的那微微的酸意，就是她与亲人石郎分离的心酸吧。

就在乡亲们纷纷落泪时，消失两个多月的石郎回来了。望着眼前这满树殷红，石郎明白，这哪里是果子？分明是爱妻梅珠的一颦一笑！原来最心爱的梅珠并未离去！她一直在……想到这里，石郎感觉浑身充满了力量，他知道，苦练体力几个月，今天该是找恶魔报仇的时候了。石郎向这树深深拜别，临行，他请求乡亲们，死后请把他埋在这棵树下。石郎与恶魔大战了三天三夜，最终与恶魔同归于尽。乡亲们按照石郎的遗愿，把他埋在了这棵树下。

过了几天，树下长出了一片草，人们说这草应该是石郎所化。于是，人们按着他们的名字，把果子叫作杨梅，把草叫作狼茇，用来纪念梅珠和石郎。

流光日复日，相思年复年。君为狼茇草，我为杨梅仙。

日子一天天过去，杨梅开始被山里人广为种植。奇怪的是，但凡种杨梅的地方，就会长狼茇草。人们总要在装满杨梅的竹筐里铺一层狼茇草，据说这样做杨梅更易保鲜。而杨梅的故事也世世代代流传下来，人们为了纪念这位造福百姓的姑娘，奉她为"杨梅仙子"。慈溪市政府还塑了"杨梅仙子"雕像，仙子广袖飞舞，仪容端庄，高高屹立在城南杨梅大道。

年年六月纷飞雨，年年杨梅满山红。它们一篮篮、一筐筐从大山深处运往各地。聪明奋进的大山人，还把它们酿成杨梅酒、制成杨梅饮，带着大山人的怀想，带着大山人的梦想，也带着淡淡的相思和乡思，起飞……

（骆央浓）

余姚市石步村

余姚杨梅

从空中俯瞰浙东，在余姚市、慈溪市和江北区的慈城这三个点之间是一片连绵起伏的绿色丘陵地带，高处四五百米，低则一二百米，是四明山的余脉，当地人把这一片丘陵统称为翠屏山，山里坐落着一个美丽的古村，这就是有名的余姚市三七市镇石步村。石步村由原石步村、相四房村、张湖溪村、西川奋村合并而成。村现有常住户数1039户，常住人口2978多人、外来流动人口230人。其中区域面积9.6平方公里，耕地面积1814亩，林地面积9694亩。

石步村是一个古村落，倚山傍溪、风景秀丽、人杰地灵。石步村旧属慈溪，据清光绪《慈溪县志》记载："石步山，县西三十里。"从慈溪县出西门，经向阳亭、鸡鸣岭、官桥、虎胛山，再翻马息岭过石梗岭，才到达石步。石步名称的由来，是村前溪水滂沱，溪上无桥，只有16块通向对岸的步石，村民进出必从步石过溪，故名"石步"。据说，宋庆历间河南南阳叶姓先祖为避战乱南逃择地定居，当时多山多水尚未开发。历经古人上山铺石阶，过水做溪步，利用溪坑石子铺石弹路，出行处处踏触石头，由此定名石步，因多山又称石步山。

从东晋建兴三年建造的古建筑——藏宝洞算起，至少距今有1700多年的历史，因此，石步是名副其实的"千年古村"。石步的"古"还在于它的特产杨梅上。这里绿荫融融、湖水盈盈，说起来，杨梅的发源地就在这山中。翠屏山南，临近河姆渡文化遗址，考古发现，这里有7000年前的野杨梅化石。每年夏至前后，"红实缀青枝，烂漫照前坞"，人们在这翠屏山中流连，会发现这是一座因为杨梅而神奇，因为杨梅而富饶的山。

杨梅是我国的特产果品，又名龙睛、朱红，在宁波人的口碑中，习惯以"余姚杨梅"来称呼这种神奇的果品，明代李时珍在《本草纲目》中载，因其"形如水杨子，味似梅，故名"。大文豪苏东坡曾写诗赞道："闽广荔枝、西凉葡萄，未若吴越杨梅。"明代王象晋在《群芳谱》中记载"杨梅，会稽产者为天下冠"。荸荠种杨梅是杨梅中的上品，石步是最早培育荸荠种杨梅的地方，石步的杨梅因粒大核小、肉质柔软、甜蜜醇厚，如同老色荸荠，被人们叫作荸荠种杨梅。荸荠种杨梅树势中庸，树势开张，枝梢较稀疏，树形较矮、果实完全成熟时呈紫黑色，汁液多，味甜微酸，略有香气，可食率高达96%；该品种占余姚杨梅栽培面积的85%以上，于6月中旬至7月初成熟，采收期约20天。

图 3-2　余姚杨梅

据《中国杨梅志》记载："荸荠种杨梅的发源地便是石步张湖溪老鹰尖。"迄今已有上千年的历史了，汉朝时即成贡品送往京城长安。清光绪《慈溪县志》说"慈溪县衙门赠送上司杨梅数百笼"。1810年的时候，一个名叫李国瑞的人在石步村张湖溪老鹰尖发现了荸荠种杨梅，从那时到现在已有200多年的历史。1983年，石步荸荠种杨梅参加全国优质杨梅评比，质压群芳，荣获第一名。荸荠种杨梅丰产稳产，定植后四五年开始结果，10年后进入盛果期，旺产期可维持30年左右，经济结果寿命约50年。成熟时抗风能力强，不易脱落，甚至抗癌肿病、褐斑病，适应范围广，凡有杨梅生长之地均可引种栽培。目前荸荠种杨梅已推广到福建、江西、湖南、江苏、云南、贵州、广西及广东等地，全国已发展到近百万亩，为全国杨梅栽培面积最大的品种。

这里还流传着一个动人的传说。王母娘娘在生日那天总要举办百果盛宴，邀请众仙参加。有一年她办了个杨梅盛宴，众仙品尝杨梅后频频点头、称赞有加。王母娘娘的侍女豢养的神鹰禁不住杨梅的诱惑，在瑶池边偷吃了一颗杨梅。王母娘娘知道后大怒，决定惩罚神鹰和豢养它的侍女。

为了使主人免受苦难，神鹰立马背着侍女逃出天庭。王母娘娘更是怒不可遏，马上派天兵追杀。在逃亡途中，神鹰身中数箭，身负重伤，后来神鹰把侍女背到了石步张湖溪的一座山岗上。这里树木葱茏、花团锦簇、岚气缭绕、云蒸霞蔚，宛若人间仙境。但没过多久，神鹰便含着眼泪死去了，为了继续陪伴主人，它的身体化作一块巨石，后来被人们称作老鹰尖。侍女被上山采药的小伙子救起，带回家中，并结为夫妻，生儿育女。当侍女再次来到老鹰尖时，神鹰腹中的杨梅核已长成了郁郁葱葱的杨梅树，并结出了风味独特的杨梅。侍女就把杨梅摘下来分给当地老百姓品尝，并告诉他们这叫杨梅，又用烧酒把杨梅浸好保存起来，给夏天中暑的老百姓医治暑病。侍女的善举深受老百姓的喜爱。从此，老鹰死去的那个山岗老百姓就叫它"老鹰尖"，侍女被老百姓敬称为"杨梅姑娘"。当地老百姓为感谢杨梅姑娘带了他们福泽，特请巧匠把她雕塑成型，世代受人纪念。今天，在石步大池墩水库旁还矗立着杨梅姑娘的塑像。

如今在石步老鹰尖山中麓，有着面积约1665平方米、国内最早发现的古杨梅群，这里也是国内荸荠种杨梅的发源地。几百棵百年生荸荠种古杨梅，千姿百态，在山坡之上承接着人们惊异的目光。2000年，三七市镇被誉为"中华杨梅之乡"。2001年，市农林部门专家对张湖溪杨梅进行了实地考察，发现并认定了这片古杨梅林。古杨梅林有大约2000余株古杨梅树，年龄已经120岁到150岁了。古杨梅林有22棵树龄在160—200年之间，树种为杨梅中的上品荸荠种杨梅，它们素以果大、色黑、味甜著称，且树形各异、造型别致，每年六七月间，墨绿的杨梅树丛中挂满了红宝石般的杨梅果。

今天，杨梅已成了石步老百姓的致富果、摇钱树。杨梅上市的节气较短，一般在6月下旬至7月上旬，约20天左右。杨梅中含有大量的维生素B17，对防癌有特殊功效。杨梅中富含蛋白质、糖钙、磷及多种维生素，是送老人、送病人、送嘉宾的好礼品。杨梅浸泡在烧酒中做成的烧酒杨梅，被国外友人称为中国的白兰地，食之开胃、祛湿消莎。大医药家李时珍在《本草纲目》中也写道："杨梅，可止渴、和五脏、能涤肠胃，除怯愤恶气。"为发展杨梅产业，石步人还把杨梅加工成蜜饯，用杨梅榨汁、酿酒等等。随着保鲜技术和运输业的发展，现在，石步杨梅不仅走向五湖四海，而且走到了美国、欧洲等地。随着自驾游的兴起，近年来，又专门设立杨梅旅游专线和杨梅旅游观光点，供海内外客人旅游观光。在杨梅林中穿行，一路爬上山头，但见山下一池碧水，这就是余姚一级水源地的大池墩水库，位于古杨梅林脚下。在池墩水库周围的依山傍水处，一个以杨梅为载体的集休闲、娱乐、会议、餐饮于一体的中华杨梅之乡文化旅游项目正在紧张实施中。目前，石步人每年可培育杨梅苗 50 万株以上，杨梅林已发展到 5000 亩，年产杨梅 500 多万吨，仅杨梅一项，石步人均可增加收入一万元以上。

端午杨梅挂篮头，夏至杨梅满山红。自古以来，杨梅成为游子思乡的情结，许多背井离乡在海内外谋发展的宁波籍人士，每以能尝到家乡的杨梅为幸，托亲友带些杨梅品尝，以慰思乡之情。梅雨飘飘、古村依依；石步杨梅、泽我桑梓、光我中华。

(余姚市农办)

丽水市莲都区下南山村

莲都杨梅

下南山村地处莲都区碧湖镇区东侧,背靠青山果园,面对瓯江碧水,与镇区隔江相望,53省道贯穿其间,距市区21公里,水、陆交通便捷。全村现有人口548人、216户,辖6个村民小组,2014年农民人均纯收入15675元。该村2004年被评为省级全面小康建设示范村。

下南山分为新村和老村两部分。老村始建于明代万历年间,村内50多幢古民居依山而建、垒石而筑、鳞次栉比、错落有致,均为泥木、青瓦屋结构,有明显的明末清初建筑遗风,极具观赏和旅游价值。2001年7月,下南山村古民居群被批准为市级文物保护单位。

在建设新村和保护老村的同时,该村大力发展以杨梅为主导的特色产业,一年一度的"南山杨梅节"吸引了许多周边城市的客商前来收购签约,增加了当地农民收入,带来了"多赢"的局面。

图3-3 莲都东魁杨梅

每年梅雨时期,一阵雨水过后,热烘烘的太阳一晒,五月水果之王——杨梅悄然红透枝头。街头巷尾不乏小贩挑着筐子叫卖兜售杨梅。抢先上市的外地杨梅、大个头的东魁杨梅……品种多得让人挑不过来。不过真正有经验的杨梅吃客知道，要吃到好吃的黑炭梅还得去丽水碧湖下南山。在距离市区21公里的碧湖镇下南山村满山满坡的杨梅林，早已是绿叶凝碧流翠，红果乌亮烁紫，一派丰收的景象。

下南山村，位于丽水城西南21公里处的瓯江之畔，隶属于莲都区碧湖镇，全村216户、548余人，郑姓村民人口占比最多。据考，该村落始建于明万历年间，为郑氏聚居地。村落依山而建、坐东向西、面向瓯江，呈阶梯状分布。整个村落建筑因山地形制构筑，布局合理。泥墙、石阶、古道、廊道、古樟、流水的古村在青山环抱之中，显得静谧自然。房屋多三开间和四开间，以鹅卵石上承泥墙、木构、小青瓦为主，风格统一古朴，与周围环境融为一体，是浙南山地建筑的典型实例。村内现有泥木、青瓦屋结构的古民居35多幢，具有明显的明末清初建筑遗风。2001年，下南山村古民居群被丽水市政府公布为市级文物保护单位。

走近老村，首先映入眼帘的，是一堵破损的、倾斜一定角度的黄泥墙。拾阶而上，可见一栋一栋木质老宅，依山势而建，垒石而筑，错落有致。随便走进一间，宅子已然老去，可木椽上雕刻的花纹依然十分清晰。下南山因古朴的村貌，淳朴的民风，还吸引了电影《女大当婚》《蓝天鸽哨》前来取景。

说起下南山的杨梅，历史悠久，早在170年前的清道光《丽水县志》中就有杨梅的记载，真正种植的历史肯定还要久远得多。悠久的历史不仅赋予下南山杨梅丰富的资源，也赋予下南山杨梅浓厚的文化底蕴，因而倍受世人青睐。下南山当地至今流传着何仙姑下凡授梅苗的美丽传说。

相传，下南山村有一郑家媳妇张氏，对婆婆赵氏极为孝顺。一天，赵氏卧床不起。张氏割股肉为羹。赵氏问媳妇肉从何来，媳妇闭口不答。赵氏见张氏面容惨白，无法坐立。经赵氏多次盘问，方知其缘由。于是赵氏告诉媳妇，从此戒荤素食。张氏见婆母一天比一天消瘦，心急如焚。

于是，张氏天天到村旁的资圣寺向菩萨祈祷，只要婆婆能够康复，愿折己寿给婆母。一天，张氏刚出家门，准备去资圣寺祈福，一位道姑飘然而至，送给张氏一株树苗，还有一瓶净水。道姑带张氏到南山村后的山坡上，种下树苗，把净水浇灌一圈。霎时间，树苗迅速变大，树冠约有两间房子大小。绿油油的狭长叶子布满树冠，枝头长出一颗颗紫而发黑的囊状体果实。张氏摘了一颗放在嘴里一咬，满嘴的果汁，酸甜可口。张氏猛然想起仙姑，转身间，不见了道姑的身影。张氏慌忙双膝跪地，向天拜谢，不停地叩头"谢谢菩萨，谢谢菩萨！"。这时，天空中传来道姑的声音："我乃蓬莱何氏，有感于你的孝心可嘉，特赠你仙梅一株。你奉予婆婆，定会早日康愈。"

赵氏吃了仙梅后，病体很快康复。赵氏问：这是什么果子，从何处得来。张氏答曰：何仙姑所赐。此后，南山地方广泛种植此树，成为丽水最重要的杨梅之乡。

古时流传下来的杨梅文化在这个小村生了根。当地村民靠着小小的杨梅脱贫致富奔小康。1997年始，下南山村双委带领村民科学规划荒山利用，在上级农业科技员的指导下，进行品种选优，推广种植下南山杨梅优质品种，在原有230亩基础上，全村生态杨梅基地扩大至1635亩，全村人均2.95亩。往日的荒山秃岭变成了四季常青的花果山，一株株茂盛的杨梅树成了下南山人的摇钱树，宁波、上海等周边城市的客商纷至沓来，前来收购。2012年下南山杨梅总产量达到438吨，产值876万元，村里农民人均收入过万元。

下南山的杨梅在诸多杨梅品种中，以个小却味美的黑炭梅最为闻名，其味酸甜可口广受赞誉。下南山黑炭梅的好口碑不仅因为其含糖量高、味道好，还在于它的生态种植。作为全碧湖镇生态杨梅示范基地，下南山对于杨梅生产的质量进行严格的把控。不仅坚决杜绝国家明令禁止使用的农药，坚持科学合理用药，还积极推广标准化的绿色防控技术，以诱杀果蝇，树立了无公害的生态品牌。

（吴志华）

桐乡市桃园村

桐乡槜李

桐乡槜李的原产地在梧桐街道桃园村，清明时节，花开如雪，小暑前后，果香如酒。桃园村位于桐乡市东南部，南邻长山河，东邻多福桥港，西邻康泾塘港，水陆交通方便，区位优势明显。桃园村槜李系浙江名果，闻名中外，古为贡品。桃园村共有耕地3230亩，标准农田1094.4亩；现有18个村民小组，612户人家，总人口2459人。

槜李（图3-4）是古今稀有的珍果，也是桐乡的传统名果，盛名传于天下，身价百倍。原因是槜李果大色艳、核小肉厚、浆液甘美、风味独特、营养丰富、品质极佳，为群李之冠。桐乡槜李的栽培历史已有2500余年，被誉为"果中珍品"，在古代是进贡帝王的贡品。其实，并不是所有的帝王都能品尝到槜李的醇香甘美，近代桐乡名士朱梦仙在《槜李谱》中说："品质极其名贵，而栽培又极不易，迁地既不能良，历时又不能久。故自贡献吴宫以后，汉不闻偕樱桃并贡，唐不闻与荔枝同献也。"槜李的种植区域仅限于桃园村，《槜李谱》说"里中所产之李，甘美绝伦，世罕其匹，即名槜李，为他处所无，外间绝无其种"。

图3-4 桐乡槜李

与所有的名物特产一样，桐乡槜李也依附着一个美丽的故事。传说春秋时期，吴越两国争战不止，越王勾践战败，在会稽山卧薪尝胆，图谋再起。大夫范蠡献上美人计，于是广选民女，百里挑一，在苎萝山觅得美人西施，急急送往吴国都城姑苏，用来迷惑吴王夫差。

途中经过一处叫槜李墟（今桃园村一带）的地方，西施因思念故土亲人，又兼连日车马劳顿、暑热蒸腾，忽然旧病复发，犯起心痛病来，茶饭不思、满脸憔悴，顿失平常的沉鱼落雁之貌。范蠡看在眼里，急在心里，万一西施有什么三长两短，那可是两边都得罪不起的，是要掉脑袋的。

一天傍晚，范蠡安排好西施早早休息，一个人出来散心。他看这里河道纵横、圩田开阔、树木荫翳、满目苍翠，比起越国的山山水水，更觉多了几分妩媚与可亲。突然，一阵果香从树林中飘来，有桃杏的芬芳，又似有几分酒的醇香，他从未闻到过。他循着果香走进林子，看见一个老汉正在树下采摘。果树不高也不低，人手正够得着；树叶不稀也不密，夕阳的斜晖能透射到地上；果子不多也不少，每个枝条上两三颗。果形圆润，果色紫红，上面似有一层白粉。

范蠡从未看过这种果子，便询问老人，老人回答道："这是槜李，只有我们槜李墟才有，产地不出方圆五里。五里之外，形色不同，味更大变。"说完，拣了一颗又红又大、熟透圆润的槜李递给范蠡吃。范蠡轻轻剥去果皮，紫红的果汁随即流出，他迫不及待送入口中，一种清凉的感觉沁入喉间，一股醉人的芳香弥漫颊边，味道又鲜又甜，似酒非酒，食后感觉暑热顿消，精神百倍。范蠡不禁诗兴大发："吴根越角槜李乡，甘美绝伦似酒香。此果只应瑶池有，凡人哪得几回尝？"他想起卧病在床的美人西施，何不也让她尝一尝？便丢下几文刀币，买了一篮。

西施正辗转病榻，难以入寐。范蠡将槜李献上，并将槜李的美味说了一遍，西施听得口齿生涎，禁不住伸出纤纤玉手，拿起一颗来掐破了果皮，顿时满屋生香。西施从来没有尝到过槜李的甘美芳香，一连吃了好几颗，醉意上来，浑身酥软，便渐入梦乡。

次日醒来，西施一改多日来的病容，神清气爽、眉目生光、花容月貌，又恢复了沉鱼落雁的姿色。想起昨晚吃的槜李，便要范蠡带她去槜李园走走看看。

村上的人得知美人西施来到园子，争先恐后赶来一睹芳容。在一棵老李树下，西施摘下一颗最红最大的槜李来，掐了一下，留下一弯眉毛似的手指痕,递给园主人——昨天范蠡遇见的那个老农,说道:"我乃贫贱越女,自小浣纱溪头,素不喜荣华富贵,更不闻王事兴衰,只因天生几分姿色,竟将充入吴宫。途中染恙,不胜疲乏,却喜昨日偶食槜李,得以康复,因此结下一缘。他年若得脱离是非,还我自由之身,我愿再续前缘,终老此槜李之乡。"老农得宠若惊,捧着这颗槜李回家,后来将它埋在老树旁边——西施当时站立的地方。

第二年,种子发芽。第三年,槜李树长成。第四年,这棵槜李树也开花结果了,奇怪的是结出的果子上都有一弯眉毛似的手指痕,后来传说是西施当年一掐的缘故。

五年后,吴越两国再次交战,吴国灭亡,西施与范蠡在回到越国的途中,又经过槜李墟,想起当年的往事,萌生流连之心,便双双隐居于此,过起了远离是非、逍遥自由的生活。他俩隐居的地方,后来被叫作范蠡湖。

而槜李也因传说西施留下了指痕而名扬四海,物以人奇,愈传愈珍,愈传愈真。槜李与西施,名果配美人,给人们留下了许多美丽的遐思,更引得后世的许多文人词客赋诗吟咏,最脍炙人口也是传诵得最广的当数清初诗人朱彝尊在《鸳鸯湖棹歌》中写的那句:

> 闻说西施曾一掐,至今颗颗爪痕添。

其余的有:

> 兴亡常事何须问?且向西施觅爪痕。
> 吴宫花草久荒凉,犹剩西施爪痕香。
> 记得爪痕曾把玩,频劳纤手摘高枝。
> 吴宫变沼西施去,只有爪痕尚留香。
> 纤痕留得夷光掐,更使千秋享盛名。
> 爪掐纤痕留颗颗,琼浆吸尽润诗喉。
> 美人纤爪空留掐,一捻还堪比牡丹。
> 山翁日日醉如泥,一掐爪痕思槜李。
> 共传仙果美,爪掐尚留痕。
> 爪痕依然在,遥遥千百年。

其实檇李上的所谓西施爪痕,并非颗颗都有。对于这个"西施爪痕"的形成原因,《檇李谱》作者朱梦仙经数年潜心观察研究,得出了系檇李花蕊圈黏附于果皮的结论,他说:"蕊圈黏附日久,印成瘢于果上,前后左右,均无定所,其纹或如环,或如爪,或如蚓,各不相同,本无足奇。而文人多事,指为西施一掐所留,历来讹传,竟成不稽之说。"不过,美人名果为文人雅客提供了绝妙的诗材,也在情理之中。

(颜剑明)

衢州市衢江区宝山村

宝山枇杷

衢江区杜泽镇宝山村，位于杜泽镇西北角，距集镇3公里，因村中有一座山叫"宝贝山"而得名。宝山村地势较高、风景宜人、群山环绕。西南面与周家乡后堆村相连，村庄被杜板公路分为"上祝"和"下祝"，东西地域沿杜板公路约2公里。全村共有6个自然村，辖11个村民小组，共458户1504人，山地3500多亩、园地330亩，其中"祝"为村中主要姓氏。

宝山村是远近闻名的"枇杷村"，种植枇杷为当地农民的重要收入之一，种植面积达3000多亩，且每年都递增300亩，是全区枇杷种植面积最多、产量最高的村。宝山枇杷（图3-5）历史悠久，远近闻名。这里的土质很适合种枇杷，果子特别甜，分黄、白两种，为衢江区名产。在徐霞客游记中就有相关文字记载，新中国成立前，在上海、杭州一带就享有盛名。

图3-5 宝山枇杷

宝山村的枇杷种植可以追溯到1000多年以前。据记载，1275年初夏，意大利著名旅行家马可·波罗来到衢州，品尝到宝山枇杷后赞不绝口,就把这种神奇的果子称为"中国的金丸"。宝山枇杷林围绕灶头山而长,据说,古时此山曾挖空烧过炭,后废弃,留下一种特别适宜枇杷生长的矿物质,因此,就有人在山上渐渐种起了枇杷,这一种就种了上千年。

从古至今,宝山村村民的生活都与枇杷息息相关,有俗语佐证:"小小枇杷一树金,以前养命,如今致富。"这里的枇杷肉柔汁多、甜酸适度,它可是村里的品牌树、农民的发财树。1000多年前,大自然就在宝山村洒下了枇杷的种子,漫山遍野点点金黄,长满了成片的野生白枇杷。枇杷被称为"果之冠",不仅味道甘美、形如黄杏、肉质细腻,每年三、四月份为盛产的季节。同时,枇杷果富含人体所需的各种营养元素,是营养丰富的保健水果,可用于治疗肺热和咳嗽、久咳不愈、咽干口渴及胃气不足等病症。枇杷还富含纤维素、果胶、胡萝卜素、苹果酸、柠檬酸、钾、磷、铁、钙及维生素A、B、C。丰富的维生素B、胡萝卜素,具有保护视力、保持皮肤健康润泽、促进儿童身体发育的功用,其中所含的维生素B17,还是防癌的营养素。它可促进食欲、帮助消化;也可预防癌症、防止老化。

枇杷的观赏价值也相当高,树形优美,冬花春实,花期长达3个月,花香浓郁,叶片四时不凋,婆娑可爱,果色金黄,点缀于万绿丛中。"树繁碧玉叶,柯叠黄金丸",极富观赏价值,深受大家的喜爱。

围绕着枇杷,宝山村有很多的故事和传说。其中"十八金罗汉"的故事流传甚广。据说,本村后面有一座山叫紫金山,又叫金销山,现在叫独头山。很久以前,有一村民在山脚下种了一棵枇杷树,枝叶茂盛,但不结果。转眼到了春天,村民只在树上发现了一个枇杷,色泽金黄,足有拳头大小。瓜农十分好奇,于是摘下这个枇杷放在家中,多月之后,仍然保存完好,没有腐烂。有一天,一个高僧途经宝山村,来到村民家中,看到了这个枇杷,告诉村民一个秘密,原来这个枇杷是紫金山山门的钥匙。村民拿着枇杷来到紫金山,果然山门打开了,村民跑进去一看,大吃一惊,山洞里坐着十八尊金罗汉。其中有一尊面容丑陋,而其余十七尊面容姣好,金光闪闪。村民抱起一尊面容姣好的往外跑,放到外面就抱起第二个,等他抱起第二个的时候,没想到第一个又回到了原先的位置,如此来回所有金罗汉又回到了山洞。这时山神说山门马上就要关闭了,村民只好两手空空地走出了山洞,一个金罗汉都没有得到。原来,那尊面容丑陋的就是其余十七尊金罗汉的母亲,如果村民将那尊丑陋的抱出来,其余的十七尊自然就会跟着出来，村民后悔莫及。因山中藏有宝贝，该山被称为"宝贝山"，山下的村庄就叫宝山村。这个代代相传的故事仿佛也在诉说着一种孝道。同时也暗示后人们，枇杷是开启宝藏大门，通向致富之路的"金钥匙"。

这漫山的枇杷树正是大自然赐予宝山村的"宝贝"，村民们渐渐不满足于自己品尝，开始在自家的山地里嫁接、栽培枇杷树。到了20世纪80年代，几乎每家每户都种起了枇杷，从那时起，枇杷树就成了村民们的"摇钱树"。村里的老人回忆，在那个物资匮乏的年代，枇杷就能卖到2元多一斤，再加上村里土地适宜种植，不需要多施额外的肥料，只需低成本就能种出个大、味甜的宝山枇杷。村民们翻山越岭，挑着一担担枇杷走出了大山，换回了金钱。宝山枇杷由此名扬海内外，并成为杜泽枇杷的黄金名片。目前，全镇种植枇杷3000多亩，平均亩产500公斤，总产量3000多吨，村里400多户农家90%以上种植枇杷。

如今，勤劳智慧的宝山村村民又进一步改良了枇杷的品质，与10年前相比，不仅产量骤增，品质和价格也有了较大提高。村民潘土金是首届宝山枇杷文化周大红袍枇杷的金奖获得者。他50年前嫁接的18棵枇杷树就像他的名字一样，土里藏金，树干直径达30多厘米。他种的大红袍枇杷果形大、色泽亮、糖度高、皮薄鲜嫩，一棵树就产果两三百公斤。他精心挑选的2.5公斤最满意的枇杷送到镇里参赛，一举夺魁。

枇杷的品牌效应更为当地农民带来了经济效益。在村妇女主任陈美莲家里，王站长操起计算机算了一笔账：全村年产枇杷120万公斤，按每公斤均价8元计算，总收入可达960万元，平均每户2.7万元，产量、均价都比过去翻了一番。

（杨丹萍）

绍兴市上虞区东澄村

东澄樱桃

东澄村东靠覆卮山龙须岩，与梁宅毗邻，地形如荷叶，不易积水，人们希望能"水澄如镜，冬夏不涸"，故名东澄。岭南乡东澄村位于上虞最高峰覆卮山之巅，上有世纪冰川，下有千年梯田，左有小嘴樱桃，右有万方水库，地理位置得天独厚，自然环境优美，旅游资源极为丰富。全村地域面积7000平方米，有常住户数73户，常住人口215人，山林面积1885亩，耕地面积308亩，农作物面积150亩。东澄村位于上虞区东南50余千米，平均海拔450米，地域面积2.5平方千米。就地取材而又有特色的千年古村建筑，使人向往。当你站在东澄村的广场上，放眼望去，那成千上万块梯田盘曲而上，排列有序，每当春暖花开的季节，金黄的一片油菜花，使人心旷神怡；房前屋后的樱桃花竞相开放，繁花似锦、香气扑鼻，使人陶醉。

说起东澄的樱桃，那是相当地有名！这不仅是因为高山樱桃的品质和口感广受好评，更和其栽培樱桃的悠久历史和因此发展起来的樱桃文化是密不可分的。

东澄樱桃（图3-6）有据可考的栽培历史要从明朝初年说起。话说当时村里有个青年人名叫王明德，人品好、敦实淳朴、心地善良，只因家

图 3-6 东澄樱桃

境贫困，直到二十七八岁才娶了老婆。他妻子也生得聪明伶俐，一双巧手像仙女，织布手艺最好。夫妻俩男耕女织、恩恩爱爱过着清淡的日子，让方圆数十里的人们都非常羡慕。

一晃两三年过去了，王明德妻子的肚皮还是老样子。在当时"不孝有三，无后最大"的社会压力下，王明德夫妻心里甚为焦急，四处求神拜佛，看病吃药，但总不见效果。村中一些长舌妇在背地里指指点点、说这说那，一时间流言四起，说什么"前世作孽，讨来老婆不下蛋""看看蛮老实，或许做过亏心事呢？"等。有一天，长舌妇在溪边洗东西时又在聊天闲谈王明德夫妻不育之事，恰巧被王明德的妻子听到，她心中感到十分苦恼。然而，夫妻俩不管人家怎么说，都当作没听见，还是客客气气地待人，实实在在地做人。

观音大士听到人间说王明德夫妻俩的为人后有点半信半疑，就化作一个衣衫褴褛、双脚生疮、红肿流脓、蓬头垢面的乞丐卧在龙潭旁。路过的人远远见到他，无不掩鼻避之远去。

凑巧，王明德砍柴刚要过此地，只见老乞丐侧卧在路旁，呻吟不绝，急忙放下柴担上前去问个究竟。老乞丐说："我行动不便，能否把我背过石浪去？"王明德马上应允，忍着难以想象的臭味，俯身背起老乞丐过了崎岖石浪，脚上的脓水玷污了他的衣裤，也毫无怨言。当王明德欲走的时候，他又叫住说："年轻人，我刚才把打狗棒忘记在龙潭边了，没有拐杖我可不会走路，请你再帮我去拿一下。"王明德二话没说，急忙去取回拐杖。此时天色已暗下来了，想起家中妻子要着急的，刚想走，老乞丐又喊住他，说："现在天已黑了，我行走不便，此地前不靠村后不着店，再请麻烦一下，把我背到前面的龙王庙里过夜。"王明德心想："是啊，天色已晚，让他独自在野外怎么办？"于是他再次把老人背到龙王庙。观音大士望着王明德远去的背影，连声赞道："好人啊，好人！好人该有好报。"

过了不久的一天，王明德正在地里劈柴，忽听天空中传来叽叽喳喳的鸟叫声，他抬头一望，只见上百只喜鹊向他家飞来，当飞过他头顶时，其中一只喜鹊衔在嘴里的杂物掉了下来，正巧落在王明德跟前，他拿起来一看，原来是一段像手指那么粗的树枝，王明德感到好奇，无心地将树枝插到地里。可当第二年春天，这树枝竟然发芽长叶了，王明德喜出望外，精心呵护它，渐渐地，这树长得枝繁叶茂，绿荫婆娑。到第三年春，此树绽放出淡红或淡白之花，含苞欲放，不多久结出了十几串果实，圆果晶莹剔透，鲜艳红亮如宝石，芳香四溢。王明德夫妻喜悦万分，不论好不好吃，摘下来便尝，果肉饱汁味美、酸中带甜，顿时口舌生津、精神倍增。

当天晚上，王明德的妻子梦见了观音菩萨，只淡淡地说了几句"你吃了圆果，有了"。她突然惊醒，才知是梦。可是肚皮真的大起来了，竟然怀孕了，乡亲们奔走相告。

十月怀胎，一朝分娩，一个白白胖胖的男孩降生了。王明德视圆果为仙果，给他带来了婴儿，故给果树取名为"樱桃"。从此，东澄一带就有樱桃了。人们为了纪念这位樱桃先辈，建造了一座大王庙。

后来，临近的梁宅村、平山村、丁山村等也慢慢开始加入到栽培樱桃的队伍当中，甚至随着时间的推移，推广到了附近的乡镇。高山樱桃生长在海拔500米以上的高山上，与生长在平原丘陵上的果实不大一样。高山樱桃颗粒大、果肉饱满、晶莹剔透、鲜艳红亮、酸中带甜，口感回味无穷。如今每年"五一"节后一周，东澄村都会举办热闹非凡的樱桃节，迎接各地游客来采摘购买高山樱桃，一同享受高山古村这特殊自然环境的馈赠。

（上虞市农办）

杭州市余杭区雅城村

雅城黄花梨

杭州余杭的鸬鸟镇有个雅城村,这个村是在2003年由原横山头、白沙两个村合并而成,位于杭州北郊三个山区镇黄湖、百丈、鸬鸟的中心地带,是蜜梨之乡的主要种植核心区块。雅城村产梨,这里的品种繁多,有青梨、铁梨、黄樟梨、黄花梨等。其中雅城黄花梨(图3-7)以皮薄、肉厚、核小、汁丰、止咳、生津、润肺、利便而成为水果中的上品,历来为馈赠佳朋之珍品。

图3-7 雅城黄花梨

鸬鸟镇雅城村位于杭州北郊三山镇(黄湖、百丈、鸬鸟)的中心,是杭州北进安吉的要隘,04省道擦肩而过,鸬鸟大溪穿村东流,经黄湖并双溪漂流,再入东苕溪。这里地理位置优越,交通便捷,环境优美。雅城村于2003年由原横山头、白沙两村合并而成,现下辖14个村民小组,农户541户,人口1874人,农业人口1407人,其中党员71人。全村土地总面积7.2平方公里,耕地1746亩,林地6000亩,森林覆盖率达85.3%。2010年农村经济收入达到39905万元,农民人均收入13629元,2011年人均收入达到16910元,2012年人均收入达到19288元。

在雅城，说起黄花梨，上了年纪的老人都说这黄花梨还与南宋的皇帝赵构有关。

那还是金兵入侵北方的时候，京城被攻破，康王赵构只得弃城逃命，他从北向南一路疲于奔命。时间一长，跟随他的那帮随从一个个都跑散了，只剩他一人，昏昏沉沉地逃进了安吉、余杭、临安交界的大山里。

这一天，他逃到了鸬鸟的横山头，见追兵已远，不由长长地松了口气。谁知道这口气不松还行，这一松整个人就感觉浑身没劲，一下瘫倒在地，全身软绵绵一点劲儿也没有了。

赵构知道这段时间以来，由于终日逃命担惊受怕食不果腹，体力不支，加上这几天气温高得能热死鸡鸭，自己可能是中暑了，得赶紧找个阴凉的地方休息一下，否则，等追兵一到，自己可能起来跑的力气都没有了。正想着，赵构看到远处有一片树荫，便跟跄着走了过去，在树荫下坐了下来。没多久，整个人便躺了下去迷糊着睡了过去。蒙眬之中，总觉得自己当枕头的石头太硬，怎么睡都不舒服，眼睛又睁不开，便随手抓过一蓬软绵绵的玩意儿塞到后颈当枕头，这才美美地睡去。

夕阳西下之时，放牛娃的歌声将赵构从睡梦中吵醒，他感觉喉咙渴得冒火，刚好，自己身边的那颗大树上结满了梨，便想爬上树摘几个梨解渴。可怜一代君主，撅着屁股怎么爬也爬不上去。这举动让走近的放牛娃笑得前仰后合，赵构也觉得自己失态了，他问放牛娃这是什么地方？放牛娃看着赵构嘻嘻地笑着，指了指赵构睡过的地方说："这地方你不是已经知道了么？"

赵构觉得奇怪，朝睡过的地方看了看，没见到什么东西。他问放牛娃："小哥，这地方光秃秃的，你怎么说我就知道地名了呢？"

放牛娃笑得更开心了，他朝那蓬软绵绵当枕头的玩意一指，说："这个东西就是那名儿。"

赵构乃一国之君，生于帝王之家，哪见过这玩意，他朝那东西左看右看，也没看出个名堂。于是，他抱拳向放牛娃请教："小哥，这堆到底是什么东西呀？"

放牛娃鼻孔里哼了声："连这个东西都不知道呀？我告诉你，这个地方叫牛乌垄，你当枕头的玩意是牛乌（屎）。"

赵构又问："牛乌是什么东西？"

这句话让放牛娃笑得仰前俯后。"笨呀！你怎么这么笨！牛乌就是牛拉的大便！这个地方是我们放牛的地方，到处都是牛乌，所以叫牛乌垄。"说着，他用手指了指那当过枕头的牛乌，说："这堆牛乌被太阳暴晒了几天，竟然被你这糊涂虫当枕头，真是笑死人了。"

天啊！堂堂一国之君，竟然拿牛乌当枕头，怎么会落到这个地步呀！此时，赵构越想越悲凉，想到大好河山，战火纷飞，连自己这个皇帝都疲于奔命，怎么对得起列祖列宗和天下百姓啊！赵构悲中生怨，抓起那堆当过枕头的牛乌朝梨树砸去。怪哉！那梨树让牛乌一砸，竟掉下几个梨来，他也无心去捡，一时控制不住，号啕大哭。谁知，他这一哭，竟一口气没接上，昏死了过去。

放牛娃一看慌了，急忙跑回家找人手去了。等赵构醒来，人躺在床上，一山村少女在喂他喝着一碗甜甜凉凉的汤水。那汤水一下肚，清清凉凉的舒服极了。不一会儿，赵构肚内咕噜一阵乱叫，他挣扎着爬起来，钻进了茅房，稀里哗啦一阵乱响，肚内积怨之气尽数排出，整个人便精神了不少。

回到屋内，赵构问少女："姑娘，我怎么会在这里？"

那少女回答说："放牛娃是我弟弟，他见你晕了，才来找我，是我们二人抬你回来的。"

"多谢姑娘的救命之恩，敢问姑娘，你刚才给我喝的是什么妙药呀？"

"嘻嘻嘻……"姑娘银铃般地笑着，"什么妙药呀，是你自己用牛乌砸下来的，我弟弟捡回来的。切片后盛在罐内在井水里浸泡了下……"

"就这么简单？"

"对呀！这事儿也奇了，那梨让你用牛乌一砸就掉了下来，看来你还真是个贵人呢！"

听了这话，赵构似有所悟，是呀！自己是一代君王呀！连梨都帮着自己，可见，大宋江山气数未尽，还有东山再起的那一天。想到这里，赵构一下子恢复了自信，那脸上又有了帝王的威严。

姑娘瞥了赵构一眼，心里竟"咯噔"了一下，她怎么也想不通，眼前这个如此落魄的年轻人，脸上竟有如此让人心怵的威严。

正想着，村口一阵嘈杂，喊杀之声此起彼伏，放牛娃慌里慌张跑进屋，嘴里说着"不好啦不好啦，金兵正到处抓人呢！说要抓一个什么皇帝。"

赵构一听大惊失色。那姑娘一见赵构的模样，心里就明白了七八分，她打开后门,指了指后面的大山说:"你往山上跑,山上有个庙,那里的和尚个个武艺高强,他们会保护你的。"

赵构此时也没别的办法,便应了声,临出门时,他抱了抱拳说:"姑娘,多谢今日搭救之恩,他日寡人如能重新登基,必将接你进宫,共享荣华。"

"你啰唆什么呀!"那姑娘一推赵构,顺势关上了门。

赵构逃到山上后,得到了和尚的庇护,逃过一劫,没过多久,他召集独松关、铜岭关等地将领,挥师出征,建都杭州。为纪念自己在鸬鸟山里逃命一事,将那座他睡过觉的山赐封为"平天堂",意为平定天下之意。

此后,赵构又派人寻找救命的二姐弟。没想到调查之人回报说:那姑娘名叫翠花,和弟弟不幸死于那场战祸。赵构很伤心,将那地方赐名"皇山",将救过命的梨赐名为"皇花梨"。

其实,姑娘和他弟弟并没死,而是姑娘心细,她知道伴君如伴虎的道理,加上皇帝用牛乌当枕头,传出去毕竟不是什么光彩的事,万一皇帝一翻脸,估计姐俩的小命就没有了。所以,姐弟俩隐姓埋名远走他乡了。

由于"皇"字在雅城的方言中念"横",慢慢地那个地方被叫成了"横山","皇花梨"也就成了"黄花梨"。如今的横山头已成了雅城村,雅城的黄花梨因为有了赵构吃梨的传说,众人纷纷来这里吃梨,这里的梨越种越多,成了远近闻名的蜜梨之乡。雅城黄花梨,也就成了雅城村的一张金名片。

(徐永革)

台州市黄岩区凤洋村

黄岩蜜橘

凤洋村位于澄江街道中西部,东邻仪江、焦坑两村,南靠省级风景名胜区——松岩山,西连山头舟村,北傍黄岩母亲河——永宁江,区域面积约1.2平方公里,现有住户491户,共有人口1574人。2007年,全村总收入14228万元,村集体经济收入10.9万元,村民人均年收入6544元。

黄岩是中国蜜橘之乡,闻名中外的黄岩蜜橘栽培历史十分悠久,黄岩澄江街道凤洋村、头陀镇断江村,则是黄岩蜜橘(图3-8)的始祖地和橘文化的发源地。

图 3-8 黄岩蜜橘

有史料为证,战国《尚书·禹贡》称:"淮海惟扬州……厥贡惟金三品……厥包橘柚锡贡。"吴耕民教授在《浙江柑橘创刊词》中对此作了注解:古代扬州包括浙江一带地区,柑橘进贡之地是指浙南温、台一带。南宋《赤城志》卷36《土贡》《土产》记载:"乳柑,出黄岩断江者佳,他如方山下亦有之。有榻橘、绿橘、乳橘、朱橘等种。"南宋陈景沂《全方备祖》纠正韩彦直《橘录》说:"但知乳橘出于泥山,而不知出于黄岩。

出泥山者固奇，出于黄岩者天下之奇。"元代林昉《柑子记》记载："台之州为县五，乳柑独产于黄岩。黄岩之乡十有三，而产独美于备礼（乡）之断江。断江之东为新界，西跨江，北为新南，地皆宜柑。"据《彭氏宗谱》记载，凤洋这一地名，是彭城彭氏南迁至此后，被明代刑部尚书应大猷的义父彭留耕所起。史料中所说的断江一带包括永宁江两岸的凤洋、断江，都是蜜橘的发源地。

凤洋、断江种植的柑橘品种繁多，据《橘录》《柑子记》等古籍记载，有榻橘、绿橘、乳橘、朱橘、青橙、乳柑、绉橙、香锦橙、朱栾、香栾等数十个橘种。到了清代中晚期，逐步形成本地早、温州蜜柑、椪柑、橙橘、早橘等五大传统品种。随着现代科学技术的发展，如今已发展到180多个品种（品系），其中本地早是拳头产品，占柑橘总量的90%。在凤洋村，还建有一个柑橘品种园，培植了国内外118个柑橘品种，一些濒临消失的黄岩特色柑橘品种如乳橘、满头红等也在这里得以保护和繁衍。

相传很久很久以前，观音菩萨的莲花宝座前边有一块顽石，吮日月甘露，吸天地精华，听过三万六千年佛经以后，逐渐通了灵性，成了观音菩萨身边的童子。一天，观音菩萨问身边童子："尔等功果修成之后，各行什么善事？"石人说："我别的都不要，只想把南天门外金树上的金果带到人间去，培植起来，治疗民间疾苦。"观音菩萨点头称善。

石人便化作一个穷苦的青年下凡，他带着金果走遍神州大地。这天，到了观音菩萨曾经落座的黄岩莲峰山。只见山前一条青翠碧绿的九曲澄江，那里环境幽美、土地肥沃、气候温和，真是一个栽种金果的好地方。于是，他在莲峰山边搭了个草棚，安下身来。他到江边挑了三百六十担涂泥，垒起三丈六尺高的土墩，浇上三十六担田壅，然后，从怀里取出金光四射的金果，把它种在土墩上。

过了三年零六个月，墩上长出一株青翠的树。到了秋天，树上结满累累的金果，把澄江水都照亮了。

石人把一只只金果分送给江边的贫苦百姓，请他们品尝，教他们培植。百姓们高兴极了，把金果栽种在自己的园地。没过几年，澄江两岸金果树郁郁葱葱，芳香四溢。吃了金果，百病不生，延年益寿。人们便把它奉为吉祥之果，称为橘果。

后来，黄岩新来了一个贪官。他见穷百姓有这么好的橘果，又眼馋又妒忌，便冥思苦想，想出一个鬼主意。他写了文告，带着一队兵丁，气势汹汹前来圈地夺橘。一些恶棍流氓也来趁火打劫，闹得鸡犬不宁。

石人见此情景，心里难受极了，便跑到钱塘江，向钱塘君借来三分六厘浪潮。顿时，那平平静静的澄江掀起了惊涛骇浪，三丈六尺高的浪头吼叫着直向贪官扑去。贪官肥胖如猪，逃走不及，葬身鱼腹。

从此，官家不敢明目张胆横行霸道，恶棍流氓也不敢明火执仗行劫了。人们把这个惊涛骤起的地方叫作断江。这里的橘果味道特别甘美芳香，比蜜还甜三分，便称为蜜橘。

石人为了保一方百姓的平安，从此，他就长留山巅，看管橘林。后来，变为一座突兀凌空的千仞巨石。百姓感念他引橘保橘的恩德，尊称石大人。

蜜橘全身都是宝。其营养价值极高，含有丰富的糖类、有机酸、矿物质、纤维素、蛋白质、氨基酸和多种维生素，特别是维生素 C 含量较其他水果高。其药用价值也很高，自古以来，橘络、枳壳、枳实、青皮、陈皮就是传统的中药材，在中药临床上广泛应用。另据日本专家研究发现，黄岩蜜橘果实中含有大量色素——玉米黄质，具有明显的抗癌作用。另外，蜜橘的花、叶、果皮都是提取香精的优质原料。柑橘果皮中果胶含量非常丰富，主要用于食品行业。

然而，随着经济的发展和时代的变迁，黄岩蜜橘的种植面积逐渐减少，唯独凤洋及邻村山头舟、断江等仍保持着大面积种植，连片面积达 5000 多亩。为了保护好这片承载着千年柑橘历史和文化的最后一方土地，各级政府作出了不懈的努力，以 5000 亩柑橘生产基地为核心的万亩蜜橘观光园建设持续推进。"凤洋是凤凰栖息的地方，蜜橘是凤凰衔来的吉果。"出于对蜜橘的喜爱，橘乡橘农便赋予了蜜橘神话般的色彩，民间流传着许多关于蜜橘的典故传说，在悠久的柑橘种植史中，当地橘农还形成了丰富多彩、独特绚丽的种橘习俗，如放橘灯、供橘福、祭橘神、点间间亮、打生、抛橘抛馒头等，这些习俗除了打生、供橘福等少数习俗在新中国成立后慢慢消失外，都流传了下来。在橘花飘香、柑橘成熟的季节，凤洋当地还会集中进行种橘风俗展示，共同欢庆、祈愿、祝福。目前，凤洋、断江整理申报的种橘习俗项目已被列为台州市非物质文化遗产保护名录，蜜橘的传说项目已被列为黄岩区非物质遗产保护名录。

（黄菊红）

第四篇 林木产品

诸暨市榧王村

枫桥香榧

在浙江省会稽山深处诸暨、嵊州、绍兴3县交界的高寒山区,有个叫"榧王村"的山村。在该村的两个自然村西坑、钟家岭之间的马观音畚箕湾处,有一株树龄高达1300余年、仍枝叶茂的古香榧树,树高18米,树围9.26米,树冠直径26米,覆盖面积1.2亩,年产鲜果800公斤,被誉为"千年香榧王"(图4-1)。2006年西坑、钟家岭合并为一个行政村,因此将村名定为"榧王村"。榧王村村域面积6.017平方公里,平均海拔500米以上,共有616户、2086人,以蔡姓和骆姓居民为主。

图4-1 千年香榧王

自古香榧以枫桥产地最为著名,尤其是钟家岭一带最佳。根据"千年榧王树"的树龄推测,榧王村的香榧人工栽培至少已有1300年的历史。

从唐宋时期大量歌咏香榧的诗词中可以看出，当时枫桥一带香榧已经作为商品流通，享有盛誉。至清代，枫桥香榧加工则形成了"双炒双燸"工艺，产品远销杭沪苏甬。

据考证，以榧王村为中心的诸暨香榧原产地，现存百年以上香榧古树4.2万余株，其中五百年以上古树2.7万余株，千年以上古树2700余株，且大部分均在榧王村。目前，榧王村拥有香榧林面积6000余亩，其中位于钟家岭仙坪山的古香榧林，被认为是世界上规模最大的香榧古树群，数百年甚至上千年的珍稀古榧树连绵成林，历经沧桑风雨，姿态奇异，气势壮观。雄榧树雄伟挺拔，雌榧树婀娜多姿，形成千姿百态之奇观。据考证，榧王村是目前世界上香榧面积最多、产量最高、质量最佳的香榧专业村。

香榧树对生长环境要求严格，适宜生长于温暖湿润、四季分明、水热同步、雨量充沛、森林植被覆盖率高、水源涵养条件好、朝夕云雾弥漫、夏季昼热夜凉的亚热带山区小气候区域，适宜土壤为山地红壤、黄红壤，一般适宜种植于海拔500—1000米的亚热带山区坡地。香榧别名"玉榧""玉山果"，因一代果实从花芽原基形成到果实成熟，需经三年，所以又俗称"三代果"，每年的5—8月间，在榧树上能同时见到一大一小的两代果交叉生长。据称，香榧的产量和品质与香榧树的树龄密切相关，树龄越长产量越高、品质越好。因香榧树的生长期可达千年以上，故当地有"千年树，三代果，八辈香""一年种榧收千年，一代种榧百代享"的农谚。

枫桥香榧全身是宝。香榧是一种最具悠久历史的名贵果品，最早在古籍《神农本草》中就有关于香榧的记载。它壳薄、仁厚，香、酥、脆、清口，食后回味无穷，早在宋代，枫桥香榧就曾入选为朝廷贡品。香榧还具有重要的医用和药用价值。古代，枫桥香榧以药用为主，在本草、医典、药书中都有记载。此外，香榧的树皮可提制工业用的栲胶；香榧木又是建筑、车船、枕木、家具及工艺雕刻的优等材料；香榧的果仁外壳经过提炼，还是制造香精的原料。产自榧王村的香榧，因那里大面积的古香榧树环境使其品质更胜一筹。

至今，在榧王村村民中有两个流传盛广的故事。一个说的是香榧王的由来。唐高宗李治做了唐朝的皇帝时（公元649年），西边的一个小小附属国送来的贺礼是三株小树苗，李治有些不屑，使者说用一斗珍珠玛瑙，也买不来这一枝一叶，这树的枝叶像一个个"非"字，开始人们叫它为"非树"，后来觉得不太好，就改名为"榧树"。这榧树，是第一年开花，第二年结果，第三年收获，祖孙见面三代同树。李治问询谁可种此神树，一个老家在会稽山脉处叫骆庄的大臣获准带着榧树苗回到了现在的榧王村，将三株小榧树分别种在村后的山脚、山腰、山岗上。不料三年后的夏秋之交，山洪冲毁了山脚和山岗上的两株，只剩下山腰的那株香榧树。一千三百多年过去了，当年的小榧树，已长成了如今"香榧王"。

另一个说的是钟家岭数百棵古榧树林的由来。据传，赵家钟姓的太公当年隐居到钟家岭时，先到的黄姓太公已种了上万株棕榈，并扬言：我有万棕榈，子孙不受穷。稍后的李姓太公也种了一千株桐树，并说：我有千株桐，能抵万株棕榈。这时的钟家岭只剩下一块狭窄的地方，且山陡岩险，钟太公犯愁了。一天夜里，钟太公梦中遇到了一个白胡子异人，在梦中把香榧的栽培采制技艺传给了钟太公。醒来后，钟太公就到山里种起了香榧，整整十年没有出山。十年后的秋天，山里生长的"奇树"香榧熟了，他自豪地宣告：千株桐、万株棕榈，哪及我百株香榧不受穷！

而对于"双炒双熄"技艺的由来，则另有一个传说。以前，钟家岭住着一位钟八斤，他有两个儿子，大的叫钟长福，小的叫钟长寿。这一年，村子里来了一个收香榧的客商。钟八斤把两个儿子叫到前面说：你们两个各拿五十斤香榧，谁做得好吃，卖出好价钱，谁就当家。小儿子很高兴，他连忙挑了五十斤好的香榧，剩下不好的就留给了忠厚老实的哥哥。钟长福开始发愁，情急之下居然忘了炒前要用盐水泡一炷香的时间，炒到一半，钟长寿故意大声说，刚刚你忘记泡盐水了。钟长福大吃一惊，只好把炒到一半的香榧再拿出来盐水浸泡过，再炒，谁知道这么一来，香榧的香气更好了！长寿一看不对，连忙说，哥哥我来帮你！说着，一铲子砸下去，把锅也弄坏了。长福这下子傻眼了，坏掉的锅炒出来的香榧一股焦味！这时他看到家里放着烘茶叶的熄头，就生起了青炭，马上开始在熄头上做香榧，但他又一次忘掉了烘前放在盐水里泡一泡，这下只好像炒的时候那样拿出来泡一泡再烘，谁知道这么一来，香榧居然比炒的还要好吃。从此以后，长福无意中发明的双炒双熄的加工方法就这么传下来了。

时间过去了千年，榧王村已经形成独具特色的香榧文化，如香榧节、婚典时的香榧礼俗、香榧神祭祀等。而在民间还有许多与香榧有关的文化传说，如七夕榧树挂红灯、拜香榧亲娘等，受篇幅所限，在此不一一列举。

(车裕斌、关湖齐)

嵊州市袁郭岭村

嵊州香榧

袁郭岭村是嵊州市最为偏远的村子之一,位于嵊州、诸暨、绍兴三县市交界之处,距绍兴市区60公里、嵊州市区50公里。由原袁家岭、下郭和白马岭三个行政村子合并而成。袁郭岭村落依溪而建,已有300多年历史,全村现有285户,共1025人,村庄总面积3.4平方公里,耕地面积约473亩,山林面积3402亩。有趣的是,袁家岭的人讲话带诸暨口音,下郭人讲的是绍兴话,而白马岭人讲的是嵊州话。

尽管袁郭岭村地处偏僻,但走进村庄,会让人吃惊不已。村内青山秀水,环境优美,村道干净平坦,洋房别墅鳞次栉比。在袁郭岭村,随便走进哪一家,都是百万富翁,家家户户都有别墅汽车。而让他们富裕起来的,就是一种神奇的果子——香榧!

在袁郭岭村周围的山上,一棵棵高大茂盛的大树,茂密的枝叶间,是一粒粒呈椭圆形的果实(图4-2),这就是香榧树。这些大香榧树,是祖先们种下的,最古老的已经有上千年的历史。这样的老香榧树,袁郭岭村有6000棵,占地1000多亩,另外,还有从2000年后新培育的香榧1500多亩。2014年,袁郭岭的香榧产量100万斤,占整个谷来镇香榧产量的

图4-2 香榧鲜果

近三分之一。

据史料记载，嵊州香榧人工栽培历史已达1300多年，食其果的历史更加久远，早在南宋时期就有盛产香榧的记载，清朝时期曾作为朝廷贡品。香榧的存在已经有一千多年，而袁郭岭的三个村子出现却只有三四百年，它比村子的历史还要悠久。为什么会出现这种情况呢？有这样一种传说，在南宋时期，因为常年战乱，大量北方的人逃到南方，因为袁郭岭一带自然条件优越，于是一部分逃难的人就居住了下来，也是他们种下了榧树。天下渐渐平定，他们以及他们的后代思乡心切，就举家搬回故乡去了，而他们种下的香榧就这样一直留在当地。后来，朝代更迭，时移世易，袁家岭渐渐地又搬来了人家，就这样，这些香榧就成了后来人的财物。

香榧为亚热带比较耐寒的树种，雌雄异株、浅根性、半阴性常绿大乔木，喜温湿润、弱光凉爽的气候环境，朝夕多雾的溪流两旁和直射光较少而散射光较多的山腰谷地是它最佳栖息地，适宜在长江中下游以南地区，忌风口栽种。香榧正常生长生育期年平均温度14℃—18℃，历年≥10℃平均活动积温7000℃以上，年极端最低温度在-15℃，最高气温43.0℃，无霜期日数≥210天，降水丰沛，年均降水量≥1200毫米。香榧生长对土壤要求不高，适应性较强，喜微酸性到中性的壤土，即pH值为4.5—8.5，耐干旱耐贫瘠，红壤、沙（石）砾灰土都能适应，还可在裸露的岩石缝中扎根生长。一般情况下，香榧种植地应选择在土层深厚、疏松肥沃、通透性好、排灌设施齐全的区域为最佳。

在20世纪80年代以前，这些香榧一直属于自生自灭的阶段，基本没人管理，进入90年代，香榧的价格渐渐上升，村民们开始自发进行病虫害防治、施肥等科学管理，香榧产量逐年提高。1997年，品牌意识的产生，让香榧的产量和产值大幅度提高，村里先后出现"山森""山珍""谷来""财兴""山源""舜源""天辉"等十余个品牌。2000年，开始发展新香榧，村民们用种子繁殖榧树苗，种植新香榧，同时向外销售榧树苗。为提高香榧产业的科技含量，嵊州市人民政府还聘请浙江林学院经济林研究所所长戴文圣教授担任产业顾问，开展了生态优质香榧生产的科技研究，建立了产学研基地，制订了嵊州市香榧生产技术标准。同时，充分发挥市林业局香榧大师等农技人员的作用，依托"农技110"、农民信箱、林业信息网等平台，积极推广香榧嫁接、遮阴、雄榧培育等实用技术，通过实施无公害管理，嵊州香榧的品质不断提升。

香榧有不少种类，有圆榧、芝麻榧、丁香榧、茄榧、米榧、细榧等。圆榧口味最差，主要用来做种子。市场上主要就是细榧，这种榧个头不大，口感好，深受大众喜爱。

香榧的成熟期在每年的九月，采摘前，按风俗要摆上香烛，进行祭拜，原因是香榧是三代果，爷爷与儿子、孙子都同时生长在榧树上，祭拜是请求儿子和孙子同意把成熟的爷爷摘下。其实所谓三代果，是香榧的一种特性，榧果开花结果，三年才能成熟，所以才会出现三代果都挂在树上的现象。而正因为是三代果，采摘时需要一颗颗用手人工采摘，榧树又高，没有办法进行防护，所以采摘榧果是一项具有很高风险的工作，每年都有伤亡出现。

香榧全身是宝，榧树材质优良，质轻柔、纹理通直、质地致密、硬度适中，有弹性、不反翘、不开裂、不变形，是建筑、造船和工艺雕刻的良材。同时香榧果营养丰富，风味香醇，具有杀虫、消积、润燥、治虫积腹痛、小儿疳积，对燥咳、便秘、痔疮有一定疗效。香榧果仁还具有润泽肌肤、延缓衰老的功效，同时富含维生素 A 等有益眼睛的成分，对眼睛干涩、夜盲症等症状有预防和缓解的作用。且香榧种仁经炒制后食用，香酥可口，是营养丰富的上等干果。另外那些被分拣出来的外相不好的榧果，则被北方商人收购走，是一种极佳的药引。

香榧是我国稀世珍果，浙江省著名特产。主要分布在会稽山脉和磐安一带，范围窄、产量少，才显得愈加珍贵。自古就有文人墨客赋诗词来描述香榧：

　　味甘宣邵蜂雏蜜，韵胜雍城骆乳酥。一点生春两齿颊，十年飞梦绕江湖。银甲弹开香粉坠，金盘堆起乳花园，乞君东阁长生供，寿我北堂难老仙。——《乞蜂儿榧子郭德谊》（宋·何坦）

　　彼美玉山果，粲为金盘玉。驱除三彭虫，已我心腹疾。——《香榧》（宋·苏东坡）

现今袁郭岭村的人们，依靠着这种珍果，正走在幸福的道路上。

（袁孟梁　余晓琳）

绍兴市柯桥区占岙村

柯桥香榧

香榧在古代称"柀""彼子",唐代称"榧",香榧壳薄、肉满、松脆、香酥,为我国稀有的干果之一,在国内外享有盛名。香榧树树龄较长,有"万年花果树"之称,栽培历史已有1300多年,以散生林为主。最古老的一棵香榧树已经有1500多年的树龄,被称为"中国香榧王""千年活化石",5个成人才能把它围起来,位于盛产香榧的稽东镇占岙村千年香榧林区内。占岙村也被称为"中国香榧之乡"。七山一水两分田的占岙村,山间林里都布满了郁郁葱葱的香榧树。

占岙村位于绍兴南部山区、小舜江源头,距稽东镇政府所在地5公里,西部与诸暨市赵家镇交界。占岙村由原占岙、月华山、八一、高峰四个小村合并而成,村域面积4.69平方公里,现有农户298户、886人。占岙村四方环山,一溪下流。山林面积广阔,现有生态公益林4207亩、香榧林1287亩、毛竹园831亩、早竹园600亩,全村有90%的村域范围被生态公益林和经济林覆盖,是一个典型的生态村。

占岙村处于国家一级水资源保护区的小舜江源头,村域内多高山峻岭,常年云雾缭绕,山水风光异常秀丽,其中千年香榧林就坐落在该村。千年香榧林,总面积3368.7公顷,在核心景区内,除了郁郁葱葱的连片香榧林外,还有龙塘第一山岗、十里月华坪、百年葡萄野藤、千年仙人古洞、绵延绿林竹海等丰富的自然景观。香榧林内,千年古树随处可见,这里幼龄树榧生机勃发,壮年榧树雄壮挺拔,老龄榧树老态龙钟。据不完全统计,景区现有2500多亩香榧林,100年以上的达20000多株,500年以上的4000多株。特别是三株千年香榧树,三足鼎立,把月华坪、黄中岭、龙塘岗连成一片,形成了江南罕见的千年香榧林。

占岙村农民居住区有一株千年树龄的香榧树,树高20米,树围5.6米,平均冠幅23米,它枝繁叶茂、生长奇特,主干上分出6叉粗枝干,盘根错节的树根露出地面,显示出年代的久远。这棵香榧树生长在村民居住的中心,爬在树上,有枝在山中、山在屋中、屋在树中之感。第二株千年香榧长在对面山坡，树高 16 米，树围 3.1 米，平均冠幅 12 米，像一尊哈喇菩萨向东挥手。还有一株生长在东北面的山坡上，树高 15 米，树围 4.8 米，平均冠幅 18 米，它的树形像一把伞，树枝自下而上生长均匀，没有强弱之分。这三棵古老香榧，形成三足鼎立之势，它们是稽东香榧的老祖宗，年长日久，繁育了千姿百态的子孙后代，构成了今天的森森榧林。

千年香榧林内古树名木千姿百态，极富观赏价值。香榧树在几百年甚至上千年的生长过程中，由于山体滑坡滚石、风雨雷电打击、人兽有意无意间的摧残，使得这里不少的香榧树盘根错节，有的内膛空虚，有的折肢断臂，形成一道姿态奇异、富有观赏价值的古树名木风景线：如"夫妻恩爱""兄弟连心""祖孙三代""野猪巢穴""大鹏展翅""双龙架桥""狂欢群舞""少林武术""一指倒立""螺旋向上""哨兵屹立"等等跌宕多姿、似兽如人的象形树。奇树怪木到处都是，让人大饱眼福。有一些高大的香榧树，主干上部粗大，底部相对较小，这是用园榧做砧木嫁接而成的榧树，由于园榧砧木生长慢，细榧接穗生长快，最终形成了"上粗下细"的奇特树形。一株株香榧树像一把把巨大的阳伞，遮盖烈日，阻挡风雨。

近年来，香榧林景区铺筑了通往香榧产区的道路，同时在月华坪景区内铺设盘山石坂观光步行道，并建造了竹牌楼、竹石制凉亭、古式廊桥和富有榧林特色的休闲农庄、会务中心及土特产品销售中心。在 2008 年 10 月还成功举办了首届"2008 魅力稽东·香榧旅游节"。这里形成原始森林般的榧林，绍兴市名牌产品、获得省农博会金奖的稽东"山娃子"香榧盛产于此。

由古至今，占岙村民的生活都与香榧息息相关，乡贤曾对稽东香榧作这样的描述：巍巍高山巅，依然绿涟涟。千载风霜雪，色泽更鲜艳，一身傲骨赛青松，枝韧叶儿坚。香榧之所以被称为"彼"，可追溯到《神农本草经》中。在清代孙星衍、孙冯翼辑本的《神农本草经》中，它是 365 味药中的老末——下品药，最后一味，归类"未详"，正名为"彼子"。香榧见于文字记载，始于汉代的《尔雅》，曰："皮似杉而异于杉，彼有美食而木有文采，其木似杉，其果似桐，绝难长，木有牡牝，牡者华而牝者实，开黄花，结实大小如枣，其核长于橄榄，核有尖者不尖者，无而壳薄，其仁黄白色可生啖，并可焙收，以小而心实为佳，一树不下数百斛。"注说"彼一名桦，则即'桦子''榧子'也"。说明《神农本草经》

中的"彼子"就是香榧。然而最初"彼子"归类"未详",且仅此一种,所以香榧并不是众人喜爱的坚果美食,只是无人问津、味苦且涩的入药之物。到唐宋时期记载渐多,内容也日趋详细,唐朝宰相李德裕说:"木质奇者有稽山之海棠榧桧。"说明早在唐代,会稽山区的香榧已闻名于世。北宋大诗人苏东坡在送别友人时,席赋《送郑户曹赋席上果得榧子》诗曰:"彼美玉山果,粲为金盘实。瘴雾脱蛮溪,清樽奉佳客。客行何以赠,一语当加璧。祝君如此果,德膏以自泽。驱攘三彭仇,已我心腹疾。愿君如此木,凛凛傲霜雪。斫为君倚几,滑净不容削。物微兴不浅,此赠毋轻掷。"南宋《嘉泰会稽山志》也曾载:"稽山之榧,多佳者。"

据推测香榧作为干果(图4-3)闻名于世,人工栽培应起于唐代,盛行于宋代,元、明、清时期则开始大规模发展。绍兴会稽山脉是中国古香榧的原产地和主产区,占岙村即坐落在主产区内。近年来香榧被加工成椒盐香榧、奶油香榧,香榧干果成为畅销浙江、上海、江苏乃至国外等地的著名休闲食品。2013年5月31日,在日本石川县举行的全球重要农业文化遗产国际论坛会议上,绍兴会稽山古香榧群被联合国粮农组织认定为全球重要农业文化遗产保护试点单位,成为世界上第一个以山地经济林果为主要特征的全球重要农业文化遗产。自此,香榧的价格逐年飙升,香榧种植的面积也逐年扩大,到如今占岙村近60%的林地都种上了香榧。香榧种植和销售,也新上了一个台阶。据统计,如今,占岙村全村共种植香榧面积2277亩,每亩产量达300公斤左右。

图4-3 香榧干果

如今的占岙村已将香榧作为了村发展的支柱产业，村民们也因香榧而致富发家。到榧乡占岙村可观赏千姿百态的榧树，可品尝香脆可口的香榧果，可体验香榧的生产、采摘、炒制过程。

（柯桥区农办）

杭州市临安区岛石村

临安山核桃

  沿着浙江省西北部18省道精品线，进入40余公里的浙西大峡谷，崇山峻岭、两岸青山、谷底一湖（华光潭水库），一路奇峰秀石，一片大好风光。在浙西大峡谷上游坐落着一个秀丽的村庄——岛石村。该村是由岛石村、下塔、丰裕、龙川、塘家、舒家六个自然村合并而成的集政治、经济、文化于一体的集镇村。岛石村总人口2148人，共832户，全村拥有耕地面积987.8亩，山林面积8419亩。

  该村以居住地岛石坞（又名岛石湖）命名。据《昌化县志》载原名岛石坞，别名岛石湖。仁里溪、黄川溪在此汇合，三面临水，一石隆起，形似半岛，且四周崇山，中为盆地，故名岛石坞。又因山区缺水，常有呼陆为水者，山坑称川，山坞称湖，亦称岛石湖。岛石村历来是昌北山区（俗称十二都）的政治、经济、文化中心。当地有首民谣："一金州，二岛石，三赵岭，四葛藤。"唱的是昌北山区自然环境、经济条件、人文景观最好的四个自然村，岛石村被摆在了第二位，这是当地老百姓贴近实际的一种赞美。

  岛石村满眼青山，拥有315亩山核桃林。很多读过《桃花源记》的人，都会赞美岛石村是名副其实的"世外桃源"。这个"桃"指的就是山核桃。岛石村平均海拔500多米，山多树多，资源丰富，年降水量1590毫米，无霜期206天，雨量充沛，昼夜温差大，四季分明，非常适宜山核桃树的生长。

  自古至今，岛石村农民都非常重视发展山核桃产业。村民称山核桃树为"摇钱树"，称山核桃树林为"绿色银行"。正如村里流行的俗语所描述：家有山核树，不愁吃穿住。在山核桃市场上，岛石山核桃久负盛名。这有两方面原因，一方面是村民重视质量、讲诚信；另一方面是岛石村的自然条件得天独厚，所以籽粒饱满、含油率高。长期以来，山核桃是岛石村农民的油料作物。据悉，岛石村的山核桃出油率能达到25%。而其他地区的山核桃，因为饱满程度差，出油率只有20%左右。所以很多外地消费者，都指定要买"岛石山核桃"。由此可见，岛石村是名副其实的山核桃之村。

图 4-4 山核桃鲜果

山核桃是一种具有极高营养价值和独特口感风味的高档坚果。山核桃核仁松脆味甘、香气逼人，可榨油、炒食，也可作为制糖果及糕点的佐料。核桃果仁含有较多的蛋白质及人体营养必需的不饱和脂肪酸，这些成分皆为大脑组织细胞代谢的重要物质，能滋养脑细胞，增强脑功能。它还含有 22 种人体所需的微量元素，其中钙、镁、磷、锌、铁含量十分丰富。据中医记载，核仁还具有润肺补气、养血平喘、润燥化痰去虚寒等医疗功效。除了种仁，山核桃的外果皮和根皮果可供药用，鲜根皮煎汤浸洗，治脚痔（脚趾缝湿痒），鲜外果皮捣取汁擦治皮肤癣症。岛石村因其独特的地理环境、肥沃的地质土壤、温暖湿润的气候条件，使得当地的山核桃产量高、品质好。

岛石村当地农民都称山核桃为"山核"，这流传着一个有趣的故事。据传，当年胡氏家族刚从安徽黄墩迁来岛石村时，这里山上的杂木林中，有很多野山核桃树。那时候山核桃树还没有名称，人们也还不知道山核桃肉可以吃。有一年的秋末，胡家的爸爸带着儿子上山劳动。儿子小胡在一块空地上看到很多"山蟹"，吓得惊叫："爸爸，蟹、蟹，好多山蟹！"老胡跑过来仔细一看，哈哈大笑："这哪里是山蟹，是树上的野果子，日头晒久了，外面的果皮都裂开了，形状的确像山蟹。"小胡听爸爸这么一说，胆子大了，抓了几个用石块砸开。原来硬壳里面还有肉，好奇的小胡抓起肉就往嘴里塞。一吃就吓了一跳，当真是有味道极了。原来那些已经被太阳久晒过的野山核桃，不苦、不涩，还有回味。父子俩高兴极了，当时就捡了很多带回家。消息很快传开，小胡成了第一个敢吃"山蟹"的人。这种野山果子便被叫作"山蟹"。而在当地土语中"蟹"与"核"同音，后来便演变为"山核"，昌北山区农民至今还是叫"山核"。因为是小胡发现了山核桃可以吃，所以山核桃又叫"小胡桃"。

龙岛（龙岗至岛石）公路没有开通之前，岛石村的山核桃都是农民挑运到余杭等外地去销售的。当地至今还流行着这样两首民谣："不慌不忙，三天到余杭。""百丈岭高高，纤岭迢迢，不带冷饭，性命难保。"这两首民谣真实记录了当年农民肩挑重担，艰难翻越柳岭、纤岭、百丈岭的那段辛勤劳动的历史。

岛石村山上的山核桃树林，是似诗如画般的美丽风景，更是夏天纳凉的好去处。特别是在村里，你可以感受到别具一格的山核桃文化。村庄里创建了山核桃文化展览馆，陈列了大量的古农用具、古老生活用品。这些古老的实物真实地记录了山核桃种植、生产、加工过程的历史变迁。而"志祥封号油坊"则展示了昔日土法榨取山核桃油的全过程，让你体验到非物质文化遗产手工技艺的精彩。还有山核桃炒货厂、山核桃合作社、山核桃销售网店……在岛石村处处都能闻到山核桃的芳香、听到山核桃的故事、感受到特色的山核桃文化、体验到这个"世外桃源"的和谐。

（帅军武）

新昌县严丹赤村

新昌板栗

严丹赤村地处浙江省丽水市新昌县城东 25 公里处，群山拥抱、清溪依流、空气清新，由严家山、丹坑、赤岩三个行政村撤并建立，取各村名首字而得名。赤岩村口有一岩山耸立，悬岩如壁，夕阳西照，通体赤红，赤岩由此得名；山下之溪，曾名担溪，自然名谓丹溪，后演变成丹坑，村由溪得。严丹赤村全村 448 户，共有 1158 人，拥有山林 9170 亩。

中国是板栗的故乡，栽培板栗历史悠久，最早可追溯到西周时期。板栗与桃、杏、李、枣并称"五果"。中国第一部诗歌总集《诗经》有云："栗在东门之外，不在园圃之间，则行道树也"；《左传》也有"行栗，表道树也"的记载。

板栗（图 4-5），又名栗、栗子、风腊，是壳斗科栗属的植物，原产于中国，分布于越南及中国大陆台湾地区，生长于海拔 370—2800 米的地区，多见于山地，已由人工广泛栽培。栗子营养丰富，维生素 C 含量比西红柿还要高，更是苹果的十几倍。栗子中的矿物质也很全面，有钾、锌、铁等，虽然含量没有榛子高，但仍比苹果等普通水果高得多，尤其是含钾量比苹果高出 3 倍。

图 4-5 新昌板栗鲜果

板栗对气候土壤条件的适应范围较为广泛。其适宜的年平均气温为10.5℃—21.7℃，如果温度过高，就会导致生长发育不良，气温过低则易遭受冻害。板栗既喜欢墒情潮湿的土壤，但又怕雨涝的影响，如果雨量过多，土壤长期积水，极易影响根系尤其是菌根的生长。因此，在低洼易涝地区不宜发展栗园。板栗对土壤酸碱度较为敏感，适宜在pH值5—6的微酸性土壤上生长，这是因为栗树是高锰植物，在酸性条件下，可以活化锰、钙等营养元素，有利于板栗的吸收和利用。

严丹赤村最大的资源是山林，全村拥有8810亩山林，人均山林面积达7.8亩之多。该村出产板栗的历史可追溯到宋代，相传最早居住该村的是宋朝时期卢氏，卢氏在山前山后种植了大量板栗树。到了现代，大规模种植板栗是在20世纪90年代，经过多年的发展，严丹赤村的板栗种植面积达到上千亩，成了远近闻名的板栗专业村。每到金秋有机板栗大量上市，国内客商纷纷慕名上门收购。

严丹赤村出产的有机板栗如此畅销得益其优良的品质。由于严丹赤村独特的自然环境加之种植有方，该村有机板栗以颗粒大、色泽鲜艳、甜糯香脆而闻名，并含有淀粉、脂肪、蛋白质及多种维生素和无机盐类等营养物质。

板栗的吃法多种多样，既可做糖炒栗子又可以鲜食、煮食、菜用，还可加工成各种食品。以板栗做菜，可与肉炖食，为筵席佳肴，板栗乌骨鸡、板栗红焖羊肉、栗子炒鸡块、栗子炖猪蹄等家喻户晓。

板栗营养丰富，有"干果之王"的美称。历代诗人对此多有赞赏。"梦中何许得嘉宾，对影胡床岸幅巾。石鼎烹茶火煨栗，主人坦率客情真。"南宋文豪陆游在《昼寝梦一客相过若有旧者夷粹可爱既觉作绝句记之》中如是写道。陆游对板栗可谓钟爱，其诗作中多次出现有关板栗的诗句。像"豆枯狐兔肥，霜早柿栗熟"（《怀旧用昔人蜀道诗韵》）、"蝟刺坼蓬新栗熟，鹅锥弄色冻醅浓"（《初冬》）、"丰岁鸡豚贱，霜天柿栗稠"（《随意》）、"开皱紫栗如拳大，带叶黄柑染袖香"（《病中遣怀》）等。

板栗除了带来美味，还有很高的药用价值，在古药籍《崐名医别录》中列为上品，有"益气""补肾气""治腰、脚不遂"以及疗"筋骨断碎""肿痛瘀血"等效用。

宋代散文家苏辙晚年得了腰腿痛的毛病，一直治不好。后来，他接受一位老者的建议，每天早晨用鲜栗十颗捣碎煎汤饮，连服半月后见效。于是，他高兴地赋诗道："老去自添腰脚病，与翁服栗旧传方。来客为说晨兴晚，三咽徐收白玉浆。"陆游晚年齿根浮动，常食用板栗治疗："齿根浮动欲我衰，山栗炮燔疗食肌。唤起少年京辇梦，和宁门外早朝时。"陆游一生坎坷，但却享寿 85 岁，这与他一生注重饮食养生有很大关系，其中板栗自是功不可没。

  板栗可以单食，糖炒栗子亦是美食。清朝乾隆皇帝喜食糖炒栗子，为此曾写下《食栗》诗："小熟大者生，大熟小者焦。大小得均熟，所待火候调。唯盘陈立几，献岁同春椒。何须学高士，围炉芋魁烧。"除此以外，板栗和米一起煮粥，熬成的栗子粥有养胃健脾、补肾强筋的功效。明代诗人吴宽在《煮栗粥》诗中写道："腰痛人言食栗强，齿牙谁信栗尤妨。慢熬细切和新米，即是前人栗粥方。"除了栗子粥，鲜栗炖鸭也是一道既解馋又补益身体的佳肴。

（新昌县农办）

松阳县沿坑岭头村

松阳柿枣儿

鲜柿干制作而成的，一般唤作"柿饼"。那你见过用柿子加工成的枣，称"柿枣"的吗？有！不但有，而且还是柿中奇品。在浙西南松阳枫坪大山沟里，有一种用金枣柿鲜果干制出来的干果，当地人称"柿枣儿"。后面拖个"儿"（尼音）字的，不仅仅是地方口语习惯，而且喻示：不但个头、形状极像枣，而且完全有别于普通的柿或柿饼，就连入口也是枣味，还是蜜枣蜜饯之类的感觉，甘甜透心，回味无穷。

沿坑岭头村是浙江省丽水市松阳县枫坪乡的一个地理位置偏远的行政村。从松阳县城出发，驱车一个半小时，方能抵达沿坑岭头村。村庄气候温暖湿润，全年平均气温16℃—17℃，降水量1500—1700毫米，全年无霜期236天，四季分明，垂直气候差异大。沿坑岭村坐落在未经破坏的山林之中，保留着最原始的乡村面目，村内有大量的清末和民国时期泥墙黑瓦的原生态建筑。

沿坑岭头村四周被一棵棵百年老柿树和其他古树包围着。老柿树长得又高又大，伸出的枝条像一双双大手臂，撑起偌大树冠如同伞盖，护着村庄民房，每棵柿树占地都在半亩以上。柿树虽高大，结出的果子——金枣柿却很小，其个头在柿家族里恐怕是最小的了。可能是浓缩了的缘故吧，这种金枣柿被地方志记载为柿中"奇品、珍果"，松阳枫坪独产之。沿坑岭头人将其加工为成品后，名唤"柿枣儿"。柿枣儿虽然个头小，名气却很大。

据《浙江通志》载："处州松阳柿尤为奇品。"又有《乡土史料》述："品重者为柿枣，松阳枫坪独产之。"枫坪以沿坑岭头为最，182株这样的老柿树，树龄都200年以上，最老的已有300年了。据浙江亚林所的专家考证，这里生长着目前国内最大的一片金枣柿树群。

金枣柿，俗称柿枣儿。形状椭圆，浑身皆肉无核，个头小于牛奶枣、肉柿、水柿、野生柿、扁柿，在柿子兄弟中是小弟弟。沿坑岭头人能分得特清楚，一眼看出是这金枣柿是老柿树还是新柿树上下来的。一般老柿树比新柿树的柿香甜,沿坑岭头人就挑这甜的金枣柿做柿枣儿,其历史也有300来年了。

相传,清康熙年间,叶姓始迁祖芝六公,从本县古市迁来,同时带了一株野生柿栽下,经过精心培育而成这种无核小柿枣。因其无核不能自然繁殖,又想出枝条嫁接法子解决了柿苗问题,结果这金枣柿种满了整个沿坑岭头。经过几代人的努力,沿坑岭头还总结出一条经验:说是柿树要种就种在拌桶寮(厕所)附近,柿树要闻到拌桶气才肯长大,果子才结得好。这一点恐怕不假。你看:沿坑岭头的柿树长得真是又高又大,柿子也结得好。以至于今天的人们,一提到沿坑岭头,就想到了柿枣儿;一说到柿枣儿,就知道沿坑岭头。

倘若秋高气爽,你登高来到这海拔700多米的高山岭头,展现在眼前的一定是一片火红火红的金枣柿。这里到处都是柿,入眼的都是柿,路边、山岗、房顶、屋内,柿的世界、柿的海洋,因此称沿坑岭头为"柿村"一点都不假。秋天的柿村——沿坑岭头,飘着一片片柿叶,飘动一颗颗火红柿子,飘出一阵阵柿香,这成了一大景致。倘若这时你再环顾四周,群山连绵、满目青翠,与你置身之处的一片红火相衬托,红与绿搭配,你会油然产生一种异样的火辣辣感觉,感叹大自然是多么的和谐统一。难怪许多画家及院校学生纷纷到这里写生,把这里的美景收入画中。

沿坑岭头制作柿枣儿已有300多年历史了。采摘下来的新鲜金柿枣,主要以手工去皮,由于鲜柿个头小,刨柿者一手捏柿子,一手捏小刀片,双手灵巧配合,变戏法似的眨眼工夫一枚柿枣已去了皮,有的还给人表演双手放背后去皮特技。熟能生巧,一般熟练者刨柿皮是不看的,可以一边刨皮一边看电视、带小孩或同人聊天。外人见了都觉稀奇,怎么男女老少都这样熟练,真是名副其实的柿村。

柿子去皮后经曝晒(图4-6)、回潮、烘干几道工序,干而不硬,软面不烂。成品的柿枣儿形同黑枣,形状椭圆,无核无渣,香甜可口,风味别致,富含维生素C等物质,糖分也高,因此有较高的营养价值,尤其受少儿的偏爱。同时,柿枣儿有助消化、滋补和清热解毒、化痰清肺等功用。当地人常以此招待客人、馈赠亲友。

相传,在清乾隆年间,乾隆帝微服游历江南,来到松阳万寿山。山上有个圆觉和尚,原来出生枫坪,后出家在万寿山做和尚。他用家乡的柿枣

图 4-6　柿枣儿制作

儿招待客人，这位客人见黑不溜秋的以为是黑枣，心想枣儿有什么了不起，朕宫中有的是。碍于情面，又不便暴露身份，随手拣了枚放入口中，不料入口即酥，甜润肺腑，连声说："好枣！好枣！哪来的？"圆觉和尚回道："客官，这是柿做的柿枣儿！本地就有。"乾隆感叹："天下奇之，宜常食。"圆觉后来得知这客人就是当朝皇上，遂将皇帝的金口玉言传遍枫坪一带，从此柿枣儿声名远播。

　　目前，枫坪乡推出以生态保护为主旨的、红色经典和绿色景观旅游结合的产业发展新常态，正在稳步实施。在枫坪这片热土上，无数革命先烈血凝山川，革命故事代代相传，革命遗址遍布全乡。仅沿坑岭头，就有 7 位革命烈士。青山埋骨，热土丰碑，绿谷氤氲，气象万千。近两年来，沿坑岭头以旅游开发为契机，以传统风味特产金柿枣招揽众多旅游观光者，人们一边欣赏美景，一边品尝美食，可谓一大乐事也。下一步围绕古村落保护开发利用，沿坑岭头村两委将加强古柿树保护工作，走产品开发与旅游资源保护利用同步的路子，以便更好地发挥出它的独特魅力。

（刘关州）

余姚市柿林村

丹山吊红

"七里黄泥红树岗，西风果熟一村香。"这是元代诗人戴表元写的诗句，赞美了秋天挂满枝头的红柿。古有黄柿生汴，落诸州，朱柿出华山之说，可见柿树的主要生活习性在于喜温、喜湿、喜荫。柿子是柿林的传统名果，以果色艳丽、肉质柔软、甜度高而闻名，至今已有400多年的历史。顾名思义，大岚古村落的柿林村就缘于此而谓之。

柿林村，位于余姚市大岚镇的东南部，距余姚城区约有近50公里的山路。柿林村，坐落于四明山腹地的赤水溪旁，村庄的位置恰巧建在山间的一块高地上，海拔有550米。村庄的周边均是高耸的山峰，悬崖挺拔。站在山头望柿林村，整个村庄仿佛悬挂在山腰间，被山间茂密的树木遮天蔽日地掩盖住，只留出青瓦白墙在树木的缝隙间若隐若现。这个处于有着"第二庐山"美誉的四明山腹地的小山村，全村才不到300家农户，却有着650多年的村史，是个不折不扣的历史古村落。

这座山村里的居民仅有700余人，但全村上下只有一个姓——沈。沈姓的由来，据说要追溯到650年前的元朝末年。周文王的第十子的第45辈的沈太隆，携妻儿跋山涉水，来到了这块荒无人烟的山地，见此间流水潺潺、山高林密，风景甚好，便留下居住。为了解决饮水问题，沈太隆又率妻儿于山腰间挖了口井，井很浅，却泉水丰沛，饮之味道甘甜。沈太隆一家便自此在这块地方定居下来，沈姓由此而来。所以柿林村也有一个说法："一村一姓一家人，一口古井饮一村。"

柿林村为浙东峡谷地貌，土壤多为黄泥土和砂石土，村口东北一片鲜红色岩石。相传仙人杀羊，血溅峭壁，故谓"丹山"。柿林，曾因人才辈出称"士林"，又因两岭对峙称"峙岭"，现因盛产柿子而得名"柿林"。柿林村周围古村参天，林木葱茏。村中最多为柿子树，村里村外、房前屋后，到处都是。每当晚秋时节，村庄内外，山坡上下，红柿吊挂枝头，分外引人注目。从2003年起，这里每年都成功举办柿子节。

柿树系落叶乔木，干高树大，叶圆而光泽，农历四月开花，花很小，黄白色，结实时为青绿色，八九月份成熟。柿子成熟期间的柿叶慢慢变黄开始脱落，柿子慢慢变成红色，犹如一盏盏红灯笼挂在枝头，叫红柿，亦称为吊红。民间流传着这样一则谜语："红红瓶绿绿盖，千人走过万人爱。"秋天的丹山红叶与柿林的吊红交相辉映、如诗如画，真是美极了。

柿子的品种很多，按外形分主要有方蒂柿、馒头柿；按品质分可分为吊红柿、白药柿、牛心柿等。一般在未完全成熟、呈橙黄色时即可采摘。果农们准备好一根长约七八尺的竹竿把柿子一个一个夹下来，小心翼翼地放在篮子里带回家，防止破损。当然各类柿子的食用方法又有区别，白药柿和馒头柿要放在辣料水或石灰水加一定温度浸泡2—3天即可削皮食用，果肉脆嫩，食之清口。而吊红的食用方法又有所不同，它主要把采摘来的柿子均匀地摊在竹匾或室内可以摊放的地方，一般过10—20天可食用。可食用的吊红皮薄可爱，味更甘甜，回味无穷。另外方蒂柿、牛心柿等一些比较大的柿子可去皮捻扁，经日夜暴露至干，入瓮中，待生白霜取出，古人称为柿花，今人叫柿饼，其霜谓之柿霜。

李时珍在《本草纲目》中说：世传柿有七绝，"一多寿，二多阴，三无鸟巢，四无虫，五霜叶可玩，六嘉宾，七落叶肥滑，可以临书也"。柿子不但具有通耳鼻气、治肠澼不足、解酒毒、压胃间热、止口干、续经脉气的功效，柿叶还可以治糖尿病，是馈赠亲友的上乘佳品。

吊红主要出产在柿林村的丹山，故称丹山吊红（图4-7）。全村现有柿树面积200余亩，年产柿子20余万斤。一到柿子采摘季节，来这里秋游的人就很多，他们看看丹山的迷人景色，尝尝吊红的滋味，吃一顿农家饭，顺便捎几箱吊红回去，与亲戚好友共享。柿子经销商把柿子装成箱，

图4-7 丹山吊红

用汽车运往上海、宁波、余姚、慈溪等地，十分抢手。2001年柿林人为柿子注册"阳春红"，从此吊红就成为一方特产。

丹山吊红是柿林村的传统名果，以果色艳丽、肉质柔软、甜度高而闻名，距今已有400多年的历史，目前全村有柿子林200余亩，年产柿子20万公斤，产值50多万元，是浙东著名的柿子产区。每年的金秋十月，柿林村周围的山坡上，就挂满了大小不一的柿子，远远望去，犹如一盏盏红灯笼，为金秋十月的柿林古村增添了一道独特的风景。

站在村头，登高远望，柿林古村尽收眼底，最惹人注目的便是村庄周围那片柿子林，一抹抹的赤红，星星点点，俏挂枝头。很多人会问我，丹山赤水什么时候最美，我会不假思索地告诉他，就是现在——银杏叶儿黄，枫叶红似火，秋高气爽时，柿满枝头日。如此美景，岂不醉人？

走在古村的巷道上，你能体会到浓浓的乡村气息，茶叶蛋、烤土豆、糖炒栗子等等，当然少不了当地的特产——柿子。柿林村一直口耳相传的一道谜语，"红红瓶儿绿绿盖，千人走过万人爱"，看似简单的一个谜语，却把柿林村的柿子描绘得如此生动、喜人，大家都说柿子就是柿林村的致富果。

如何摘柿子也是个讲究活儿，由于柿林村的柿树大部分都有上百年的树龄，树干挺拔高大，枝丫纵横交错，要想在这种树上摘柿子，那就得爬上树，用特制的竹竿把柿子从树上一个个攀折下来，再小心翼翼地放进篮子里。往往摘一筐柿子，就得花费半天工夫，实在是"柿子好吃，采摘不易"。犹记得每当柿子成熟时，总要拿着细长的竹竿，踮起脚，跑到房前屋后的柿子树上，摘上几个红彤彤的柿子。刚摘下来的成熟柿子，咬一口，柔软多汁、香甜可口，吃着别提多带劲了。

说了这么多，都还只是对柿林村的柿子做了大致介绍，要想真正了解柿林村的柿子，感受它的秋日风姿，还有待各位亲自前往丹山赤水的柿林村细赏之。

（沈远波　余晓琳）

新昌县大市聚村

新昌牛心柿

大市聚村位于浙江省绍兴市新昌县东部，地处奉化至天台、嵊州至宁海交通要道，古称鳌峰，旁有小山盘伏如鳌而得名。四周村居稠密，物产丰富。清乾隆年间形成集市，农历每旬三、六、九为市日，十月十五日为传统庙会，商贾云集，数十里方圆村民和天台、宁海、奉化、嵊县行贩前来赶集，买卖兴旺。

如今的大市聚村由大市聚、下求、前梁、建斋、石板桥、花井栏、姜家坞、流河岭八个自然村组成。耕地2000多亩，1185户、2938人，有羊毛衫、轴承等企业100多家，是全县闻名的轴承之乡。因临沃洲湖、水帘洞、唐诗之路，是闻名的旅游之乡又盛产牛心柿和小京生。

鳌峰之后怎么会改名为大市聚呢？大市聚村名来历传说不一，唯都与柿树有关：市由柿来。

传说之一：早年村里住着父子俩，儿子叫四子。家门口有一株大枣树，在树梢上有一鸟窝，住着羽毛通红、鸣声清脆的火鸟，早晚唤叫迎送出工休工，四子万分喜爱。一天大风吹折了枣树，也毁了鸟窝，四子失声大哭。火鸟正好从外地飞回，丢给四子一根衔来的树枝，然后翻身落地变成了一个姑娘，叫四子把树枝嫁接在枣树上。年复一年，枣树开花结果了，居然挂满了晶莹透亮、恰似小灯笼一般的果子。这年刚好四子父亲七十大寿，便将此果子用作寿品，让众乡亲品尝鲜果，大家赞不绝口。村里的秀才问道：这是什么果子？四子说还没有名字。秀才说，树是四子种的，就取名"四子"吧。后来果子深受人们的喜爱，异乡客人纷纷慕名前来采购，天长地久形成了集市。"四子"两字也就演变成了"柿子"。后因这个集镇是由柿子集聚而成，所以就称大柿聚，简写为大市聚。

传说之二：大市聚自古物产丰富，人口众多，农特产自给有余，便用于交换。相传乌龙岗村边有一棵大柿树，盛夏可遮阳乘凉，雨天可避风躲雨。农民就在此从事农副产品交易，久而久之在其下摆摊设店，逐步形成集市。周围老百姓常称到大柿树脚赶市去。集市形成后就更名为大市聚。

传说之三：清末秀才梁葆华在《鳌峰赋》中述及：明末清初，未兴集市，仅棵大柿村，行人捎担歇脚其下，之后商贩云集其地，遂称之曰：大市聚，立农历三六九为集市之日。

一棵大柿树成就了一个集市，也成就了一个村庄。

潘和钱老生所著的《大市聚古今谈》中这样描述大市聚：大市聚又称"街头"，因这里盛产烟茶丝术竹木炭。每逢农历三、六、九市日或庙会，百里方圆的老百姓纷至沓来，天台、宁海、奉化客商也络绎不绝，热闹非凡。建市300年来，经久不衰。据1918年《新昌县志》记载：有各类店、铺、行、坊124家。其中著名老店有赵同兴饭店，金元昌、何生记南货店，邱裕盛布庄，梁泰源酒店，泰山堂、回春堂、景生堂等药店，聘有名医坐诊。1922年，全街毁于兵火。翌年，原浙江省省长张载阳（新昌人）等发起旅杭同乡募资5000银圆，设兴市局，推县参议长梁渭溪主持重建，新街东西取直，铺面鳞次栉比，整齐划一，并分段设置防火墙6道，其建筑规模在当时居新昌各镇之冠。1942年5月，复遭日本侵略军烧毁，而后在困境中缓慢复苏。20世纪80年代后，发展尤为迅速。

如今这棵大柿树已不复存在，而牛心柿已成为当地的一大特产。据初步统计，大市聚村全村有上千棵柿树，是远近闻名的"柿子之乡"。

牛心柿（图4-8）为落叶乔木。树高可达13—14米，枝叶繁茂，树冠开张如伞，呈圆形或钝圆锥形。树干灰褐色，树皮虽呈方块状深裂而不易剥落。主要分枝多呈弯曲状，先端下垂而挺直，姿态各异。叶椭圆或长圆形，全缘，叶面光滑，叶背和叶柄有绒毛，叶背面色淡而带白色。牛心

图4-8 新昌牛心柿

柿味甘汁多，是鲜食佳品，可食率在96%以上，并且有较高的营养价值。医学上用柿蒂与柿饼入药，对医治肠胃病、止血润便、降低血压等均有一定疗效。柿蒂还可以治呃逆及夜尿症等。另外，柿还可以代替粮食酿酒、制醋等，从青柿中提取的柿漆是重要的工业原料。

牛心柿一身都是宝，但当地村民对于牛心柿功能更多地体现在食用上。

牛心柿等到成熟后可以直接食用，柿子含有丰富的蔗糖、果糖、纤维素等碳水化合物，还含有蛋白质、钙、磷等营养成分。除鲜食外，柿子整个晒干之后可以制成柿饼。柿子还可以酿成柿酒、柿醋，加工成柿脯、柿粉。当地村民吃柿子还有"事事如意"的寓意。

牛心柿好吃，但采摘起来却非易事。摘柿子是个技术活，当地村民摘柿子有一样非常独特的器具：一根长约3米左右的竹竿，上端有一个布袋，小心翼翼把竹竿伸到树上去，把柿子套进布袋，轻轻转动竹竿，成熟的柿子被完好地摘下来。据说这样的功夫没练上个三五年是掌握不了的。

柿子除了带来美味，还带来了美景。每当深秋，一个个火红的柿子犹如一盏盏小灯笼挂在树梢上，煞是好看。县内外的摄影爱好者纷纷慕名到这里拍摄美景。

此外，古今文人还为柿子留下了无数诗文。

咏红柿子·刘禹锡
晓连星影出，晚带日光悬。本因遗采掇，翻自保天年

秋获歌·陆游
墙头累累柿子黄，人家秋获争登场。
长碓捣珠照地光，大甑炊玉连村香。
万人墙进输官仓，仓吏炙冷不暇尝。
讫事散去喜若狂，醉卧相枕官道傍。
数年斯民厄凶荒，转徙沟壑殣相望。
县吏亭长如饿狼，妇女怖死儿童僵。
岂知皇天赐丰穰，亩收一锺富万箱。
我愿邻曲谨盖藏，缩衣节食勤耕桑。
追思食不餍糟糠，勿使水旱忧尧汤。

(新昌县农办)

海盐市吴家埭村

吴家埭山毛笋

在悠长的长山河畔,有着一片常年青翠葱郁的竹海,竹海中坐落着一个名叫吴家埭的自然村落。吴家埭自然村是由吴姓、鲁姓、张姓等族组成,以吴姓为主,据说吴氏一族是"大船吴"的后裔——吴和的子孙。在宋朝末年,吴家人分乘三艘海船从杭州出发,沿着钱塘江东来,其中一艘船在澉浦海面侧翻,船上人只得就近上岸在山边住下,其余两艘驶向了绍兴;吴家在澉浦的这支就在这里买地置业定居。元代吴家一度海上经商成为巨富,人口众多,形成了吴家埭。

吴家埭的闻名不仅仅是历史悠久、环境优美,更是因为这块风水宝地上出产的山毛笋(图4-9)而名传杭嘉湖,每年三四月,前来订购挖掘的人络绎不绝。吴家埭山毛笋具有粗壮肥大、甜脆而不耗喉咙的特点。吴家埭现有竹林500多亩,年产优质山毛笋约25万吨,年销售额约100万元。每年随着春风回暖,山毛笋从竹鞭处长出来,在泥土中吸收营养成长,加上吴家埭这片竹鞭入土比较深,因此只有很大个的山毛笋才会探出

图4-9 吴家埭山毛笋

头来。大多数的山毛笋都躲藏在厚厚的竹叶下，只有有经验的农户会根据土的松实度及丰富的挖掘经验精准地找到被黄土以及竹叶覆盖住的美味。当地人喜欢将这鲜嫩可口的笋与咸肉、咸菜搭配在一起，他们觉得这是人间美味，百吃不厌。随着山毛笋的下市，深埋地下的竹鞭还在孕育着鞭笋。鞭笋过多会影响来年山毛笋的质量与产量，所以当地人会适当挖掘一些鞭笋，在端午时节配上时令黄鳝，一个鲜字已经不足以形容它给味蕾带来的冲击。吴家埭的竹林是个宝藏，除了三四月的春笋与之后的鞭笋外还有冬笋，一年四季大概只有18天看不到笋的影子。

每当三四月间，吴家埭的农户就会带着挖笋工具，弯着腰在厚厚的竹叶下这边拨拨叶子，那边看看土壤。锁定目标后，农户会先把目标周围的土小心翼翼地一点点拨开，等露出笋尖后农户顺着笋把周围的泥土一点点挖掉。这个时候如果你没有经验，挖到一半一不留神就会把半截笋遗留在土中。但是有经验的农户会将山毛笋周围挖一个大坑，直至露出它粗壮的根部才会动手挖出山毛笋。山毛笋最可口的其实是它的根部——营养汇集之地。每上一次山，农户都是挎着大篮子，开着三轮车满载而归。回到家挑出品相好的山毛笋去集市或者大批量贩卖，余下一两只留着家人品尝。根据个人口味，喜欢清淡的农户喜欢把笋去壳洗净后切成宽条，在土灶上烧饭时把笋条随饭蒸煮，饭熟笋熟，然后依着个人口味蘸上点酱油或者其他酱汁，十分下饭。即使没有任何调料的陪衬，白白净净的清蒸山毛笋咬上一口清脆可口，也会在味蕾上留下一抹甘甜。喜欢浓油赤酱的农户则更喜欢把山毛笋切块，与红烧肉结合，大火慢炖，直至给山毛笋披上一层酱红的外衣，让味道深入笋的每一丝纤维。笋带走了肉的油腻感，肉带给了笋香味，两者合二为一，完美结合。由于山毛笋的季节性特点，大片的竹林一下子孕育的山毛笋让农户一下子销售不了，怎么办呢？聪明的人们会把山毛笋去壳切片或成条处理后拿盐进行腌渍，选个好天气把腌渍好的山毛笋放在阳光下暴晒，直至变成笋干。这样的笋干更容易存放，没有笋的那几天如果你想念笋的味道，可以将笋干浸泡后放入汤中调味，绝对地开胃下饭。

关于吴家埭笋为什么会甜脆不耗，还流传着一个传说。相传，朱元璋少年时期跟着母亲在澉浦贩卖私盐，经常出入吴家埭。春季的一天早上，朱元璋在澉浦挑了私盐到外地去，在路上遇到盐衙门的巡捕，朱元璋只得扔掉盐担自顾自逃命。不曾想盐衙门的人到中午还在到处转悠，朱元璋回不了澉浦。傍晚的时候，朱元璋才偷偷回到吴家埭这个地方。饥肠辘辘的朱元璋看到眼前有一大片毛竹林顿时眼前一亮。春天是竹笋生长的时节，朱元璋在做叫花子的时候就养成了吃生笋的习惯，看到地上有几只笋立在那里，一脚踢去，一只笋断了。朱元璋捡起笋，这只笋的壳是黑色的，他剥掉壳，咬了几下，感觉嘴巴里都是苦涩的味道，连忙"呸呸"吐出，扔了手里的半截笋，愤愤地说："这样不好吃的笋以后不许长。再碰到，把你们全毁掉。"可是肚子不管他的感受，还是咕咕叫。朱元璋只得又去踢了一段笋。这段笋，壳是淡棕色的，他剥了壳后只见笋的肉特别白，试着咬了一口。嘿！这笋没有耗味，还有点甜，味道还真好。他三下两下全吃下去了，说："以后这里全长这种笋。"朱元璋虽然只是随口说说，可是竹子听到了，心里就发急：朱元璋将来可是要做皇帝的，是真龙天子啊！他的话可不是儿戏，不能不听。可是要全长出朱元璋刚才吃的笋可并不容易，竹鞭必须再钻下1尺深的土。可是这一尺深的地方全是石头，石头变不了土，竹鞭便也无法钻下去。竹子犯愁啦。竹子思来想去还是去找土地公公商量商量。土地公公一听竹子说要把往下一尺的石头变成土，怎么办？土地心里也发急，皱起了眉头。突然土地想到了穿山甲，于是就把这一带的穿山甲全招来，把竹子遇到的事情给他们说了一遍，又说："这是皇命，无法违抗。要把这往下一尺深的石头变成土，只有靠你们穿山甲一族啦。你们有本领在山中穿洞，也一定能把石头钻碎。"穿山甲们听后面面相觑。穿山甲王说："要钻洞是行的，要钻成土，可没有先例。"土地说："没有办法啦，长不出好笋，皇帝要毁掉竹园，那时候你们也没有地方住啦。"穿山甲王听后无可奈何，只得同意去钻石头。穿山甲们在石头里拼命钻，把这往下一尺深的石头钻得千疮百孔，又在这千疮百孔的石头上钻小孔，渐渐这一层的石头变成细丝网状，最后细丝断裂。三个月以后，这一尺深的石层变成了粉末和一些小石块。因为穿山甲钻出的新土是石头变成的，所以比别的地方的土颜色要黄得多，而穿山甲一族也因为劳累过度，全部死亡，从此吴家埭这一片就再也没有穿山甲了。这年的秋天，竹鞭往土里钻深一尺。第二年的春天，吴家埭的竹笋全部从深土里长出来，再加上穿山甲死后的肥效，竹笋长得特别粗壮肥大，又甜又脆，再也不耗喉咙。从此以后，这里的笋年年这样长，成了闻名遐迩的"吴家埭笋"。

（海盐市农办）

遂昌县小忠村

小忠冬笋

1997年夏天，遂昌县三仁畲族乡好川村岭头岗的史前文化遗址考古发掘，是浙西南地区史前考古的重大新发现，是瓯江流域至今发现得最早的史前文化，此次挖掘使好川村一举成为文化名村。好川村所属的三仁乡是遂昌县主要的竹产区之一，是省级毛竹产业示范基地，全乡的竹林面积达18000多亩，人均有竹林2亩多。好川村的竹林面积达6000多亩，人均6亩。从遂昌县城通往西部乡镇经过三仁乡的公路沿线两边的山上，青翠的竹林连绵似海。山上的土质都是黄泥土，土层深厚，出产的竹笋品质优良，味道鲜美，素有"小忠冬笋，金华火腿"之说。

小忠是三仁乡的一个行政村，与好川村相邻。整个三仁乡要数小忠村龙藏自然村的冬笋最有名，据说龙藏的冬笋切成薄片能卷起来，而笋片不会断裂。因此，自古以来好川村乃至整个三仁乡的冬笋都称"小忠冬笋"。民国时期，小忠冬笋就直销上海等大城市。20世纪50、60年代，三仁供销社就经销冬笋，用蔑篓里面垫上箬叶，装入冬笋，加上盖子，用绳子捆扎结实，外面写上"小忠冬笋，出口"的字样。

遂昌县把竹产业和茶产业列为当地农村经济发展的两大主导产业。2001年就在三仁乡创建了浙江（遂昌）竹子现代科技示范园区，当时三仁乡3个毛竹定向培育试验点的冬笋产量达到每亩357.3公斤，单产处于国际最高水平，成为全国竹林高效经营的典型。遂昌小忠冬笋基地被命名为"浙江省效益林业十大示范基地"。

近年来，因中央电视台《舌尖上的中国》第一部播放了小忠冬笋（图4-10），小忠冬笋更是名声大振。此事大概源起于2009年4月，浙江省毛竹（笋）吉尼斯擂台赛暨"花开山里科技入户接力工程启动仪式"在遂昌县城举行，浙江省的杭州、宁波、温州、湖州、绍兴、金华、衢州、台州、丽水等9个地区的代表选送最好、最有名的竹笋参加擂台赛。经过评委打分、专家现场投票，遂昌县三仁畲族乡十三都村的村民包根基选送的竹笋重达19.1公斤，荣膺"笋王"称号。

图 4-10 小忠冬笋

2012年5月,《舌尖上的中国》开播,在第一集《自然的馈赠》里,包根基向观众倾情演绎了一段充满了诗情画意的冬笋出土场景。《舌尖上的中国》播出以后,北京的时食电子商务有限公司就多次派人到遂昌来找包根基协商、沟通,希望包根基能当他们公司的形象代言人。2012年6月,北京的时食电子商务有限公司和包根基签订了《肖像权及商标使用合同》,聘请包根基为"老包"牌遂昌冬笋及相关餐饮、文化、旅游活动的品牌形象代言人,合同期限为15年。

冬笋是毛竹的竹根鞭上长出的幼芽,夏季在竹鞭的节上开始孕育,经夏历秋,8月、9月、10月是冬笋的笋芽生长最关键的时节。

因为在冬季出产,所以叫"冬笋",每年的12月到来年的1月是收获冬笋的最佳时节。冬笋都长在泥土里,一般人很难发现。有经验的竹农能对毛竹察"颜"观色,根据毛竹的竹龄、笔枝的朝向、竹叶的颜色,判断哪一枝毛竹有笋,笋长在毛竹的哪个方向。而外行的人就算扛着锄头,跟着竹农到竹山上,脚踩到冬笋的上面也未必知道。

一般长势好、快要露头的冬笋,地面会有一点点的裂痕,但外行的人看不出来。找冬笋要有经验,挖冬笋也要有经验、有技术。因为冬笋生长在泥土里,就算竹农告诉你这个地方挖下去有冬笋,但一不小心你一锄头挖下去就把冬笋挖破了。

冬笋外表光滑,呈嫩黄色,笋壳包裹紧密,每个冬笋的重量以半斤左右、笋下部根头越小、笋身直或微曲笋的最佳。如冬笋太大,笋下部的根头都有圈了,笋就比较老。如冬笋的重量小,即使根部的根头小,但笋比较嫩，剥壳后的食笋率不高。冬笋因笋质鲜嫩、洁白如玉、味道纯正清香，被民间视为山珍名品，享有"素食第一品"的美誉。因冬笋壳色鲜黄、肉质白嫩、鲜脆爽口，古代文人称赞冬笋"金衣白质，蔬中一绝"。

冬笋的作用。冬笋是富有营价值和保健功效的美味食品，含有蛋白质和多种氨基酸、维生素，以及钙、磷、铁等微量元素。据分析，每 100 克冬笋鲜品中含有蛋白质 4.1 克、糖 5.7 克、钙 22 毫克、磷 56 毫克、铁 0.1 毫克。冬笋所含的冬天素，对人体有滋补作用。中医临床研究认为，冬笋味甘性寒，"利九窍，通血脉，化痰涎，消食胀"，有滋补肠胃、生津止渴、清热利尿，增强人体免疫力的功效。

冬笋不能生吃，将冬笋与肉同烧，肉可以选择鲜肉，可以是腊肉或者火腿；更可以与鸡、鸭、鹅、鱼等肉类搭配，都能起到调鲜的作用，味道特别鲜美；也可炒、可煮、可烫，能做成许多美味的冬笋菜品。

冬笋与香菇搭配，是有名的山珍佳肴。涮火锅选择冬笋，滋味特别鲜。冬笋和萝卜同烧，萝卜的味道也会更好。

如今，"小忠龙藏"牌竹笋先后通过国家级绿色食品、浙江森林食品、国家无公害食品认证。鲜美的遂昌冬笋包装了"小忠龙藏"冬笋的礼盒，通过淘宝网热销，当地挖的冬笋，第二天就会出现在上海、杭州人的餐桌上。

（文：罗兆荣　图：邱永华）

天台县培新村

培新笋制品

　　培新村，坐落于天台最北面的深山。天台、新昌、宁海三县交界，翻过村东的山井坑，就是宁海县黄坛镇，而越过北面的大月山，就是新昌县小将镇。该村的界牌（上山下往），因古有三县"交界牌"而得名。隶属石梁镇，距镇所在地龙皇堂有33公里，原属大同乡，现为石梁镇大同办事处。它群山环抱，山泉叮咚。东有山井坑，西有前门山，北有大月山，南与中央董村相望。村北的龙潭溪、龙亭溪、大月山坑三条溪水在村前汇流，一直向南流至下庄，与大同溪合流，至宁海白溪水库。培新村由培山、上庄、前山三个自然村组成。培山，以村庄陪衬于鸡树墩山内而得名。村民多为胡姓、丁姓，村中建有合姓宗祠，村中保留一座"走马楼"，始建于清初，前后道地共有24间。上庄村原是庄屋，因在下庄上方得名，村民多为"孙"姓，建有"孙氏宗祠"。

　　培新村所属的石梁镇，是天台县最大的毛竹产区，是浙江省"毛竹之乡"，笋竹面积达7万亩，年产值达3500多万吨。翠翠的竹林，一片连着一片，培新村有耕地面积340亩，山林面积达18700多亩，其中竹林面积就占了6300多亩。终年多雾，优质的天然水资源和的香灰土壤，使这里的竹笋鲜脆味甘。

　　"九里大同坑，双脚走歪巴。"位于崇山峻岭深处的培新村，外出交通不便。每年春天，竹笋丰收但又苦于运不出山外。因此，村里世世代代都有竹笋加工的传统，每到竹笋丰收时，家家户户动手加工竹笋。它不仅解决鲜笋的堆积，而且通过竹笋加工，成为山区百姓的一项致富手段。

　　竹笋加工，是石梁镇山民在生活中创造、积累的一项古老的技艺。具体起始已不可究，相传，唐代名仕罗隐寻访名山，曾来到天台山。一天中午，他走进一户山民家。家里饭桌上摆着一大碗他从没见过的菜，块状，呈暗褐色。他用筷子夹起一块，吃到嘴里，口感糯韧，醇香无比，赞不绝口。遂问，这是什么菜？山民答，是笋茄。在石梁镇有一民谚："大同（指石梁镇大同一带）九里坑，笋茄当爹娘（多的意思）"。笋茄，就是当地一种竹笋加工制品。

培山村，山高多雾多寒，特殊的地理环境也使这里的竹笋鲜脆味甘。它的加工过程，从挖笋、剥笋、煮笋，再到反复的晾晒、烘干，最终成了口感鲜香的笋茄，每一道都是手工制作，加工所用的工具（菜刀、竹箩）以及民间土制烘笋的"笋铳"等，也都是百姓自己发明土制的。竹笋加工的工具有：锄头、柴刀、菜刀、火钳、锅、锅铲、锅盖、陶蒸、蒸隔、竹扁、烘干箱。

竹笋加工制品有笋茄、笋丝、笋尖、笋鲞、咸塘笋、咸笋头等。

（1）笋茄。笋茄以新鲜竹笋为原料。其制作程序：1. 挖笋：一般选破土而出的鲜笋，太老或太嫩的笋均不宜用来制作笋茄。2. 剥笋：用菜刀从笋中间部位剖开，然后微边一撇，再削去笋脚的部分。3. 煮笋：将剥好的竹笋，放入盐水锅中，并在锅放竹梢数根（防止笋焦锅），然后是封盐，一般50公斤笋放9—10公斤盐，煮9—10个小时。4. 晾晒：一般在太阳下晾晒2—3天（视笋的大小决定时间）。5. 烘干：码在"笋铳"中烘7—8小时。6. 再晾晒：将烘过的笋摊在竹箩上晾晒7—8天。7. 再烘干：再放入"笋铳"烘，直到笋茄没有水气，起盐霜即可。一般100公斤鲜笋，能晒10公斤笋茄。

（2）笋尖。笋挖来后，一般是选择嫩的，剥去竹壳，洗净后放在锅中煮，不放盐，捞起后，放在笋尖架中压去水分，然后晒成笋干，以白净为佳。笋尖架是村里人制作的木架，它的作用是既能挤压水分，又保持笋的完整形状。而且笋尖食用之前，必须用刀切成片状。早年，天台县城有人用专门的刀具，帮别人切笋尖而换取手工费。切好的笋尖片，用清水浸泡，再在锅里油炒加焖即可。

（3）笋丝。挖笋，剥笋洗净，将鲜笋切成丝，在锅里放水，将盐融入水，再将切好的笋丝放入。一般100斤笋丝加10斤盐，可制10斤笋丝，起大火煮至1个小时，然后摊在太阳下晒干即可。

（4）笋鲞。因形如黄鱼鲞而得名，将鲜笋从中剖成两半，然后放在锅中加水加盐煮4—5小时，再摊在院子晒干，一般100斤制成15斤笋鲞。

（5）咸塘笋。将鲜笋剥壳，洗净；锅中加水，再将笋在锅中码好，笋中间加盐；一般100斤鲜笋加20斤盐，待笋中的盐烧化后，将笋翻身，烧至2—3个小时即成，不用太阳晒，以保持笋本真的鲜味。吃之前放在清水中浸泡1—2小时，口感更佳。

（6）咸笋头。将鲜笋剥壳，锅中放盐溶于水，再将鲜笋放入，一般100斤鲜笋加15斤盐。锅中盐水要漫过竹笋，在大火中煮上24个小时，直至盐水充分渗透到鲜笋里，才将咸笋带盐水捞起存放器皿中。常年可食用，不须冷藏。

竹笋加工是纯粹手工活儿，制作烦琐，它是山民在长期生活中摸索、总结出来的一整套加工技艺，世代相承，为研究中国干菜制作历史提供了生动的样本。它以大同山的毛竹笋为原料，制作成四季可食用的笋制品，体现了山民珍惜自然资源、利用自然资源，并将资源融入农家日常生活之中的理念。它历史悠久，流传广泛，几乎家家户户都会制作，它的加工过程中的每道技艺，如毛竹笋的选择、放盐的量、煮笋的时间长短以及烘干的掌握等，都蕴含着山民的智慧。

每年农历清明过后，家家户户开始制作笋制品。宁波、绍兴以及天台县城的客商开车来村收购，笋茄、笋丝、笋鲞的收购价一般在每斤15元。笋尖的收购价一般在每斤50元。培新村村民凭着竹笋加工，每年每户都有上万元的收入。竹笋加工已经是培新村一项独具特色的致富产业。

（天台县农办）

缙云县鱼川村

鱼川毛竹

走进新建镇的西北角，只见毛竹高大茂密，郁郁葱葱，重重叠叠，直冲云霄。竹竿粗细相间，有的粗如碗口，有的细如笔杆，却都亭亭玉立，它们伸展着细长的枝叶，节节向上，争相生长，别有一番神采。瞧，一棵棵竹子青翠挺拔，力争上游。它没有牡丹花那样绚丽夺目的色彩，也没有梅花那样婀娜多姿的体态，更没有桂花那种香气扑鼻的气味，可它全身都是宝——文静清雅、朴实无华，让人看后心旷神怡、浮想联翩。听，那叶子发出的沙沙声伴着小溪潺潺的流水声，奏出了一首优美动听的乐曲。这便是缙云县新建镇鱼川村的美景。

鱼川村，位于浙江省缙云县新建镇的西北角。该村以驻地村名命名，距离镇政府9.7公里，海拔465米，由鱼川、陈宕、黄坑、石臼坑、陈山头5个自然村组成，面积16.5平方公里，耕地面积749亩，831户、2236人，主种水稻。山林面积17557亩，其中竹林面积就有10000多亩，是全县毛竹面积最大的村，人均毛竹面积将近5亩。竹产业收入为当地农民的主要经济收入。兼种油茶、茶叶、蚕桑、柑橘、杨梅、桃、枣等，该村称为"九山半水半分田"。村的中间有一条"面前溪"，清澈见底，把这个村隔成两半。村的下面为村口，村口山涧中横着一块大岩壁高达数丈，壁的下面有一个小潭，内有石洞深数尺，其上面又突兀着石岩。当鱼顺着岩壁而上，游至小潭便被阻在洞内栖息。人们于此随手即可捕得，故名"鱼仓"。1936年改名为"鱼川"，此名延续至今天。

鱼川村是一个革命老区村，有着光荣的勤劳致富历史。村里男女老少都非常勤劳，早出晚归。长期以来，该村就靠山吃饭，大力发展毛竹，上至七八十岁的老人，下至不到10岁的小孩。他们有的上山开垦种竹、施肥；有的上山把已成材的毛竹砍下来，然后交给村里竹制工艺品厂加工成篾席、餐垫、坐垫、裤夹、压舌板、刮片等，产销全国各地，每人一年能赚好几万元；有的上山采挖竹笋，交给村里农产品开发有限公司加工成油焖笋，然后推销到各省、市、县（区），一年能赚几万元甚至上百万元。

就这样，他们凭着自己辛勤的双手，创造财富，生活过得红红火火。从前，山里男人是难娶老婆，现在是女人找上门来，男人娶老婆再不是难题。

新中国成立前，村内有10多家造纸厂。山上的竹子就是上好的造纸原料，村民们依靠10多家造纸厂，日夜生产，不断地将原材料切碎，然后捣成纸浆，通过做料、煮料、踏刷、烹槽、撩纸、分纸等工序生产纸张。走近鱼川的村口，就可以远远听到水碓捣竹的啪嗒声，此声在山涧回荡。那是一种生活的节奏，也是一种文化的节奏，它给人们带来欢快，也给人们带来幸福。曾经，在那暗无天日的日子里，由于地主的残酷剥削，穷苦的百姓一年辛辛苦苦赚来的钱又被地主剥削去，生活处于困苦之中。

新中国成立后，人民翻身当了主人，纸厂办得越来越好，全村人民投入到纸厂加工生产，纸厂效益也越来越好，人民生活逐步地得到了改善。到20世纪80年代初，村里还保留着3间纸厂在生产纸张。改革开放的东风兴起，村里人普遍认为这手工生产纸张太落后了，效益也有限，不如重新找门路。为了充分利用本村山上的毛竹，村里干部、群众商定，在村里开办竹制工艺品厂。

20世纪90年代，缙云县双川乡雄虎竹制工艺品厂首先开办起来，主要生产篾席、餐垫、坐垫、夹子、压舌板、刮片等等，畅销国内外市场。接着家家户户都加工手工艺品。全村男女老少齐动手、砍竹、锯竹、劈竹、加工成料。上至七八十岁的老人，下至十几岁的小孩，大家互教互学，人人掌握手艺，收入可观。由于大家的勤劳忙碌，家家户户终于开出幸福的花。近几年来，村民们单凭竹制工艺品这一项就赚了不少钱。2010年5月10日，缙云县发展来料加工工作领导小组授予该村村民马岳兰为"2009年度缙云县十佳来料加工经纪人"，2013年2月，缙云县精神文明建设委员会授予王雄虎为"2012年度缙云县信用文明户"，等等。这些荣誉，都与这个村人民的努力是分不开的。

毛竹业的快速发展，不但带动了全村人民竹制工艺品的加工，也带动了全村人民开发农产品加工——生产油焖笋。

要生产油焖笋，必须经过两道工序。第一道工序为：把鲜笋首先剥壳，然后进行整理，接着切料（切成小块），进行杀青（煮熟），再拿出来冷却，然后打包，接着就是进入冷库；第二道工序为：从冷库提出来后，首先进行解冻，解冻后就是进行调料，然后进行包装与杀菌，最后制成成品。

  由于该村干部、群众齐心协力发展毛竹业，办起竹制工艺品加工与农产品开发有限公司，该村焕然一新，出现了翻天覆地的变化，全村人民走上勤劳致富的道路。他们不但从事业上取得了成功，也从经济上获得了效益，而且从政治上获得了不少的荣誉。2006年，鱼川村被省林业厅评为森林食品基地；2009年度，被省林业厅认定为省级兴林富民示范村；2010年至2014年，连续5年产品荣获中国义乌国际森林博览会金奖；2012年至2014年，连续3年荣获浙江农业博览会优质奖和金奖。省、市、县领导多次视察该村毛竹林基地、毛竹工艺品加工厂、农产品开发有限公司，并对该村的毛竹业发展给予高度评价，鼓励该村干部群众再接再厉，再创辉煌！

  鱼川村的毛竹业发展，既给鱼川人民带来了社会效益，也给鱼川人民带来了经济效益，更给鱼川人民带来了未来的希望！

（李金南）

第五篇　种养产品

天台县紫云山村

紫云山香米

紫云山，原名梓树山，山上多为梓树。相传，明代永乐皇帝带着大臣路过黄泥山岗，眼见南面的山上紫云堆集，觉得奇异，便停了下来，问当地官吏，那是什么山？官吏答，是梓树山。永乐帝一听，说：梓树山？那里紫云汇集，就叫"紫云山"。

紫云山村，地处浙江省台州市天台县泳溪乡东部的紫云山上，从泳溪乡政府出发去紫云山村，从岩下方村上山有3公里的石径，它东与宁海桑州镇的木坑头村相邻。紫云山村有紫云山村、周家山村两个自然村组成，村民大都姓"王"。明永乐年间，王氏一族从宁海上叶迁至此，村中原有一座"王氏宗祠"。民国时，祠堂里就办起了小学校，村中有几幢民国时期的老建筑，独具特色。祠堂的东边有一座三层四合院，名为"下庄"，其主人王式中，是村里的地主；村东有一座二层四合院，名为"塘岸"，主人名为王式蓬；还有一座二层四合院，称之"前屋道地"，原主人王式清。东边岭口有两株古枫树、一株古樟，古樟下有一座小庙"前椿岭庙"，供奉当境大帝、苏老爷。村中有一"镇福堂"，供奉白鹤大帝。村的西南有一座乌坑底水库，建于20世纪60年代，库域面积约10亩。

香米是人们对山上产出的稻米的一种尊称。紫云山上产出的香米（图5-1）颗粒饱满、色泽匀称，煮出的米饭，晶莹剔透、糯粘柔软，故人们称之"香米"。

为何紫云山能出香米？首先是因为紫云山村的地理环境。村居海拔405米的山上，昼夜温差大，病虫害少，光照时间长，而且该村历代以种植水稻为主，现有耕地500亩，大都是种植水稻的水田。在村外山坡上，石头垒砌的梯田层层叠叠，弯弯曲曲的田埂，组成了一幅十分动人的画面，颇为壮观。村里最大一块田，面积只有一亩，名为"樟树下"。

图 5-1　紫云山香米

其次是山上的气候条件孕育了香米的品质。紫云山的香米种植的季节长，生长周期一般是 180 天，即 6 个月，比平原地区的水稻要多 20 多天。种时比平原地区早，而收割却晚。一年只种一季。再就是稻田用天然山泉灌溉。山上的水质好，如今村里从"麻公仙"引下的饮用水，拿到省相关部门检验，为一类水质。清澈的水质也保证水稻的健康生长。此地地处山巅，形如仰盂，阳光照射时间长，也是有利条件。

最后是传统方式耕种。紫云山村的稻田，采用"双犁双耙"耕种的方法，以保证田泥细腻。稻田的田埂比较高，都达 30 厘米以上，丰盈的田水保证了水稻的生长。山上的稻田均呈梯状，弯弯扭扭，宽窄不一，犁田耙田均依靠耕牛，因此村里的每家每户都养牛，少则一头，多则四五头牛。

每年谷雨，紫云山村村民开始"做秧田"。秧田要做得平整，田泥要细腻，而且要便于放水；立夏，就开始在秧田播撒谷种。夏至时，秧苗苗壮，开始拨秧、插秧。秧插在田里要管理，主要是"望田水"，防止秧田水渗漏，还要适时"摸草"，在稻株四周拔去杂草，保证稻苗的营养吸收。再就是施肥，一般用草木灰、柴灰、牛栏肥。

水稻在生长过程中也会遭受虫害，紫云山山高天凉，病虫害相对较少，山区对杀虫有自己的一套独特的方法。一是将芯油洒进稻田里，田水中就会泛起点点油光。人从稻田的稻棵中趟过，稻叶上虱虫就会跌落进田水中，虱虫在芯油点点的田水中，挣扎不得。还有就是晚上，在稻田边，用松明支起火堆，稻田的虱虫就会成群地飞过来，熏死或烤死。

紫云山村的稻田，除一部分是冷水田，即从山体中自然渗出的水灌溉，大都是"天田"，即靠天落雨来滋养稻秧。

靠天灌溉的村民，对龙王格外尊重。如遇在天旱，特别是稻子灌浆时大旱来临，稻叶枯黄，村里人只得请"龙王行雨"。紫云山村是当地六保之中的"西保"，其他五保的村落均属宁海县。当地"六保"求水的水潭有两处，均为宁海县境内。一是岔路镇的羊岩头，还有就是桑州镇的紫街山。村里还保留着清道光廿四年缝制的蜈蚣旗，民国三年缝制的清道旗。旗是用各种颜色的布头缝制而成的。如今旗子已经破烂，颜色也已褪去，但上面的字迹依然清晰。求水前必须准备好祭品。一般有猪肉、鱼鲞、麻滋、豆腐等，还要有"五子"，即花生、圆眼、饼干、糖、红枣，"五果"即苹果、葡萄、梨子、桃子、李子。

1983年夏，村里人还举行过一次大规模的"取水"活动，如今村里的40岁以上的人，都曾亲身经历过这场"取水"。早饭后，紫云山村聚集了上百人，浩浩荡荡奔赴木坑头村。十多位后生轮流端着12米高的大旗竹，后面跟着三角蜈蚣旗、清道旗。东边行3公里路，来到木坑头村附近的龙王庙，将龙王请出，然后又走上2公里，来到岔路镇的羊岩头（水潭），将龙王在太阳下暴晒。请道士念咒"作水斋"，不一会儿，从水潭中冒出一条"龙"（水蛇、泥鳅、小鱼，或是当地称作"水和尚"的鱼），赶忙捉住放进盛水的玻璃瓶中，将"龙"请回村，供奉在祠堂里。三天内，大雨倾盆而下，就将"龙"送回水潭。如果三天仍不下雨，则继续请道士"作水斋"，直至天降大雨，给村里人带来丰收的希望。

村里人对稻米的敬重，也体现在民俗之中。打下的稻谷，碾成白米，家家户户都要煮"上参米饭"，即用新米在锅中煮好一锅米饭。盛第一碗，供在灶司菩萨前。由灶司菩萨"上参"天地，禀告：今年有收成了！每年的大年三十早晨，村里每家都有"谢年"习俗。摆上供品，点香燃蜡，感谢天地神灵一年来对这一方百姓的庇护。

每年，都有人上紫云山收购香米。因为产量不高，供不应求。香米不仅是紫云山村的品牌，也是整个泳溪乡的品牌。它是当地千百年耕种传承而形成的一个标志。紫云山人对自然山水的敬畏和尊重，还有其古老耕种方式、习俗的传承等，都凝聚在一粒粒白白的香米之中。

（天台县农办）

金华市金东区仙桥村

金华佛手

赤松镇位于金华市金东区西北部,是金东区的重要组成部分,西靠婺城区,东临曹宅镇,北与兰溪市马涧镇毗邻,南接东孝街道,属于典型的城郊型乡镇。镇驻地为仙桥,距离城区中心仅6公里,全镇总面积56.98平方公里,共有12039户、28970人,下辖40个行政村、90个自然村。

仙桥最出名的就是佛手,据说在很久以前,在金华北山脚下,有一户人家,住着母子二人。母亲年老体弱,加上日常的操劳,得了胸腹胀痛的毛病,终日双手抱着胸口,眉头紧锁,唉声叹气。儿子为了给母亲治病,四处求医问药,均未见效。一天夜里,孝子梦见一位美丽的仙女,飘然来到他家,给了母亲一只玉手般的果子。母亲只闻了一下,胸腹胀痛的毛病便好了。孝子不由得笑出了声,睁眼一看,母亲躺在床上,病情依旧,才发觉竟是南柯一梦。翌日醒来,孝子决心上金华山为母亲寻找梦中所见的仙果。他带上干粮,打点行装,道别母亲,便出发上山了。经过七七四十九天的不懈寻找,终于在一天午夜,孝子爬上金华山顶,只见鲜花遍地,金果满枝。那金果迎风摇曳,千姿百态,有的像少女的巧手,有的像娃娃的拳头,有的像梨园弟子的"兰花指",有的像道士用的小拂尘,皮黄如金,幽香阵阵,沁人心脾。返回家后,孝子将仙果给母亲服用,胸腹胀痛的毛病很快就好了。求来的树苗,他每天用泉水浇灌,悉心栽培。仙果树苗开枝、散叶、结果,帮助了更多的百姓祛除病痛。老百姓感念佛恩,便称这仙果为佛手。

佛手(图5-2)又称佛手柑、五指橘等,它的果实在成熟时各心皮分离,形成细长弯曲的果瓣,形如手指,故名佛手。佛手花在春分至清明第一次开花,常多雄花,结的果较小,另一次开花在立夏前后,9—10月成熟,果大供药用,皮鲜黄色,皱而有光泽,顶端分歧,常张开如手指状,肉白,无种子。佛手通常用作中药,或因其果形奇特,而作为观赏植物。

佛手的香气比香橼浓,久置更香。佛手为热带、亚热带植物,喜温暖

图 5-2　佛手鲜果

湿润、阳光充足的环境，不耐严寒，怕冰霜及干旱，耐阴、耐瘠、耐涝。适合在雨量充足、冬季无冰冻的地区栽培为宜。最适生长温度 22℃—24℃，越冬温度 5℃以上，年降水量以 1000—1200 毫米最适宜，年日照时数 1200—1800 小时为宜。适合在土层深厚、疏松肥沃、富含腐殖质、排水良好的酸性壤土、沙壤土或粘壤土中生长。

佛手具有以下三种价值：观赏价值、药用价值以及食用价值。金佛手为盆栽或地栽，它的观赏价值最佳，枝叶四季常青，果形如观音手指，或握或伸，千姿百态；成熟后，色泽金黄，令人百看不厌；其香气馥郁，沁人心脾，使人神清气爽，可谓"形色香"俱佳。在古代，佛手是达官贵人家的珍品，文学巨著《红楼梦》描写探春房中摆设，将佛手与颜鲁公墨迹同列。相传北宋大文学家苏东坡在杭州做官时，慕名前来金华玩赏佛手，欣然挥笔写了两副对联，其中一副为："沁入诗脾清流环抱，香分佛果曲径通幽。"古代乡土诗人雪樵也这样写道："苍烟罨丘壑，绿橘种千百；黄柑尤佳丽，伸指或握拳；清香扑我鼻，直欲吐龙涎。"他对金佛手的色香形作了生动的描绘和高度的评价。1960 年 11 月，朱德委员长在金华视察工作时，专门了解了佛手的生产情况，并做了重要指示："佛手，国家很需要，你们要好好养。"同年毛泽东主席在收到金华人民捎给他的佛手后，特回信花果队，勉励他们种好佛手。1984 年，金华佛手作为

"中日青年 21 世纪友好使者",赠予日本青年。现佛手鲜果和佛手盆景进入宾馆、家庭并销往国外,成为人际交往的典雅礼品。台胞来金探亲时捧回金佛手时说"两岸皆兄弟,此物最相思",寓意深切。

另外金佛手全身都是宝,其根、茎、叶、花、果均可入药,辛、苦、甘、温、无毒,入肝、脾、胃三经,有理气化痰、止咳消胀、舒肝健脾和胃等多种药用功能。据史料记载,佛手的根可治男人下消、四肢酸软;花、果可泡茶,有消气作用;果可治胃病、呕吐、噎嗝、高血压、气管炎、哮喘等病症。据《归经》等载,佛手并具治鼓胀发肿病,妇女白带病,有醒酒作用,是配制佛手中成药的主要原料。佛手深加工产品有佛手蜜炼、佛手酒、佛手茶、佛手饮料等。保健食品类如果脯、蜜饯;消暑饮料类如佛手酒、佛手茶、佛手蜜;中成药类如佛手咳喘灵、止痛汤;化工用品类如佛手香精等。效益可成倍或成十倍的增长。

几十年过去了,仙桥村的佛手文化已经深入到了各家各户的生活中,他们种佛手、赏佛手、吃佛手、靠佛手为生。佛手已经成为他们生活中不可缺少的一部分。

(张飒 陈扬帆)

嵊泗县青沙村

三矾海蜇皮

青沙村位于浙江省嵊泗县菜园镇。青沙村原本是一个乡，由青沙、黄沙、石子岙和北鼎星四个自然村组成，其中青沙村是个集镇。新中国成立后曾分为一至四村，一度成为嵊泗县政治、经济、文化中心。后于1999年由原青沙一村、二村、三村、四村和金沙岙村、石子岙村6村合并而成。青沙村是一个靠海的纯渔业村，耕地稀少，村民经济收入单一。民国时期青沙曾是嵊泗列岛中部最富裕的地区，这里拥有多家渔行，商贾云集，商贸兴旺，这里至今还保留着舟山最大的渔获加工用落地桶，是嵊泗地区主要的渔获商贸集散地。

青沙长期的渔获商贸地位造就它有多种渔获特产，其中三矾海蜇皮（俗称三矾皮子，图5-3）就是青沙最具影响力的特产。

图 5-3 三矾海蜇皮

海蜇是水母的一种，为海生的腔肠动物，通体呈伞盖状，半透明、白色、青色或微黄色，一般海蜇伞径可超过 50 厘米左右，最大可达 1 米之巨。海蜇的营养极为丰富，据测定，每百克海蜇含蛋白质 12.3 克、碳水化合物 4 克、钙 182 毫克、碘 132 微克以及多种维生素。海蜇还是一味治病良药，中医认为，海蜇具有清热解毒、化痰软坚、降压消肿之功。古医籍《归砚录》中称海蜇："妙药也。宣气化痰、消炎行食而不伤正气。故哮喘、胸痛、胀满、便秘、带下和小儿疳积等症，皆可食用。"加工后的产品，称伞部者为海蜇皮，称腕部者为海蜇头，其商品价值海蜇头贵于海蜇皮。涨海蜇（俗称撩海蜇）是旧时青沙、金平地区渔民养家糊口的一种传统生产作业。一到汛期，青沙渔民就会积极投入海蜇生产、加工的劳作之中，青沙渔民长期的海蜇生产加工实践，练就了他们独特的海蜇加工工艺，使加工的三矾海蜇皮清脆爽口，脆而不糊，营养丰富，可长期保存。

　　由于海蜇头子、皮子的厚度、硬度不同，所以要把涨来的新鲜海蜇头子、皮子分别加工，而加工三矾海蜇皮用的是海蜇皮子。第一道工序：按每百斤新鲜的海蜇皮，用明矾半斤（碾成粉末状），手抓明矾粉均匀地揉在海蜇皮上，且要注意厚的地方略微多些，把揉上明矾粉的海蜇皮正面朝上平摊在缸或木桶内，注意矾海蜇的容器绝对不能漏水。过 12 个小时后，把海蜇皮一张张拿出来翻转，放入亮眼筛内沥干。然后开始第二道工序：用食盐 20 斤，明矾半斤碾粉。把食盐和明矾粉均匀地拌和在一起，然后像第一道工序那样把盐加矾揉在海蜇皮上，装入缸或木制的容器内（注意事项同上），揉做完为止。第二道工序三天后，海蜇皮也可正常食用（俗称二矾海蜇），现在，无论市场上还是饭店的餐桌上就属这一种。为了使海蜇皮的质量更上一层楼且能长期保存，就要进行第三次加工：第二道工序后三到四天，再把海蜇皮一张一张捞出来，用翻面的手法，把海蜇皮一张张放进亮眼筛，把撩出的二矾海蜇皮从流水沥干到滴水，过 24 小时左右，开始第三道工序。这道工序是把二矾皮子规整，把附在皮面上的一层红色薄膜（海蜇衣）小心剥去，用刀把厚的和凹凸的部位割薄切园，使得整块海蜇皮厚薄基本均匀整体圆润。然后单用食盐按照海蜇与食盐 1∶1.5 比例进行腌制并放入缸或木桶内，这样，名副其实的三矾海蜇皮了就制作完成了。三矾海蜇皮不腐烂、不变质，没有任何异味，还能长时期贮藏，加工好的几十年都不变质。

　　三矾海蜇皮在加工过程中绝对不能滴入一滴淡水，也不能有香烟灰、泥土等杂物混入，如若不然，不但影响口感质量，也易变质不能长期保存。三矾海蜇皮是嵊泗海特产之一，也是旧时富裕人家宴请客人、自食的美味佳肴。其与三抱鳓鱼、呛蟹、黄螺酱成为历来嵊泗四大腌制海鲜品，名声远扬，并远销海外。

关于三矾海蜇皮，在青沙流传着两个小故事。一个是在民国时期，国民政府因长期战事加重税负，而青沙乡长徐孝品因体恤民情，拒不执行区政府的税负通告，被抓捕至崇明监狱，其家人和乡民积极联合营救，多次赴崇明送钱送物。当时正逢国民党崇明县党部书记长的父亲患高血压，吃了徐孝品家人送来的三矾海蜇皮后，高血压竟然得到了缓解。之后，其父亲在吃了一段时间的青纱三矾海蜇皮高血压症状就消失了。于是青沙村村民逐渐与书记长家人有了较好关系。后来书记长在其父亲的劝说下为徐孝品脱罪，再加之后来国民政府在大陆风雨飘摇，就放了徐孝品。

第二个故事是发生在"文革"时期，红卫兵在青沙抄家，在一户新中国成立前开渔行的柴姓人家家中，抄出一坛珍藏了三十多年的三矾海蜇皮，年轻无知的红卫兵硬说这户被定性为"渔业资本家、黑五类"的家庭是在怀念梦想中失去的天堂，妄想变天。柴姓主人解释说那是做药用的，后来这一说法得到了青沙老年渔民的证实，年长的老渔民告诉红卫兵，三矾海蜇确实有治疗高血压等多种疾病的功效，最后这件事才不了了之。

（杨宽宏）

台州市椒江区胜利村

大陈黄鱼

据民国《浙江水陆道里记》及《浙江沿海图说》记载,大陈山亦名"琅玑山",唯下大陈市肆颇盛,曰"凤尾汛"。胜利村是因发展海洋捕养殖捞业的需要于2004年由浪通门、大小浦和南田等3个自然村合并而成。该村现有渔民96户,在册人口481人,常住人口187人,渔民居住较为分散,村辖面积约占到下大陈岛的三分之二岛域,是大陈镇辖地面积最大的一个村,也是台州列岛上的人口和经济大村。

大陈岛素有"东海明珠"美称,岛上海礁景观奇绝,仅胜利村范围内就有以自然旅游资源为主的"东海第一大盆景"甲午岩、"世界巨浪之最"浪通门以及被列入"中国传统村落名录"的大小浦渔村等,还有回归亭、垦荒纪念碑、胡耀邦广场、军事记忆体验区、大陈度假村别墅群等人文旅游资源,以及盛产于深海的网养大黄鱼(图5-4)、鲈鱼、真鲷等和野生石斑鱼、黑鲷、梭子蟹、七星鳗、虎头鱼等海珍品,这些都使得胜利村的自然资源和文化内涵尤其优越与丰厚。胜利村作为大陈岛国家一级渔港、省级森林公园、全国海钓基地核心区域的所在地,自然也是岛上大

图 5-4 网箱养殖的大陈黄鱼

黄鱼养殖最具代表性的一个村落。目前大陈岛上最大的几个深海黄鱼人工养殖区域也大多都在胜利村或靠近该村的海域。"大陈黄鱼"已成为一个影响全国的响亮的海产品品牌。

早在明代弘治年间，有一位曾考得解元的、从临海来椒江做军事教官的诗人，名叫秦文，他就写有咏"海门八景"组诗，其中的《海口渔帆》诗曰："讲武归来白昼闲，片帆高挂海涛间。黄鱼入网金堆积，一棹遥依小屿还。"到了清朝，又有台州诗人朱士夔和卢锦篇分别写下了两首咏黄鱼的诗作："海门四面网悬渔，天际清和把钓余。一夜扁舟才到货，满街齐唱卖黄鱼。"（《海门竹枝词》之一）"海门赶到一潮鲜，江下争着石首船。贺得顺风多获利，渔棚庙内赛花钿。"（《咏海门冰鲜船》）

大陈镇的胜利村，现今已是大陈岛深海网箱养殖大黄鱼的主要产区之一了。胜利村大陈岛流传着上古时代的"东海大黄鱼"的传说。东海历来盛产大黄鱼，因其受东海特殊地理位置和气候以及长江口漂流生物富有营养等诸多特殊因素的影响，远比渤海、黄海产的黄鱼肉质细嫩鲜美，且又比南海黄鱼更结实"有劲"，因而历代以来就是我国的一大名贵海产品。

据《中国民间文学集成椒江市卷》记载，关于东海上大黄鱼，有这样一个美丽而有趣的传说。据传，上古时大黄鱼因为自己是海洋水族大家族中一个数量最庞大的、社会地位最高贵的家族，加之它通体金黄，一身金光闪闪的，好一副皇家气派，所以也就自视甚高，把自己看成是海族中无与伦比的"金冠皇族"。大黄鱼目空一切，把谁都不放在眼里了，总是动不动地就要与别人比游泳、秀猫步、赛歌喉什么的。

一天，大黄鱼碰到了孔武有力的鲈鱼，看着那大鲈鱼挺鳍扬尾、张嘴瞪眼的样子，大黄鱼很不客气地要求与鲈鱼进行一场游泳比赛。鲈鱼心里对大黄鱼的自傲很是不舒服，但还是装作不以为然地答应了大黄鱼。大黄鱼听了，就更加趾高气扬了："我那么远都能游，你还真的敢跟我比个高低呀？你和我比谁游得快，那我可以闭着眼睛就能超过你！"大黄鱼原本就只善于长途群游迁徙，短途冲刺并不占优势的。现在，它闭了眼睛，一抹黑地猛冲乱撞，不想一头撞在了一块白珊瑚的礁石上了，脑壳上磕开了一个洞洞，里面掉进了两颗白珊瑚碎石。所以，后来渔民们捕到的大黄鱼，它的脑壳里都有两颗白碎石。科学家们称这种鱼类为"石首鱼类"，大黄鱼、小黄鱼就都是石首鱼类。大黄鱼负了伤，还输了游泳比赛，一直闭着嘴巴不说话。而鲈鱼早就游到了终点，得了冠军，再看着黄鱼那个熊包样，就一直哈哈大笑，结果笑脱落了自己的下巴。因此，人们捕到的大黄鱼都是闭着嘴的，而鲈鱼都是张着嘴的。

大黄鱼的海洋底层结群性洄游习性，以及它脑壳里的碎石（石首），几乎要了它们种族的命。在20个世纪下半叶，人们利用大黄鱼的这些特性，不顾一切地采用毁灭性的、后来被人们称作"断子绝孙"的"敲梆捕捞"，很快就几乎使所有的大大小小的石首鱼类都接近了灭绝，以致一直形成不了鱼汛。至今还有一些老人们记得，那时候的"敲梆黄鱼"极其高产，一网下去，入网的鱼太多，怕网受不了会破，便赶紧割个缺口，放回海里一些才能收网上船。因此，"敲梆黄鱼"的价格也特别便宜，只要几分钱一斤，以致现在大陈渔场的大黄鱼已基本断汛。在几近灭绝的困境中，人们想起了禁渔休渔，想起了人工养殖，想起了投放人工岛礁……从新世纪开始后，大陈岛开始了深海人工黄鱼网箱养殖的大规模试验，并取得了极大的成功。大陈岛的海洋捕捞与人工养殖均已步入良性循环的轨道，形成了捕捞、暂养和规模化养殖、胎生环境修复多能共举的海洋产业新格局。

关于现今的大陈黄鱼也流传着一个美丽的小故事。传说明代抗倭名将戚继光率戚家军在台州抗倭，他精通兵法，部队纪律严明，对百姓秋毫无犯，对士兵体恤爱护备至，他还执法如山，大义灭亲，转战各地，九战九捷，倭寇闻风丧胆，沿海人民对他爱戴有加，甚至视若神明。就在戚家军就要离开台州开赴闽粤桂抗倭前线的前夕，台州当地的官军民们为他们摆开了"平倭庆功宴"。台州沿海，特别是大陈洋海域，从来都是盛产鱼虾海鲜的地方。这庆功宴自然是"台州海鲜大全宴"啰！而其中最重要的一道菜肴便是"一枝独秀"的大黄鱼特产特色菜了。以大陈黄鱼为主料，以干香菇、鲜金针菇、生姜、大葱、黄酒、猪油等为辅配佐料，黄鱼肉质细嫩，以家乡传统老妇烧法烹调而成，象征着戚家军抗倭的"一枝独秀"，无往而不胜。不想，这颇具王者风范的"一枝独秀"的黄鱼菜，与庆功宴中的另一道当地特产名菜、以大陈海鲜鸡为主料的"金鸡报捷"一起，从此就成为了远近闻名的台州名菜佳肴。

（陈楚）

嵊泗县大王村

东海贻贝

大王村是具有100多年历史的古村落，其处于嵊泗县枸杞乡，全村区域面积1.16平方公里，共有584户、1564人。村里盛产贻贝，有悠久的贻贝养殖历史，至今养贻贝仍然与当地村民的生产生活息息相关。

贻贝（图5-5）俗称淡菜、海红、东海夫人，是上等的食物补品和药用品。李时珍在《本草纲目》中曰："淡菜，东海夫人。"《定海厅志》亦云："淡菜，形如珠母，甚益人。"

图5-5　东海贻贝

百余年来大王村村民留下了许多关于贻贝的动人传说。其中最广泛流传的是东海仙子的美丽传说。据传，在浩瀚的大海里有座水晶龙宫。有一年，东海龙母生下个小龙女。诞生之日，满海红光，灿如朝霞。天降百鸟而翱翔，水族列队而朝贺，连南海的合浦皇后也送来一颗五彩的珠母作为小龙女的诞日贺礼。东海龙王更是对龙女百般宠爱，取名海红，视为掌上明珠。

转眼间，小龙女已长大到18岁。只见她脸似艳月、眼若晨星、黛眉含春、玉牙吐香、亭亭玉立，像天仙一般；而且天性活泼、纯洁善良，被称为东海仙子。

俗话说："二月二，龙抬头。"这一天是龙宫开禁的日子，小龙女与黄螺侍女一同来人间游春。这可是东海仙子第一次出海，人间的一切对她来说都很新奇。正当她在礁岩上欣赏人间美景时，忽而，黄螺侍女变了脸色，连声说："公主，快躲起来吧，有人来了！"东海仙子慌忙中没了主意，变成了一颗无的珠母，黏附在礁壁上。

不一会儿，礁岩上来了个年轻后生。后生姓贝，叫贝郎，是附近小岛上捕鱼人家的子弟。近日海岛上流行一种怪病，患者大口大口地吐血，并腹泻不止。前不久，他的老母也染上此疾，卧病在床，日渐沉重。为了让病中老母吃些海鲜，趁着初二大潮，他前来礁上采贝。

贝郎在礁岩上采了一些香螺和佛手，坐在礁盘上稍作休息。猛一抬头，看见礁壁上有个从未见过的海贝在那里闪光。嫩黄色的肉芯，水汪汪的珠泪，还有那晶莹透亮的乳白色胴体，美艳极了！他赶快上前把她采了下来，放入一只小瓦罐里。黄螺侍女见状大惊，欲上前救助，却为时已晚，只得急忙回宫去向龙王报信。

到了家中贝郎煮些香螺、佛手供病中老母食用。他是个善良的人，见珠母幼小可爱，不忍伤害，就把她养在门外的一只海水缸里。夜里，东海仙子正筹谋脱身之计，忽闻室内传来痛苦的呻吟声和哭泣声。出于好奇，她化身一妙龄少女，踏缸而出，走到屋檐下，透过门缝朝内张望。

这一看，使她大吃一惊。微弱的灯光下，有个老妪半卧在床上，侧身向外大口地吐血，那个年轻人一边为老母搓胸揉背，一边喃喃自语不停地祈祷。见此情景，小龙女萌生悯爱之心。她略作思索，就上前敲门。贝郎开门一看，见是个陌生女子，浑身湿漉漉的，好像落水的人刚上岸一般。贝郎深感意外，忙问："不知姑娘所为何事？"

小龙女进屋后，编了一套身世。称自己本是闽南名医之女，名叫淡菜。一月前随父乘船出海，到姑苏会师行医，谁知船到此处，触礁落海，父亲生死不明，而她却靠着一块船板，侥幸地死里逃生来到小岛。因深夜上岸，故前来敲门借宿。贝郎见她说得可怜，倒也同情。但又说道："淡菜姑娘，老母病重，小生心乱如麻，何况，陋室一间，你我又是孤男寡女，实难收留。"

小龙女趁机问道："不知伯母所患何疾？有否医治？"贝郎就把老母的病情细说了一番。小龙女道："无妨。我有珠母灵丹，能治此疾。"说罢，小龙女亲临灶头，把挂在胸前的珠母放入锅中，又放清水若干，待煮沸后以珠母汤喂其母。一碗喝下，吐出一堆瘀血，病情似乎好了一半。因贝母之病需长期调养，小龙女又无亲可投，也就当作亲人一般住了下来。何况，左邻右舍闻讯求医者，陆续不绝，更使小龙女乐此不疲。淡菜仙子的美名也因此传扬开来。

转眼间三年过去了，在共同的生活和劳动中，小龙女与贝郎相敬相爱，产生了感情，在第三个龙抬头的日子里，他们成亲了。俗话说："龙宫一日，人间一年。"东海小龙女在人间三年，在龙宫即为三日。黄螺侍女回宫报信后，龙王大为震惊，打扮成海外方士模样，叫黄螺侍女作为随从，离宫外出，亲自前来寻找。

一天，他们来到贝郎居住的小岛。刚巧，小龙女在门口晒肉，眼尖的黄螺侍女瞧见了。于是，龙王急命黄螺侍女送信给小龙女，叫她到龙牙礁相见。一见面，父女俩抱头痛哭一番，互诉别后思念之苦。继而，小龙女告知一切。龙王听了，脸孔铁青。当他得知小龙女已与贝郎成亲并暗结珠胎，不禁暴跳如雷。因为龙宫禁规，龙女不得与异类成婚。残忍的龙王一挥手，一声晴天霹雳，迫使龙女现了真身。在火电交加的雷声中，小龙女被剥去龙鳞，化作一颗裸身而灿烂的珠母，遗留在礁石缝中。

不久，贝郎见状，飞舟来救，但为时已晚。贝郎殉情坠海而亡，化为一个黝黑色的贝壳。此事感动了南海观音。为了实现贝郎的心愿，观音施法用贝郎身躯羽化的那个贝壳，紧紧地把小龙女包裹起来，使之不再日晒雨淋，免去水冲浪打之苦。

海人道："贝，贝郎也。贻即怡，欢悦也。"贻贝，则为快乐而痴情之贝。从此，淡菜又名贻贝。因她是小龙女和合浦皇后的珠母化身，不仅色彩艳丽，质鲜味美，而且能治虚劳伤惫、吐血等疾，具有补阴益壮的滋补功效。

村里姑娘为什么水灵灵这般艳丽？据说，是因为多吃贻贝之故。

（嵊泗县渔农办）

遂昌县金竹村

金竹山油茶

金竹村地处浙西南，位于遂昌县西北部，由金竹、翁竹、金竹凹头等自然村合并而成，地形以山地、低山、丘陵为主，平均海拔250米。金竹村面积8.58平方公里，人口1613人，绝大多数为农业户口，民族以汉族为主，少部分为畲族。金竹村因盛产山油茶（图5-6）而闻名遐迩，山茶油生产已有2000多年的历史。金竹村的由来源于一则美丽的传说。"金竹"为传说中金宝和竹如两人名字各取一字而成。

图5-6 金竹山油茶果

据传，从前有一对青年夫妇，男的叫金宝，女的叫竹姑，他俩都有一颗善待老人的心。他们家境虽然不是很富裕，倒也过得和和睦睦、其乐融融。

有一年，家中的老母亲突然病倒了。金宝四处寻医问药，伺候茶汤，但母亲的病总不见好。一天天才蒙蒙亮，金宝又准备出去寻药。可正当他一脚跨出门槛时，突然双眼一黑，便重重地摔了出去。在里屋伺候婆婆的竹姑闻讯而出，见状马上前扶起丈夫，一边喂水一边望着瘦了好几圈的金宝，心疼地说："你连日找药挖药，真是要累坏了，是否休息几天再去？"

"不行！母亲的病多耽搁一天就多一分危险，哪怕是用我的命去换她老人家的命，我也是愿意的！"金宝说完硬撑起身子要走，可刚一抬步，又一个趔趄向前扑倒。

他们的对话被正从附近经过的太白金星听见了。被深深打动的太白金星便徐徐降下云头，变成一个鹤发童颜的老人，来到金宝家门前，对金宝说："在离此不远的石姆岩下，有一棵正开着花的山茶树，树上的果实可治你母亲的病。"听了老人的话，金宝心里寻思：世上哪有同时开花结果的树呀？他端详着慈眉善目的老人，慎言问："老人家，怎么会有开着花又结着果的树木呢？""有哇！这种花果并存，同株共茂的现象叫'抱子怀胎'。这种树在石姆岩山上就有，你快去采来给你母亲治病吧。"

金宝连连叩谢老人，等他再抬起头时，老人已不知去向。金宝心想：莫不是上天保佑母亲，派神仙来点化我们？一时间，金宝感觉精神都好多了，转身拿了工具就去往石姆岩。爬上石姆岩，山谷间飘来一缕清香，只见岩石旁有一棵小树正开满一朵朵洁白的小花，枝头挂着一个个红彤彤的果实。金宝赶紧采了满满的一袋，三步并成两步地赶回家。金宝把果实煎汤亲自给母亲喂下，第二天母亲的气色就有所好转。过了十几天，母亲的病果然治好了。

母亲病好以后，家里还剩下好多这种果子。金宝在用果子煎汤给母亲喝的时候，就闻到这果子有一种清香。他看到这些剩下的果子，拿起一个剥了开来，里面的果仁洁白油亮。放在嘴里轻轻一咬，开始时有一种腻腻涩涩的感觉，手上也有点油滋滋的，仔细一闻，"嘿，好香哪！"瞬间心里闪出一个念头，这种果子能治病，肯定也能吃。于是，他拿来小铁锤，把剥开的果仁一颗颗放在门前干净的大石头上砸碎，石头上面立马泛起一层油脂。他拿来一个小碗，把砸细的果仁抓在手中，用力地捏，细果仁溢出了满满的油脂。

金宝拿着油脂来到厨房，将小碗端到正在烧菜的竹姑面前，晃了晃，说："你猜猜看，这是什么？"竹姑早已看到金宝在门口捣弄茶果，头也不回地说："是茶果汁吧！""我妻子真是太聪明了，不错！是茶籽汁。我想用这果汁烧菜肯定好吃。"竹姑说："你这是采来当药的，可不能随便吃，弄不好吃了会生病的。"

第二天，金宝有意提早回家，来到厨房对着正准备烧菜的竹姑说道："最近你连夜赶着织布，太辛苦了，今天的菜就由我来烧吧！"面对一贯对自己体贴入微的丈夫，竹姑也没有多想，应声"好的"便默默地离开。金宝拿出昨天准备好的果仁汁下到锅里，顿时一股香气充满厨房，飘出窗外。坐在房间里的母亲闻到香气，问："竹姑，你今天烧的什么菜呀？这么香啊！""妈！今天是金宝烧菜，你要夸的话还是多夸夸您那孝顺的孩子吧！"正在织布的竹姑也感觉一股从未闻到过的特别香味弥漫了整个屋子。

这种果实汁烧菜能使菜的味道特别香的消息，一传十，十传百，马上在当地传开了，大家都尝试着去采这种果子来烧菜吃。后来，人们把这种果子叫作"山茶籽"，把里面的果汁叫作"山茶油"。当地人在金宝的带领下，在村前屋后的山坡上都种满了山油茶树。日积月累，人们在日常生产生活中积累经验，发明了山茶油的压榨工艺。各个村还利用当地的水利条件建造山茶油的压榨作坊——油车。每年霜降过后，人们上山采摘山茶籽，晒干后送进油车榨成黄澄澄、香喷喷的山茶油。不仅丰富了餐桌上的美味，而且出售山茶油，增加了人们的收入，改善了家庭生活。

人们为了纪念金宝和竹姑孝敬长辈的事迹和发现山上茶油的功劳，就用他俩的名字为祖祖辈辈居住的村落取名为"金竹"。如今，金竹镇发展了上万亩的山茶油生产基地，成为浙江省山茶油之乡，山茶油生产成为当地农民增收致富的主导产业。近年来，金竹镇每年举办山茶油开榨节，进一步提升了金竹牌山茶油的知名度和美誉度。村里也成立了两个山茶油生产专业合作社，成为当地山茶油产业的龙头企业。榨油时节，乡间处处飘荡着山茶油的清香，洋溢着一派丰收的景象。许多外地客商纷纷来金竹采购山茶油，当地人也把山茶油当作馈赠亲朋好友的佳品。

（金志宁）

仙居县方宅村

方宅油茶

方宅村位于仙居县西部的湫山乡，地处永安溪上游，距离仙居县城90多里，西接缙云县。方宅村与属国家大（二）型工程、省重点工程的下岸水库及其蓄能水电站咫尺相邻。方宅村既是撤、扩前乡政府的所在地，是全乡的政治、经济和文化中心，又是一个解放战争时期屡摧不垮、作出一定贡献的革命老区。

方宅村盛产茶油，方宅油茶是湫山一大特产，据史料记载，明朝万历年间就有油茶树的栽培。方宅村有一棵古油茶树，直径30厘米，高4米，树冠4米×4米，年产茶子菁180斤，产油10斤，为远近闻名的"油茶王"。方宅村因为盛产茶油，质量又佳，被誉为"仙居油库"。1958年还曾受到国务院表彰（图5-7），奖状由周恩来总理签名。1963年又因发展油茶受到国家林业局表彰。方宅人与油茶世代结缘，他们的祖辈和油茶之间曾有过美丽的传说。

图5-7 方宅村的国务院奖状

明朝万历年间，括苍山系仙居境内住着一户姓方的人家，世代靠打猎为生，方家有一女，叫方秀真。这方秀真就像她的名字一样，热情大方、聪明秀气、待人真诚，她经常送水给山里砍柴伐木的村民喝，为跌倒摔伤的村民敷药，大家都亲切地喊她阿真姑娘。阿真姑娘唱着山歌快乐地生活着。距阿真家十来里路的龙母山下，生活着一户以耕种为生的陈姓人家。陈家有一子，叫陈俊龙，小伙子长得英俊威武。陈俊龙从小就乐于助人，经常用自家的牛帮别人耕田犁地，大家都喊他阿龙。

  明朝万历五年，仙居大旱，粮食颗粒无收，万历六年仍大旱，吃完了余粮的老百姓只能吃米糠、树皮、草根，但吃了后肚子鼓胀，大便不畅，疼得在地上打滚，死了很多人。这让二十出头的阿龙与十八岁的阿真很是着急，他们到处寻药为村民治疗，终于相继在古籍中找到了关于油茶的记载："楚汉之争，汉高祖刘邦受伤，行至武陟食茶油，食之伤愈体健，遂封为宫廷御膳。"而在当地山间就生长着许多油茶树。据书上记载此树开白花、结绿中透红的果籽，其果籽经晒干、去壳、烘炒、压榨等工序就能榨出油来，而这个油就能医治村民的病。

  翌日清晨，阿真与阿龙就迫不及待地各自背着竹篓，沿着村里老人指点的路线上山，在一片盛开白花、结满果籽的茶树林里，阿真与阿龙相遇了。他们被对方的英俊与美丽吸引，各自采摘茶籽回家，经过晒干、去壳、烘炒、压榨等工序，忙到半夜才榨出了油。品尝一口，味道有点苦涩但顺喉，喝下后感觉肚子很舒服，人也有力气了，于是分头把茶油送给附近的村民。村民喝了茶油后肚子立马不痛了，效果非常神奇。阿龙、阿真非常开心，继续给村民送油，忙到天亮才分发完。分发完之后阿龙与阿真都没有休息，又急忙上山采茶籽。在茶树林里，他们再次相遇，他们聊起了神仙托梦采茶籽榨油救治村民的事，为彼此的真诚与善良所感动。采好茶籽后他们互相道别，询问了各自的住址，相约明天再来。到家后他们依照工序制作茶油，方秀真最终因体力不支而病倒。方家送茶油给村民的时候告诉了他们采茶籽的地方与制作茶油的方法。第二天，村民纷纷上山采茶籽。阿龙没有见到阿真来采茶籽，就询问上山采茶籽的村民，村民告知了缘由，阿龙很是着急，赶忙跑到方家。

  阿龙在方家见到阿真，这时的阿真十分清瘦，身体虚弱。阿龙很是心疼，急忙跑回家把家里唯一的老母鸡抓了来，让方家杀了炖给阿真补身体。在炖鸡的时候，加了几粒山茶籽，不一会儿，一股清香扑鼻而来，弥漫了整个屋子，勾人食欲。阿真喝了一碗鸡汤后，面色渐渐变成红润，半个时辰后就能下床行走了。

　　此后，阿真、阿龙与村民们每天都上山采茶籽，阿龙与阿真的感情也渐渐加深。村民们采了茶籽不会榨油的纷纷拿到方、陈两家榨油。万历七年，仙居依然大旱，但有了山茶油之后，村民虽然依旧没有足够粮食，脸上却仍泛起了红光。

　　为了方便村民榨油，方、陈两家决定在湫山龙母山下开一个榨油的作坊。村民们得知后纷纷前来帮忙，不出一个月，九间瓦房已建好。趁着油坊的开业，阿真与阿龙的喜事也一起办了。当日，方圆十里的村民都前来道贺，县衙知府为感谢两家的救人事迹派人送去了"真油坊"牌匾及"茶油救济世人代代传，真诚感动神灵人人颂"的对联。从此以后，阿真与阿龙幸福地生活在一起。山茶油也成了当地的主要食用油。因食用山茶油，这里的村民都特别健康长寿。

　　明朝嘉靖年间，在勇斗大奸相严嵩的仙居籍左都御使吴时来的推荐下，仙居山茶油成了朝廷的贡品。至今，村里还保存着传统的榨油作坊——老油坊。

　　近年来，方宅村党支部、村委会高度重视油茶发展，围绕建设"仙居油库"的目标，创建了湫山乡油茶基地。村支部每年举办培训班提高村民油茶种植、管理、加工、防疫等方面的技术，并邀请油茶种植专家现场"把脉"，同时通过发放资料等方式，提高广大村民的综合素质，为种好茶、打好油奠定了良好的基础。随着管理水平的提升，油茶产量、质量也随之提高，销路一直很好。方宅油茶主要销往上海、杭州、珠三角等地，每公斤120多元。由于油茶产品的质量好，消费者好评如潮，产品一直供不应求。

　　如今，科学管理油茶已经让村民尝到了甜头，村党支部又把目光投向了旅游业。村里计划在建设油茶基地的基础上，举办"油茶文化节"，以此来拉动油茶观光旅游的发展，同时提高方宅油茶的知名度与美誉度。这一想法已经得到了当地政府的大力支持，观光旅游道路、停车场等硬件设施已经开工建设。与油茶结缘的方宅人，凭借自己的智慧做活了"油茶文化"，方宅村的经济文化发展将开启一扇"黄金之门"。

（仙居县农办）

建德市里叶村

里叶白莲

里叶村位于浙江省建德市大慈岩境内,坐落在省道龙葛公路旁,与330国道相距仅2公里,为杭州金华衢州三地交界之处。1992年里叶乡撤销,并入檀村镇,里叶村改属檀村镇,辖里叶、直坞2个自然村。村委会驻地里叶。全村463户、1512人,男子姓皆为叶。有耕地1222亩,山林4109亩。村区风景秀丽,北靠狮子岩月岭,南对砚峰毓秀。《寿昌县志·名胜志》载,砚山在县南三十里,山高百丈,山巅平直,有池如砚,故名。明代曾有诗云:"断崖千尺倚胜空,一望江山尽下风,拍手危亭长短处,恍疑身在碧云中。"北面狮子岩,地势险要,与砚山遥遥相对。《寿昌县志》载:"高山数千仞,有石在山顶,状如狮,因之得名。"山中有数孔清泉,清澈甘甜,是天然的矿泉水。

里叶村,种植莲子已有近千年的历史,是远近闻名的莲子之乡。主要品种有高脚莲、低脚莲、红花莲、白花莲,其中以白花莲的品质为最佳。早在南宋"里叶白莲"(图5-8)就被钦定为皇家贡品。

图5-8 里叶白莲

据传,北宋时,有一秀才名王华生,因"靖康之难"逃到江南,后流落到里叶，在私塾做教书先生。当地习俗是教书先生要轮流到各学童家就食。当地村民民风淳朴、尊师重教，以先生在家吃饭为荣。各家都以最丰盛的菜肴款待先生，俗称"四盘六碗"。一日，一家主人端上一碗莲子汤。但见碗中莲子洁白如玉，如珍珠一般，而且有一股淡淡的清香味。华生乃北方人，从未见过莲子，忙问主人，此乃何物，主人告诉他这叫莲子，乃当地特产。华生尝了一口感到清香扑鼻、香而不浓，甘甜可口、甜而不腻，食后口中留有余香，这滋味终生难忘，深印于脑海之中。

华生后被叶翁家招为上门女婿，因幼子出天花夭折，他痛彻心扉悲伤过度，身染重病，骨瘦如柴，急需调养。但胃口不开，食欲不振，常常食不知味。一日想起以前吃过的莲子汤其鲜美之味记忆犹新。即叫其妻煮莲子汤来，食后觉得胃口渐开，食欲大振。不数月即身强力壮，痊愈如初。

华生不甘在村里教几个学童而虚度岁月。因入赘叶家，改姓叶，以叶家子弟名义参加科考，一举成名得中进士，官授淮阴知县，赴任时将家中白莲带上，以备食用。以后每年莲子收获时必差人来取。虽后升迁多地，但数十年未间断。华生虽公务繁忙但因常食用莲子身体一直很好，病魔几乎与之绝迹。所以常说："此皆莲子之功。"

宋高宗建都临安后，因惧怕金兵南侵，日日提心吊胆，犹如惊弓之鸟。又经常想起北方故国和囚于五国城中的徽、钦二帝，痛心疾首，满腹悲痛，因此宋高宗中年后身体每况愈下，常常头痛眼花，夜里失眠多汗。太医院多方治疗，毫无起色，群医束手无策。

此时华生因为官清正已升大学士。一日高宗召其议事，见他红光满面，精神抖擞，双目炯炯有神，老当益壮，问其年龄已知年过六十，不觉奇怪忙问："卿家如此高龄仍旧精神抖擞，不知有何养生之术。"华生道："臣幼年也体弱多病，后因常食家乡所产白莲，得以健壮如此。"高宗又问："白莲有何功效？"华生道："白莲有养心安神、益肾固精、健脾止泻之功，又有治失眠、盗汗、振食欲之效，常食能养神益气、除百疾而轻身不老。"高宗又问："是否老幼、男女皆宜？"华生又道："常食白莲，幼者身健少病，长者延年益寿。男者身强力壮，女则肤若凝脂，体态轻盈苗条。"此刻，高宗闻之大喜，即将里叶白莲列为贡品。处州府年年进贡，后来高宗常食莲子，果然病况慢慢好转，直到晚年高宗童颜鹤发，一直活到79岁，在历代帝王中如此长寿也屈指可数。

里叶西靠狮山，北依月岭，两处山泉长年不断，村后大片农田，土质肥沃，水源充沛。优美的自然环境和丰富优质的泉水灌溉，使里叶白莲具有独特的品质和风味。其白莲去皮通心，粒大而圆润，色白如凝脂、炖之易酥而不散、汤色清而食之香，实为莲中珍品。现已开发出各种莲子系列菜点，有莲子银耳汤、莲子白糖汤、莲子八宝饭、莲子香菇、莲子扣鸡、鲫鱼戏莲等，已成为宴请宾客的佳肴。

里叶白莲具有很高的营养价值，食、药两用，营养极为丰富，具有滋阳补血、润肺养心、强胃固精、延年益寿之功效。李时珍《本草纲目》称："白莲交心肾、厚肠胃、固精气、强筋骨、补虚损、利耳目、除寒湿。"

目前里叶村每年种植莲子400余亩，年产值达30余万元。随着莲子生产的不断发展，里叶村已有18个莲子专业经营户，每年奔走于上海、杭州、金华、温州等地，户平均销售莲子5000斤以上。里叶村家家户户种植荷花，并以此作为当地经济发展支柱，形成了蔚为壮观的"十里荷花"景观，使里叶村成为浙江省继杭州西湖"曲院风荷"外最著名的赏荷胜地。每至夏季，里叶村到处是一派繁忙的景象，家家户户采莲、剥莲、通莲（芯）、晒莲、卖莲。村外的田畈中，莲叶连接成一片无垠的碧绿，朵朵白色的、粉色的莲花和一个个长满籽实的莲蓬，点缀着这绿色的世界。微风吹过，可以瞥见莲农在田中摘莲蓬的身影。

在莲花盛开的季节，步入里叶村，便进入了"接天莲叶无穷碧，映日荷花别样红"的境地，荷叶田田、荷花沁香，游客既能观荷、赏荷，又能采荷，品尝莲食佳肴。

（吴林祥　余晓琳）

武义县壶源村

武义宣莲

宣莲美、宣莲香，宣莲美名扬四方。人们也许见过十里荷塘、千朵莲花，可说起国内外负有盛名的中国三大名莲之一的宣莲，你是否见过它的芳姿、尝过它的醇香呢？

传说宣莲的发源地在浙江省丽水地区宣平县壶源村。改革开放后划属金华地区武义县西联乡壶源村。壶源村有5个自然村，200户人家、655口人，有446亩水田，山林面积5504亩。壶源位于浙南中部金华八婺第一峰1560米的牛头山脚，纯天然原生态，植被丰富。高耸入云的乌龙山袒露出宽阔的胸膛，乌龙殿峰和龙女峰把两条深涧延伸到山脚，两股清冽的泉水像汩汩乳汁，哺育着这片沃土。

相传清嘉庆年间，浦江有个祝老大，为了躲债，把铺盖家杂往箩筐里一装，携带妻子儿女，从浦江县匆匆逃了出来。一路上，宿凉亭、睡灰铺，雨淋日晒、狗欺人骂，饱尝人间的屈辱和辛苦。他们走呀走呀，走过了多少不知名的村庄，爬过了许多绕坡盘岗的山径陡岭，蹚过了几多九曲十八弯的河溪山涧。这一日，他来到了乌龙山脚，即现在的宣平西联乡壶源村（三队下塘）。"嗬，这地方真美呀。"祝老大妻子理了理被山风拂乱的头发。"阿爸，阿妈，这水真甜呀。"一对儿女用小手掬起晶亮的泉水。祝老大放下肩上的箩筐担子，在路边抓起一把泥土看了看，闻了闻，说："这泥土又肥又香，这地方是不错。"

于是祝老大决定不走了。他们砍来树枝，割来黄秆茅草，搭了一座草屋住了下来，并在山脚开出几丘稻田。

乌龙山冈顶白了三回，乌龙山枫树红了三遭。一天，祝老大到新开垦的稻田里给禾苗除草。看到田里长出一朵碗口大的粉红色花朵艳丽耀目，香气扑鼻。一天两天三天，十日半月一月，花瓣渐渐掉了，变成一颗碧玉般的圆球。

秋风吹过，小圆球变成了大圆球，球顶端突起一粒粒乳头般的绿珠子，香气沁人。祝老大把它采回家，看了又看，闻了又闻，高兴极了。因为是六月六发现的，他就把这朵花取名"汗（荷）花"，把田头连排长的珠子取名"莲子"。第二年春，祝老大点种在田里的二十粒莲子长出绿油油的新苗。荷花开放时，鲜红艳丽的花朵铺满了整个儿丘田。这一年，祝老大摘了满满的两箩筐荷球。

春去秋来年复年，日月轮转似流水。一晃十几年，祝老大要回故乡看看。他用口袋装了十几斤莲子，就匆匆踏上返乡路，不几日到了金华罗店。这时，天已黑了，便找了一家宿店住下。他往身上一摸，带的几个铜钿早已用完，连宿夜钱也没有了。他刚想走，店家忽然看到祝老大带着一口袋东西，便问装的是什么货。祝老大说："你老哥有所不知，我们村里有一种神奇的花，花瓣掉下后就变成一颗绿球，球里的珠子一粒连一粒长着。喏，你看看。"祝老大解开口袋的麻绳，抓了一把给他，店家看了看，闻了闻，爱不释手。他笑脸向祝老大相求："客家，宿夜钱我不要，你只要把口袋里的东西给我两把就行，不知你愿不愿意？"祝老大听了忙接口答应，说："莫说两把，多给几把也情愿。"店家满心欢喜，珍藏起来。一天，一京城官亲路过罗店，店家拿出莲子煨鸡招待客人。

莲子刚端上桌，整个房间就溢满芳香。那亲戚问店家煮的什么山珍？如此香味袭人。店家说："你在京城做官，吃过多少山珍海味，难道你还没有吃过鸡肉？我只是放了一点特别的佐料。"店家接着又道："这不是山珍海味之类。实话告诉你，是一位客人从宣平乌龙山采来的荷花果，果里的莲子是特产。"店家的亲戚听罢，忙捞筷夹食，他咬一口舌头流鲜，鼻孔冒香。一会儿工夫，连汤汁都吃个精光，还转弯抹角地向店家求讨："宣莲这般好吃，世上真是少有。你把莲子都给我，好敬奉给皇帝。"店家无奈，只好把剩下的都给他。官亲回京便把莲子供奉给皇帝。皇帝赞赏宣莲，下诏官府每年进贡十二担。从此，宣莲身价百倍，一斤竟值一担谷。于是，各地竞相种莲，当时还有这么一首歌谣："皇帝老子吃宣莲，婺处两府闹翻脸；罗店'荷莲'受冤屈，宣平八都（乡）遍种莲。"即便如此，色香味上皆不及宣平莲子。

壶源水土天然，植被原生态，其产地莲子以颗大粒圆、饱满肉厚、肉酥味美、营养丰富、药用价值高而著名，故话说：天赐宣平黄金土，地育宫廷白玉莲，莲过七里坳，功效与参同。莲补中养神，止渴去热，厚肠胃、固精气、强筋骨、补虚损、利耳目、除寒湿。食用方便，既可制成莲子羹、莲子汤、八宝粥、糖水莲子，又可炖鸡、炖鸭等，强身健体、养颜驻容，历来为御膳房必备之物。它还具有养心、益肾、补脾、涩肠等功能，能治夜寝多梦、遗精、淋浊、久痢、虚泻、妇女崩漏带下等疾病。藕可做菜肴或制藕粉，根、梗、叶、莲心也是清热解毒的良药，其子、花、房、须、心、叶衣、蒂节皆是宝。

壶源村群众有种植莲（图5-9）的悠久历史。春来茶叶竞发，嫩苔出水，蜻蜓游戏于其上；夏至，"接天莲叶无穷碧，映日荷花别样红"；秋降，荷花朋而荷叶稀，荷杆独撑，沿湖残荷听雨，最是撩人；冬临，湖水瘦而山川寒，荷钱不发。

图 5-9 壶源村宣莲种植基地

浙江省武义县于1995年11月20—30日在县城举办首届"武义宣莲节"，同时也举办一年一度的温泉节。以温泉为依托，扩大旅游观光活动范围，把这个壶山的江南温泉之乡——宣莲，介绍给国内外朋友，也希望通过办节招商引资、搞活经济、繁荣市场。武义宣莲节、温泉节的举办，为壶源村的经济开发注入了新的生命力。

（武义县农办　余晓琳）

龙游市天池村

天池富硒莲

天池村位于龙游县北部距千古之谜龙游石窟30公里，在横山镇最高峰天池山脚下，与兰溪、建德交界，是杭州、金华、衢州的三地要塞，旧称"回源城里"，村口是流淌千年的回源溪。天池村由原杨家村、新宅村、下店村、儒大门村4个行政村撤并而成，合并后以山为名。村里王、杨、鲁、徐为四大主姓，共有863户、2702人，村域总面积15.4平方公里，其中山林面积为2300多亩。

天池村建村历史悠久，全村有王、杨、鲁、徐四大主姓，分别于北宋、南宋和明朝先后迁入，各有家谱可考。回源王氏始祖王烽为第十四世，字燧宁，号慕槐又名贤字君，聘娶李氏，生三子德元、德熙、德泽。端平元年元兵灭金，淮汉大乱，烽与弟煜举家徙迁寓居龙游北乡宣教乡。因世代书香，人才辈出，被誉为儒家子弟，故将居地称为儒大门。杨氏为汉杨震之后杨宗明后裔，据杨氏宗谱载：宋代始迁祖杨彬游览于此，见此山清水秀，犹如世外桃源，即从梅岭迁居此地，故名杨家。鲁姓来源十分纯正，源于鲁国故城兖州（西临"东方圣城"曲阜），先祖近峰公因避乱世，自廷阳赤石迁至龙北回源，爱林泉胜景，土沃地平而卜居焉，子孙奉为始祖。后邱三公本迁居回源，因族人众多难以共处，复分居于邵源坞。宋时徐偓王七十七世千三、千六公自沙溪遨游溪东，因见其地山明水秀、人物享阜，遂居于此地，于是英才挺出，子孙繁衍。

天池村两侧青山绵延，驱车数里，在群山交汇处，方见一隘口。入天池村古往今来只有一条道。豁然开朗，唯见土地平旷，屋舍俨然，横生武陵人入桃花源之错觉。前行几步，成片成片的荷莲，烁然笑绽在平静的水面。田田荷叶，袅袅红莲，村人最爱这花中君子。开阔的静水荷塘，三百亩荷莲（图5-10）亭亭玉立，清隽淡远，铺展如画。朗空碧日，游人或静观，或摄下翩然扶波的风光。

龙游有种莲传统，据旧《浙江通志》记载，南宋乾道四年，即公元

图 5-10　天池村荷塘

1169 年，龙游知县林自立试种白莲，并建白莲桥以示纪念。天池村栽莲历史业已 800 多年，爱莲到了极致。全村千亩荷池，养莲蔚然成风。现今，消失于历史的白莲桥在这里复原，村口最大的莲池内铺了赏荷道、立了观荷台。

独乐不如众乐，这个曾相对封闭的村庄，引来越来越多的君子花知音。除了荷花供赏，很长一段时间里，莲子是村民重要的经济来源。天池荷花，明清时达到鼎盛。许多农户家还保留着明清时种莲的莲篓、莲子筛等用具。

清乾隆年间，风流皇帝乾隆下江南微服私访，一日沿钱塘江逆流而上到龙游，在街头小巷寻觅喜爱之物。当来到北乡小店，乾隆驻足不前，也许是宫中吃惯莲子羹的缘故，乾隆要了一碗莲子羹，只见水晶透亮的莲子羹白里透红，红枣、枸杞子把莲子羹点缀得如画一般，一股清香扑面而来，乾隆胃口大开，连吃三碗，并对莲子羹中的莲子看似未烊、却入口即化大为赞赏，询问店主莲子出自何方。店主如实相告，这是北乡田莲，主产地志棠回源，现正是赏花采莲之时。次日，乾隆便来到回源，一路上，亭亭玉立的荷花在翠绿如盖中翩翩起舞，鲜艳夺目，被乾隆誉为沐浴刚出的真妃、凌波挺立的佳人、浓妆淡抹的宫女，正当乾隆陶醉在荷花的秀容丽姿丛中，远处忽然传来了脆耳动听的歌声："芍药争春耀彩霞，芙蓉秋尽却荣华，有色有香兼有实，百花都不似莲花。"听闻着美妙的歌声，只见一群天真烂漫的少女，像出水芙蓉般娇艳欲滴，乾隆看得目不转睛，着实待了一会儿。对荷花的一见钟情，使乾隆在莲乡停留半月有余，留下了"新游龙戏凤"的佳话。乾隆回宫后，念念不忘北乡莲子羹，于是下旨龙游知县每年进贡志棠白莲，志棠白莲因此盛名于世，流传至今，志棠贡莲的传说也由此而来。

天池村先祖们以儒士、教谕、训导为主，不善经商，过着以农耕为主的生活，其中因种植莲荷而闻名。这里民风淳朴，村民热情好客，在漫长的农业生产生活过程中形成了以传统祭祀、传统舞蹈、传统戏曲、传统音乐、传统饮食制作技艺等为主的众多非物质文化遗产，目前拥有"稻草龙"和"龙游婺剧"两大省级非物质文化遗产保护名录项目和"銮驾""十八传郎"等市、县非遗保护名录项目。全村共有古建筑文物85处。

2005年浙江省地质调查院调查发现，天池村处于富硒地带，所处地域富含硒，且有利于植物吸收的有效态硒含量相对较高，出产的莲子硒含量高出富硒标准2.27倍。围绕富硒这一主题，形成了富硒莲子、硒莲酒、富硒大米、富硒紫薯等拳头旅游产品。游客现场采摘莲子、垂钓等观光农业旅游及吃莲子系列佳肴、喝硒莲酒等农家乐休闲文化旅游也得到了开发。物以"硒"为贵。龙游农民初尝富硒产业的甜头。在天池村，连片的荷田莲花展现眼前，出产的富硒莲子，价格比一般莲子高出许多，收购商抢着上门收购。以天池为轴心，在龙游北部共有46.4平方公里的一级富硒集中区块，被辟为龙游县富硒产业集聚区，是龙游富硒产业发展的核心区块。天池是富硒宝地，村中养莲的水源来自杨垄水库，出产的莲子富硒，口感粉糯，入口即化，比市面上的普通莲子贵上一倍仍供不应求。

午后两点，正是一天中最热的时候，为了采摘到最新鲜的食材，做出一桌极具当地特色的富硒莲子宴，莲农走进莲田，采摘莲蓬、莲叶、莲花。剥莲蓬、取肉、剥膜、通芯，一通忙活后，新鲜的食材被送进了厨房，大家一边欣赏着美景，翘首期盼着美食出锅。莲子羹、香酥荷叶、莲子炖鸭……"连荷叶都能做成美食，龙游人对美食的创造力简直难以想象。"百年古樟树浓荫覆地，木质回廊古韵悠悠，坐在樟树下，眼前是郁郁青山，绿树成屏，满目莲田，宛如世外桃源。

天池村素有"十里荷飘香，富硒养生地"的美誉，环境优美，绿树环抱，自然旅游景观丰富。幽谧的天池山、风光旖旎的杨垄水库、千亩白莲基地翠绿的荷叶和绽放的荷花将天池村环抱。漂亮整齐的现代化建筑和保存完好的古建筑等人文景观相得益彰，彰显着天池这个古村落的悠久历史和美丽乡村建设的和谐统一。这里山清水秀、荷花飘香，如一幅淳朴宁静的山水画卷。

（余怀根　余晓琳）

东阳市后周村

后周中药材

千祥镇是浙江省东阳市久负盛名的药材之乡，是"浙八味"中元胡、杭白芍、贝母、白术的主产地，而杭白芍、元胡的发祥地后周村的药材传说有着不同的版本，被后世编成故事传颂。

古时候，钱江源头柽溪江，称之为双坑溪流域，两岸谷地是一望无际的原始森林，到处长着几人合抱的参天大树。古松、古樟、古枫、巨橡树挺拔高耸、构杨成众。"野芳发而幽香，佳木秀而繁阴"林间飞禽走兽无数，双坑溪水从密林间潺潺流过。山麓林间住着马姓与李姓两家农户，他们过着半渔猎、半农耕的自给自足生活，相互和善处事，亲如一家。孩子们经常会唱几句自编的儿歌："金满地，银满地，不如青蛙满地有福气……"大家知道金满地银满地是不可能的，青蛙满地跳带来五谷丰登，人就有饭吃了。这两户农户住地没有村名，自称是"满地蛙两间房"。

在一个夏秋之交的夜晚，雷电交加，暴雨如注。山洪暴发，滚滚洪水冲进林地，冲到山脚屋前。第二天天蒙蒙亮时，洪水已经退去，打开窗户往外望去，屋前泥沙堆积如山，似有一巨石压顶。天完全放亮时，隐隐中看到巨石在动，头昂起，四脚腾空……定神再看，是一只足有长丈许、宽七八尺的巨大乌龟，大家惊呆了。当太阳爬上山头时，巨大乌龟一转身向十来米开外的深潭爬去，一头钻进深潭不见了。人们争先恐后赶到深潭边跪地拜神乌龟，祈求降福保太平。

这个神话般的古事很快传遍十里八村，每天都有成群的邻村人来到深潭边跪拜守候神龟再现，祈求降福。从此，朝朝暮暮香火缭绕，真是"水深别有天，龟鱼也成仙"。很快，满地蛙两间房前的深潭成为圣地，大家都相信这片沙石溪滩高地，是神龟托起来的福地，陆续有邵、陈、厉、樊、黄、卢、徐、朱、王、吕、詹、葛等姓氏族人到这个地方买地建房居住下来。聚居满地蛙两间房的人越来越多，这里成了大村庄，村民在神龟下水的深潭边也建起了一座亭角，题碑"候阄亭"，满地蛙两间房从此有了一个响亮的村名——"候阄村"。

岁月易逝，沧海桑田，候阆村因村落东西走向，狭长如舟，祖先就以村在溪后形似一叶扁舟，前临江、后枕山，柽溪江水如蟒带拱围，凤凰山观青山犹如船首船尾，故名"后舟"。但船怕风浪，为求平安祥和，加之先人们崇尚周朝历史文化，遂改"舟"为"周"。

众姓一家共同生活，将柽溪江两岸一块方圆三华里的冲积平原边缘山上、山坡上辟出层层梯田，耕作传家。

有一次，李老汉到野外去挖草药时，遇上邻村厚畈村的陈氏药农，大家相互帮忙，共同交流，陈氏将能消炎去痛的元胡籽赠送老汉让其发祥，由于该流域田地土质松软肥沃，有小盆地的独特小气候，非常适宜种植药材，经过李老汉多年培育，每到春天，芍药花香遍地扑鼻，让人陶醉。

据民间传说，在清朝乾隆年间，有一位勤政廉明的东阳知县来南乡巡察，行至后周村前的田间地头，看到一片花的世界，随风飘来阵阵沁人心脾的药花芳香，农家的房前屋后尽是粉红色的芍药花和绿油油的元胡叶，知县置身其中被陶醉了。这时见药地上有一位李老汉昂背熊肩，脸色红润，高步阔视，气度非凡。知县便上前打招呼，恭问李老汉种植药材之道，李老汉向知县娓娓道来："这乃芍药，别名将离、婪尾草、余容、梨食，属毛茛科，多年生宿科草本，有柔肝止痛、补血调经、养阴平肝的作用。瞧，元胡，又名延胡索、玄胡，属罂粟科多年生草本植物，味辛、微苦、性温，有活血、行气、止痛之功效。别看药草虽是微小之作物，但药性灵也，它能为万民祛除病痛，又能为药农换回粮米，我一家人数世之衣食皆赖于此种药材。"知县细问："那药材应怎样制作？"李老汉沾沾自夸道："芍药，全身大小都是宝，经过去皮、烘干、加工，最后按大小换卖。自明末清初培植至今，几代人不断优选品种，已形成花心的优质品种。我家的白芍、元胡，杭州大药房都列为指定药材。"知县听后，茅塞顿开，叫李老汉将种苗卖给大家，广为栽培，富一方黎民苍生。

自那以后，后周、西阳、万功塘、前马、高宅、后马等地邻近药农都来后周村买种苗，学种药材，相继研发了许多白芍、元胡的管理、炮制、加工、生产制作技术，盛产的优质中药材源源不断地销往杭州、上海、北京及邻省的中药材市场。据史料记载，后周等本地所产的白芍、元胡中药材以其质量优、药效高，形成了杭白芍、元胡的原产地，成为商家肯定的地道药材，是沪杭京大药房的首选，也是浙江中药杭白芍、元胡的生产加工的中心地带，是一大富民的重要农业支柱产业。

（马力中）

宁波市鄞州区蜜岩村

樟村贝母

四明山一带崇山峻岭,峰峦叠嶂,其咽喉处建有一水库,名皎口水库。皎口水库是宁波市鄞州区历史上第一个大型水利枢纽工程。它的"一盈一亏"牵动着全区乃至全市几百万人民的心。它又犹如一块翠绿的宝石镶嵌在层峦叠嶂的四明山区。雄伟的大坝下有一个村庄,村庄有个甜蜜的名字——蜜岩。这是一个有着深厚历史底蕴的古村落,2005年,这一古村落被列为宁波市首批历史文化名村。

蜜岩村坐落于四明山之东南缘,章水盆地冲积平原之西端。对于蜜岩村的地形地貌,清朝道光年间出版的《四明谈助》有着形象的记载:"进樟村里许,隔溪望见绝壁干天,危然欲压。岩下路狭如线,俯瞩深溪,旁无附葛。观行人辄为惴惴。此即志所谓'蜜岩'也。属东四明山,与樟村各脉。二皎水皆从此岩下至天象岩转南而去。"

贝母是蜜岩有名的传统土特产,因樟村一带均有种植,因此统称为樟村贝母(图5-11)。《四明谈助》关于樟村贝母有这样的记载:"在太白山之南,桑麻遍野,鸡犬相闻。其土最肥,土下种贝母,土上可种菜蔬、雪菜,则一举两得,获利十倍于禾。"宁波的童谣也有这样一首:鱼米之乡是宁波,资源丰富特产多,奉化蜜桃只只大,慈城杨梅萝打萝,小白西瓜上山坡,邱隘咸菜阿缸做,樟村贝母名气大,还有三北大泥螺。

图 5-11 樟村贝母

贝母系百合科越年生草本药用植物。初夏时植株枯萎，收获其地下鳞茎、洗净后经加工晒干处理，成为药用的贝母。蜜岩等地所产的樟村贝母为浙贝，是贝母各类品种个体最大的一种，是一味珍贵的中药材、浙江中药特产的"浙八味"之一，具有很高的药用价值。据《本草纲目》记载，贝母性微寒，味甘苦，主治伤寒烦热、咳嗽止气、安五脏、利骨髓、消痰、润心肺……兼有消炎退肿，治疗痈疖肿毒等功效。又据《中药志》载："贝母有清热润肺，化痰止咳，散结功能。用于痰热咳嗽、胸闷痰粘、瘰疬、疮疡肿毒。"

相传最早将野生贝母从山间取种引入农田栽种传代的是象山的一位农民，后向周边县市扩散，因此浙贝又称为象贝。清朝康熙年间，有一木匠随带贝母种子移民入鄞县樟村，也自此，贝母在蜜岩、龙观、鄞江等地落地生根。至今，蜜岩等地种植贝母约有300年有历史，有着"浙贝之乡"的美誉。

原本蜜岩农户主业是蚕桑，贝母种植只是副业。因看到贝母种植效益很高，有着"一担贝母一船谷"之称，加上当地气候适宜，砂性土壤透水性好，而且地面坡缓、排水良好，耕作层疏松肥沃，非常适宜于贝母生长繁殖，因而贝母种植面积在蜜岩迅速扩大。万斯同在《鄞西竹枝词》这样写道：种谷无如种药材，南村沙村尽堪栽。《象山县志》则有这样的记载：（象山）有种植浙贝历史，以后移栽鄞县小溪、董江一带，有万人种贝以此为生……

渐渐地，贝母与蚕桑、银杏一起，成为蜜岩三大传统土特产，也是相当长时期村民主要的经济收入来源。1987年，全村商品贝母产量达到805担，经济收益约80万元，这在当时是非常了不起的。到1993年，鄞县贝母种植面积又进一步扩大到9230亩，总产量达1000吨，占全国贝母总产量三分之二，名声越来越大，相继获得浙江省优质农产品银奖、中国浙贝之乡称号、原产地标记注册保护等。

进入新世纪后，蜜岩等地贝母种植效益节节攀升。2003年，主要受非典影响加上减产等因素，蜜岩贝母价格直线上涨，每公斤突破200元大关，最高时收购价格达到230元，平均价约为208元/公斤，为8年前的37倍。贝母也因此力挫鄞州区的蔺草、水产等，勇夺全区农产品经济效益桂冠，每亩净收入达到5万元，全区总产值近4亿元。

但随后，贝母价格就如过山车，时常大起大落，让贝农时喜时忧。

2005年就出现了狂跌，年初还是30多元/公斤，进入5月份贝母收获季节，贝母价格居然跌至了20元/公斤，甚至更低。新鲜贝母收购价1.90元/公斤左右，贱如土豆，接近历史最低点。蜜岩贝母种植面积随之减少，这些年已减至二三百亩。

每年的9月下旬至10月下旬是蜜岩人种贝母的季节，商品贝母与种子分别种植，种前秋翻耕作畦，12月下旬重施土杂肥，次年出苗后薄施苗肥二次。顶端有1—2朵花欲开时，摘花打顶，并施追肥。5月下旬茎叶枯萎即可起土收获。唯种子地除去杂草套种瓜菜、花生，遮阴越夏，待9月下旬挖起鳞茎，按大小分为四档，将第二档原地留作种子，其余种入商品贝母地。

因此，每年的5月和9、10月是蜜岩贝农最为繁忙的季节。走进这个千年古村，只见村后群峰云雾缭绕，村前梳理得干净整齐的旱地上种植的贝母，枝叶已枯黄，正等待收获。接下来一段时期，贝农们就得忙着掘贝母、加工贝母、挖贝母了。挖贝母，即把一个贝母掰开，用小刀把里面的贝母芯子挖掉。当地贝农说，贝母收获洗净后，就要将大小分开，大者去芯芽，俗称大贝、元宝贝；小者不去芯芽，俗称珠贝，都可入药。洗净后装入船形抄箱来回推动，至表皮脱净，浆液渗出时加蛎壳灰，使表面完全上灰后，盛箩阴置过夜，次日起薄摊暴晒5—7天后，阴凉1—2天，再晒至表里均干。

新鲜贝母含水量相当高，为了防霉、防腐、干燥，便于加工和保存，蜜岩等地贝农传统上多采用硫黄熏蒸方法进行鲜贝初加工，但使用大量硫黄过度熏制中药材往往会给人体造成潜在的危害。前几年，鄞州区开展了贝母的无硫化治理，并协调鼓励药企收购本地新鲜贝母加工浙贝母"生切片"。蜜岩农民沿袭了几百年的加工工艺随之改变。

勤劳的蜜岩农民还在贝母地里种上花生和咸菜，与贝母一起称为贝母地"三宝"。贝母地里种出来的花生，个小、色白、水分和果实足，统称为"樟村小洋生"，在宁波市场上小贩们总是把"樟村小洋生"叫得特别的响亮。贝母地里种出来的咸菜，色泽绿中带点金黄，味道鲜美，和邱隘咸菜各有千秋。

(俞珠飞　余晓琳)

遂昌县淡竹村

遂昌花

遂昌县高坪乡淡竹村地处800米的高山上，村周峰峦层叠，竹木成林。从遂昌县城出发，盘绕而上，一个半小时后抵达淡竹村口。淡竹村只有300余人口，村内民居依山而建，大多为泥墙黛瓦。淡竹村历史悠久，早在几百年前就建造了周家祠堂。周家祠堂泽丰后裔，以谦逊敦睦一直训诫着现代生活在淡竹的周氏后人。步入淡竹村，上百棵古香樟、赤楣、柳杉环村而布。古道、古树，随处可见的绿色，让人心旷神怡。高大挺拔、郁郁葱葱的古树，更让这个百年古村显得恬静幽远。

淡竹村的山坡和房前屋后的空地上种满遂昌花（图5-12），这是当地农民增收致富的一个重要产业。遂昌花学名瑞香花，又名瑞昌花。因遂昌方言"瑞昌"和"遂昌"同音，遂昌话都叫作"遂昌花"。瑞香花属瑞香科结香属，多年生落叶灌木，各部分都有较高的利用价值，茎皮叫山桠皮，是造纸和人造棉的优质原料；剥皮后枝条柔软，细枝条可扎花篮、做装饰花枝，粗枝条可编筐；花蕾有养阴安神、消炎明目的功效，可治急喉风、咽喉肿痛、齿痛、风湿痛。高坪乡种植遂昌花历史悠久，1999年被浙江省林业厅命名为"山桠皮之乡"，全乡山桠皮种植面积一万余亩。

图5-12 遂昌花

据传，瑞香花的名称和李时珍有关。相传明代著名的太医李时珍为了编写《本草纲目》，不辞辛劳地走遍国内的名山大川，遍访民间秘方，采山间百草。一日，李时珍来到江西境内的名山庐山采药，住进了附近的东林寺。第二天，正准备出行的李时珍，路过寺内的诵经堂时，看到一个小和尚面腮红肿，疼痛难忍，念经咿咿呀呀地。一个老和尚拿出一撮干枯的草药，让小和尚含在嘴里。前后不到一杆烟的工夫，那小和尚便止住了疼痛，面部的红肿也渐渐地消退。这情形禁不住让李时珍欣喜万分，连忙上前向老和尚请教。老和尚告诉他这是长在庐山山谷里的一种灌木的小花，却也说不清叫什么名称。李时珍听说是生长在庐山的山里，便背上药篮，带上山锄，进入庐山的山谷寻找。

李时珍在山谷里跋涉了三天三夜，第三天夜晚，疲惫至极地靠在路边的一块岩石下休息，蒙眬中一股浓烈的香味扑鼻而来。两只缤纷飞舞的彩蝶绕着他轻声呼唤："李太医，我家大姐有请。"李时珍揉揉惺忪的双眼，发现两个背插蝶翅、身着花裙的小姑娘正向他招手致意，他礼貌地对着她俩轻轻地点了点头。转眼间，两个小姑娘牵着他的双手，腾空而起，飞到云头危崖上，只见一位绰约多姿的仙姑频频向他招手。李时珍惊诧不已，连忙上前问候。仙姑微微一笑，轻摇云袖，顿时化成一束光鲜夺目的花朵，从空中飘下。李时珍急步上前，张开双手接花，不料脚下一滑，落入万丈深涧。他大喊一声，从梦中惊醒，浑身冷汗淋漓。李时珍休息一会儿，回过神来，才意识到自己刚才做了一个梦，只是一场虚惊。可奇怪的是，周围依然弥漫着一股浓郁的花香。他凭着感觉朝香气的方向巡视，发现一株阔叶灌木丛他刚才依靠的岩隙间斜生而出，枝丛中盛开的一朵朵小白花正沐浴在月色之中。这正是他几天来要寻找的老和尚为小和尚医腮肿的那种花。

此时，突然响起的一阵急促的脚步声打断了李时珍的思绪。回眸而望，古道上匆匆地走着一个和尚模样的人。等那人走进一看，原来是那个曾犯过牙疼病的贯慧和尚。李时珍暗想：他星夜只身赶路，一定有急事。便上前问道："这位小兄弟！你这么行色匆匆，意欲何往呀？"贯慧一见是李太医，便双掌一合："阿弥陀佛！原来是施主您啊，家中父亲病危，我向寺里借了一些盘缠，准备连夜给他老人家送去。""那你家住在哪里呀？"李时珍关切地问道。贯慧则一五一十地道："我家就住在与江西交界的浙江遂昌高坪村。"

李时珍向来是个热心肠之人，又问道："你知道你父亲得的是什么病吗？""据说是急喉风！"贯慧一脸焦虑地答道。李时珍听后便从随身携带的兜里取出笔墨，借着月光疾写起来，然后，走到那株阔叶灌木旁折了好些花枝，连同方子一同递到小和尚的手中，说道："这睡香花……哦！是我刚才给它取的名字。它治你的腮帮红肿居然有这么显著的疗效，你拿去配合我给你这方子……"言语至此，想了想又改口道："你先用这花给你父亲治治看，不行的话再用此方。"

　　贯慧感激万分地接过药方和睡香花，恭恭敬敬地给李太医行了三个大礼，就快步朝着家乡的方向奔去。贯慧赶到老家时，已经是第二天的掌灯时分了，顾不上歇息的他便按着李太医的嘱咐，当即将花下汤煎汁，趁热给父亲喝下。父亲服药后的第三天，母亲欣慰地对他说："你父亲吃了你的药后，热辣辣的喉头似乎有所好转，呼吸也顺畅多了，可就是这药快用完了。"贯慧一听此言，终于放心了，自言自语道："看来这花治病的效果是挺好的，李太医的推理还是有一定的道理……"贯慧说到此似乎又想起了什么："妈！您刚才说那药快用完了，那——我到附近的山上去碰碰运气，找找看！"贯慧说着，便提着篮子上山去了。经过将近半天的跋涉，贯慧终于在一块巨石的后面找到了几株和庐山相类似的那种睡香花。

　　父亲的病终于痊愈了。正因为这种花药的神奇，贯慧又返回到了东林寺。而他这次回寺的目的主要有两个：一个是把睡香花能治急性喉风病的信息告诉给寺庙的住持，以便转告李太医；另一个目的是因为看到家乡的父老乡亲都要饱受缺医少药的熬煎，想把在东林寺跟老和尚学到的医术带回家，为家乡的人们治病，做一个像李太医、老和尚那样的好人。

　　贯慧回到家乡之后，在给乡亲们瞧病的同时，还带领大家上山开垦种植睡香花。因为李时珍在睡梦中闻到花香，发现了这种花，便把它取名"睡香"。后来睡香花传遍江南，"睡"和"瑞"谐音，人们改称"瑞香花"，也叫"瑞昌花"，以兆示祥瑞。遂昌方言中"瑞"和"遂"同音，遂昌人就把瑞昌花写成"遂昌花"。

（金志宁）

松阳县吴弄村

松阳晒红烟

松阳县吴弄村，位于松古平原北隅腹地，距松阳县城 5 千米，至望松街道驻地 3 千米。村落呈长条形，地域面积 7 平方千米，2014 年底全村共有 174 户、430 人，耕地面积 495 亩。

吴弄，亦称梧弄。据《松阳地名志》载："昔时有枫树林，狭长如弄，又因吴姓人建村，故名吴弄。"

吴弄环境优美，物阜文华。走进吴弄村，最令人瞩目的是那 15 幢连片集中、具有清末至民国建筑风格的传统民居。"村如一座房，房是一个村"的建筑格局，向人们讲述着古往今来的故事；众多古民居、宗祠、庙宇、古道、古井、溪流、圳塘、古樟、松林、竹园等将自然景观、宗族理念、民风习俗，融为一体，令人生出无限的遐思，吴弄传统村落不愧是浙西南家族聚居的典型标本。2012 年，浙江省人民政府公布其为第四批省级历史文化名村，2013 年收录进国家第二批中国传统古村落名录。

松阳晒红烟（图 5-13）在历史上享有盛誉，闻名中外，为全国四大红烟之一。吴弄村地处六都一带，地势平坦、土地肥沃、水量充沛，除了适宜种植水稻之外，土质、水利、气候等原因都很适合种植烟叶，是松阳

图 5-13 松阳晒红烟

晒红烟中著名的"六都烟"产地之一，素称"松北大烟"。松阳晒红烟叶大片厚、色泽红亮、富有弹性，晒制压实后一拍即散。烟丝油分充足，香气浓郁，其烟灰呈灰白色，最适合制作混合型卷烟，颇受国内外市场的欢迎。国内主要销往江苏、福建、安徽、辽宁、广东、港澳等省份和地区，国外运销埃及、法国、奥地利、科威特及东南亚等国，是上品的雪茄、鼻烟、烟斗丝及混合型卷烟原料，也是我国传统的出口商品。民国4年（1915）曾获巴拿马万国博览会金奖；民国18年（1929）获浙江西湖博览会优等奖；松阳晒红烟种植和烟丝制作工艺，被收录松阳县非物质文化遗产条目。

松阳晒红烟是从福建传入。据民国版《松阳烟叶之研究》载："明末，吴三桂引清兵入关，南攻闽。福建人不堪凌辱，乃携入浙，迁居松阳。由此传入烟叶种植。""全县烟叶产户3万余户相较，约一六之比"，"每户直接从事与工作之人口均为三至五人，男女老少均有参加。故烟叶之生产虽不及谷米之重要，就其有关松阳之民生亦至深巨"。可见，烟草从引种至今，松阳广泛种植烟叶，已有数百年历史。

从古至今，吴弄村民的生活都与烟叶息息相关，民间流传着这样的民谣"种得一亩烟厩田，值得一爿南货店"。另有民谣"种田不种烟，抵死活神仙；种了三亩烟，又有儿子又有孙"。种植烟叶成了吴弄农业经济的主导产业。清末至民国年间，吴弄叶章兴家族就是"兼事烟商，家业渐振"者，他除了通过水运做木材生意，将头扎成木排，水运到青田、温州出售外，还经营烟叶、桐油、柏油、靛青、盐等，富甲一方。由此可见，吴弄人种植和销售烟叶在邑内已成名。

"松北大烟"久负盛名，除土质较好等自然条件外，最主要原因是吴弄烟农在长期的生产实践中，善于精耕细作，总结了一套较完整的种烟经验：

一是选种。烟农有"种子不归家"的谚语，即一边收获烟叶种子，一边就选种并播下烟种，这样容易选好种子保证烟苗生长的时间充足。

二是育苗。烟苗种子细小，有喜温特点。根据当地的气候特点，必须认真建好苗床。苗床要选择背风朝阳、土质疏松的地方，畦要高，基肥要足，畦背北面需盖一斜坡稻草棚（俗称"搭烟寮"），育好烟苗是最起码的前提。

三是种植。挑选适宜的田地进行轮作，这是最浅显的常识。笔直的烟畦呈等腰梯形，畦壁平整，畦面泥土匀细，这是一道高难度的绝活。烟苗移栽后，必须采取有效措施保证全苗，防止地老虎、蝼蛄等虫害造成大量缺株。烟苗移植方式很讲究，为避免邻近的烟叶重叠腐烂，移植时每畦参差种两行。

四是管理。烟叶质量和产量与肥料关系很大，肥饼是种植烟叶的最佳肥料。清末民初，温州烟贩每年农历十月到六都一带向烟农"放烟银"（烟商借贷），运来大量肥饼（桐籽压榨成桐油后的渣饼，也称桐饼），存放在十五里村的纪氏宗祠，以每亩200斤肥饼标准向烟农放烟本，订购烟叶，次年收烟时扣除。桐饼是种烟的最佳肥料，使六都一带的烟叶长势特别好，成为红烟中之上乘，因而获得"松北大烟"的美誉。因此，烟田管理必须施足基肥，如桐饼、豆饼、菜饼及猪粪的堆肥，并做到施肥得当，灌溉适时，勤锄杂草，培土要高，畦间平坦，严防雨涝积水。长到一定高度，还得择晴天打顶抹叉，以促进烟树有效叶片的充分生长发育。同时，注意病虫防治。

五是采收。做到分批采收，采下的烟叶平铺在竹制的烟夹上，一般铺15—20张，不宜重叠过多，日光晒时，将两副烟夹互相靠成"人"字形，保证烟叶及早干燥。晒烟要严防过云雨打湿烟夹，因为湿水的烟叶质量大受影响。

因此，种烟晒烟是一项艰辛的农技活，费时费力，人们将它比作生儿育女，不仅男人要干体力活，女人也要忙碌。尤其是夏季晒烟时节，起早摸黑"赶日头"，要将烟夹置于阳光底下暴晒，一旦下起太阳雨，全家男女老幼齐上阵，忙个不停抢收烟夹，太阳一出，又得搬出去，来回折腾。

早期的烟叶品种是蒲扇叶、牛舌尖、剪刀烟、小叶烟等。新中国成立后，政府职能部门支持烟叶生产，从外地调购饼肥，扶持烟叶生产，吴弄村烟叶种植面积近20亩。20世纪七八十年代，"松选3号""松杂87"等新品种问世，推广二段育苗和模式栽培等栽培技术。于是，传统品种和古老的种植方式得到更新，亩产量亦从原来的200斤增长至500余斤，吴弄村烟叶种植面积曾经一度达40多亩，产值占全村收入的35%，村民经济主要来自种烟收入。90年代以后，农业种植结构调整，村民以种植茶叶为主，烟叶种植面积已减少，但独具特色的松阳晒红烟叶种植文化仍在吴弄延续。

（文：叶坚红　图：余晓琳）

新昌县龙皇堂村

龙皇堂桑蚕

新林乡龙皇堂村历史悠久，由6个自然村，即龙皇堂、上后午、下后午、孟塚坞、枫树下、大龙合并而成，全村现有832户、2264人，是新林乡最大的行政村。龙皇堂村的养蚕史源远流长，据统计，村现有桑园890亩，养蚕户225户（图5-14）。

图5-14 龙皇堂桑蚕

新林乡龙皇堂村的养蚕业有着非常辉煌的历史。新昌文史专家唐佳文对新昌养蚕业颇有研究，他介绍说："据上海申博办考证，1851年，广东香山商人徐德琼（1822—1873），名瑞珩，号荣村，他以自己经营的中国特产'荣记湖丝'参加在英国伦敦举行的首届世博会，以一根茧丝可挂7枚铜钱而不断，一举夺得维多利亚女王颁发的金、银奖牌各一枚。缫出这种丝的茧就产自新昌龙皇堂。" 1982年出版的《新昌县志》也有这样的记载：晚清以来，西区的平水庙、铁牛、澄潭、棠村和龙皇堂村，自繁蚕种颇盛，光绪三十四年（1903）日本专家小岛米三郎，从杭州蚕学馆引去新昌"清国20号"蚕种，经杂交繁育，命名为"国蚕种5号"。由此可见龙皇堂村蚕种品质优良。此外，能挂7枚铜钱的新昌茧丝在日本的农业科学书籍上也有记载。新中国成立后，日本商人也曾多次向中国政府提出申请，租用龙皇堂的土地搞特种蚕桑产业。

一根蚕丝为何能挂7枚铜钱而不断？龙皇堂出产的茧何以名扬海外呢？前人概括为八个字：茧坚色白，丝长细韧。"因为龙皇堂一带是玄武岩台地，风化发育的黏土土壤中磷钾的含量相当高，还含有多种微量元素，产出的桑叶特别厚，蚕吃了这种桑叶，个体大，做的茧体大且厚。"新昌县蚕桑总站的农技专家如此分析。一根蚕丝能挂7枚铜钱的事，曾经在龙皇堂村广泛流传，但凡上了年纪的村民都听说过这个故事。"小的时候，经常听爷爷讲龙皇堂产的茧特别好，缫出的丝能挂7枚铜钱。"龙皇堂村村民李达林说，他家祖祖辈辈以养蚕为业。

龙皇堂养蚕业最为鼎盛的时候，有着一街十三秤的说法，在龙皇堂村口那条不长的老街上，曾有来自黄泽、新昌等不同地方的十三个茧商同时前来收购蚕茧，这条几十米长的老街上一时人声鼎沸。由于龙皇堂的蚕茧出产时间早，且体大色白，茧厚质优，茧商们往往把从龙皇堂收购的蚕茧拿到黄泽等地作为样茧，龙皇堂的蚕茧就更加名声在外了，这样的记忆至今在老一辈人的心里犹如昨天。

古老的传说，斑驳的老街，无不述说着这里的辉煌。王绍越是龙皇堂村人，曾长期担任龙皇堂村茧站站长，因而对养蚕业有着很深厚的感情。"那时一到收茧的季节，村民们挑着担子从四处汇聚，茧站门口排起了长队，卖茧后手上拿着大把的现金，那个高兴的样子，至今仍记忆犹新。"王绍越说，"那时龙皇堂村村民买油盐酱醋的钱来自养蚕业，娶媳妇上大学的钱也来自养蚕业。"延续至今，养蚕依然是村民们重要的经济来源之一，村里基本家家户户都在养蚕，大的几十张，小的也有十来张，养蚕也正在悄悄地改变着人们的生活。"养蚕对于我们一家有着特殊的意义，我两个孩子上学的钱主要就是靠养蚕的收入，孩子们也特别懂事，放学回家就会帮我一起去采桑叶、喂蚕，知道父母养蚕辛苦还很会心疼人。"龙皇堂村村民陈伟欣慰地说道。

"东家西家罢来往，晴日深窗风雨响。三眠蚕起食叶多，陌头桑树空枝柯。新妇守箔女执筐，头发不梳一月忙。三姑祭后今年好，满簇如云茧成早。檐前蝶车急作丝，又是夏税相催时。"这首《养蚕词》把养蚕的辛苦形象地刻画出来了，蚕儿很娇贵，得像照看婴儿一样昼夜照应。龙皇堂村村民梁杏富有30多年的养蚕经验，每逢蚕事，就会异常忙碌，晚上要起好几次身到蚕室去张罗张罗，特别是蚕儿四眠上来到上山做茧这段时间，每天都得满负荷工作十七八个小时。"养蚕很辛苦，但我们农民很知足了，我年轻时乡邻们养蚕，没有桑田（爬到桑树上去摘桑叶）、没有技术指导、没有蚕药，蚕茧价钱也不像现在这般。现在不同了，国家蚕种场提供优质蚕种，有专门的蚕药门市部供应蚕药，政府还专门组织我们去上养蚕培训课，再辛苦也是个把月的事，看着蚕儿破茧成蝶是件很幸福的事。"梁杏富笑道。

养蚕不仅是个辛苦活，更是一项技术活。从催青、收蚁、饲养、给桑、结茧到收茧，每一个环节、每一个步骤，都很有讲究。例如，夏秋高温，病原繁殖快，要注意按需采叶，及时运叶、合理贮叶，贮桑池每个龄期要消毒一次，不要喂过夜桑叶。蚕儿入眠后，要保持安静，通风换气，防止阳光直射。高温多湿天气，要在蚕座撒糠灰或石灰粉吸湿，既防止病菌滋生，又防止早起蚕食残桑造成发育不良。章汀秀今年72岁，是土生土长的龙皇堂人，养蚕对于她来说早就是轻车熟路。10多岁时从父亲手上接过这门手艺，一干就是50多年，她的养蚕技术在村里也是首屈一指的，养蚕中每个要注意的细节、应对的方法，她都了然于心。凭借着养蚕这个技术活，章汀秀一家衣食无忧，几年前还盖起了六间新房，专门用来养蚕。像章汀秀这样的村民还有很多，一年两季，忙碌而充实，村民们幸福地坚守着。

（新昌县农办）

台州市椒江区凤尾村

大陈岛海鲜鸡鸭

　　大陈镇凤尾村位于下大陈西南方向，全村有渔民182户，户籍人口600人。全村拥有远洋渔轮5艘，涨网渔船33艘。村里基本无耕种土地，渔民主要从事海上捕捞业，以渔业捕捞及外出务工为主要收入来源。全村渔业年总产值为3540万元，人均收入9800元，村无集体经济收入。

　　依托海岛海洋资源优势，彻底转变传统的海洋捕捞作业方式，加快海水养殖发展步伐，努力修复和恢复海洋生态环境，凤尾村区域内的专业养殖事业和海产经济发展得有声有色，这也是凤尾村新的追求。目前凤尾村所在的竹屿海域，已成为全岛乃至椒江全区、台州全市最重要的海产养殖和海洋生态保护、海洋环境恢复基地，是人工放养放流及人工岛礁投放基地。

　　龙和凤是中华民族的古老图腾与信仰，是力量和美好的化身，是炎黄子孙亘古呵护的吉祥物。

　　上、下大陈岛就是在我国东海万顷碧波上的"龙凤岛"——上陈岛极像一条呼啸腾舞的蛟龙，下大陈岛则酷似一只引颈飞翔的彩凤——这蛟龙与彩凤相依相偎，相伴齐飞，可谓惟妙惟肖！

　　有"凤"，自然也就有"凤尾"，下大陈岛本岛除了"美丽绽开"的"凤尾"外，还拥有不少散落在周围洋面上的离岛与荒礁。

　　在凤尾村的北面岸线上，有一群岛礁，名曰"鸡笼头"，据《中国民间文学集成》椒江市卷记载，这"鸡笼头"有这样一个传说：

　　从大陈岛明珠街西头往西眺望，该小岛酷似一只伸出笼来的大母鸡的头。当潮水落下时，就会在母鸡头周边的海面上露出七块小小的礁石，如同一群小鸡仔围绕在那只大母鸡的周围，甚是生动。同时在下大陈岛西南面约14公里处有一个孤岛，名曰"积谷山"岛（现该岛属温岭市）。相传很久以前，大陈岛的"鸡笼头"上的这群母子鸡，吃腻了这边的小鱼小虾等海鲜，每逢海上没有食物可觅时，就必然要去偷吃邻县温岭积谷山上谷仓里储放的稻谷，而且年年岁岁，每每如此，因而引起了那边人们的不满，可以说已经到了民愤沸腾的地步。于是就有人告上了天庭，惊动了上仙。上仙遂放下一根又粗又长的竹竿子，把这群贪吃的母子鸡们给拦住了。这根长竹竿子就是现在大陈岛西南洋面上的竹屿山。于是，这些母子鸡们就再也不能出去了，从此只好老老实实地蹲在自家的地盘上，专以海鲜和虫草为食了。

因为母子鸡们每天都吃海鲜，所以大陈岛上养殖的鸡，也包括近年来新兴起来的海上放养的鸭子，特别是下大陈岛凤尾村和上大陈岛南岙里以及帽羽沙海湾和一江山岛上养殖的鸡鸭，包括它们所产的鸡鸭蛋，品质就特别好，营养也特别的丰富，味道还特别的鲜美。因此有人说，这就是大陈岛上"海鲜鸡鸭"和"海鲜鸡鸭蛋"的来历。

还相传明代嘉靖年间，倭寇大举侵犯我国东南沿海，烧杀抢掠，无恶不作，人民百姓处于水深火热之中。嘉靖三十八年（1559年），戚继光来到台州任台（州）金（华）严（州）参将，带兵屯驻在海门卫城隍庙抗倭。在取得九战九捷的"台州大捷"后，倭寇再也不敢来犯。

平定倭寇以后，台州人民怀着对戚家军的无比感激之情，以捕捞的海鲜和养殖的鸡鸭和鸡鸭蛋为原料，烹饪制作了"平倭庆功宴"，犒赏戚家军将士。现在这个菜系还一直在流传，只是没有好好记住它们的名字。这些菜名的搜寻、挖掘和流传，为地域历史文化增添了风采，也为现在农家乐的发展增添了文化内涵与魅力。

"平倭庆功宴"菜系有着"台州第一海鲜美食大宴"之誉，远近闻名，在参加2006年台州市首届农家乐特色菜大赛中荣获二等奖，并在2006年浙江省首届"江南渔村杯"农家乐特色菜大赛中又获得二等奖和三个单项银奖，受到省城烹饪专家和省市各级领导的高度赞誉。

倭寇打跑了，戚继光也走了，曾经的大陈岛垦荒队员们也都老了，但自食其力、昂首独立的"鸡笼头"和大陈岛的"垦荒精神"都还在；凤尾村的人们，大多都是垦荒队员的后代，值得"庆功"的新业绩也还是不少。

现今，凤尾村的村民们在村两委带领下，又掀起了一轮轮新的开发与建设，他们进一步以"垦荒精神"扮靓"凤尾"，让一座座无人荒岛变成了"宝地"。依靠着自己的双手，凤尾村人在一个个无人荒岛上养起了山羊和黄羊，在大面积海域里人工养殖了海带、羊栖菜、红扇贝和大黄鱼，成立了凤尾村农民专业合作社。此外，由镇里投资，村民在数个岛礁附近放养了荔枝螺、鲍鱼苗、毛蚶苗、蛤蜊苗和菲律宾蚬仔等，努力改善大海的生物种群结构，把向大海的简单索取变成了海洋资源的恢复与增殖，开始了对海洋生态环境的修复。

大陈岛的旅游资源丰富，凤尾村也占着了区位上的优势。凤尾村也和岛上其他行政村一样，展开了大规模的村镇街道和房屋立面的修复改造和利用工程，以迎接岛上新的旅游休闲经济的发展。

站在凤尾山上向东眺望，远处碧波中的几个小岛，那就是洋岐岛，它们是下大陈岛的离岛上屿、中屿和下屿。下屿是我国海上最东端的岛屿，立有国界基准碑，再往东12海里就是繁忙的国际航道。中屿也叫扁担屿，有麻姑奉王母娘娘之命摘桃、因扁担折断摔在了海上的美丽传说。你看，那两截断扁担和两头的两只箩筐，是不是形肖神似啊！

因此，站在"凤尾巴"上看"鸡笼头"、看"扁担屿"，也就成了"新大陈十景"中美丽的一景。

相信凤尾人在做好了类似于"鸡笼头"的美丽文章后，美丽的"凤尾"一定会在未来的飞翔中展现出更加娇美的姿态。

（椒江区农办）

第六篇　加工产品

常山县球川村

球川贡面

常山球川村，位于球川老集镇中心区，交通便利，由于四面青山环抱似球，中间绿水长流而得名。全村以种植业与林业为主，先后被评为首批县级文明示范点、推广"枫桥经验"示范村。建于清同治九年（1870）的"三十六天井"位于该村，其建筑独特、雕刻精细、结构完美，堪称江南古建筑之一绝。球川建筑有一绝，其面更是一绝。

常山贡面（图6-1）又称银丝贡面、丝面、索面，是一种以面粉掺山茶油，配加盐水调和，经十几道工序纯手工拉制晾干而成的面条。在常山，贡面尤其以球川贡面最为有名，它以独特的色、香、味深受广大消费者喜爱，是常山人民招待客人的佳点和逢年过节、寿辰婚嫁馈赠亲友的礼品。

图6-1　常山贡面

据史料记载，常山索面早在唐朝咸亨年间就已开始生产，北宋时期大大小小的索面作坊已经遍及城乡，因其形似未经染色的白丝线，又似当地纳鞋底用的苎麻细索，故民间习惯上通称"索面"。

常山索面何以成为"贡面"？民间有多个传说。

相传宋朝时，常山球川商人徐大有带着家乡制作的索面，上京城找做御医的徐姓本家，请他为家乡的索面做宣传，以便打开销路。一日，太祖皇帝赵匡胤受了风寒，徐御医叫御膳房给皇帝煮了一碗生姜葱头索面，让皇帝趁热吃下后回寝宫盖上锦被睡觉。皇帝在被窝中闷出了一身汗，随即感冒症状完全消失。他发现这洁白如银、细如丝线的索面不仅美味，还能治病，十分好奇，便问其由来。徐御医趁机向皇上推荐了家乡的索面，皇帝十分青睐，于是派官员到球川订购。一时间，常山索面成了朝廷官府用膳和招待客人的一种上等食品，于是索面就成了贡品，被称为"贡面"。

但是，常山民间流传最广的贡面传说，却是与明朝宰相严嵩有关。

相传，明朝嘉靖年间，太师严嵩一干人马行经常山道，至农家避雨。主人以索面待客，严嵩吃后赞不绝口，遂带索面进贡皇帝，受到皇上的赞赏。以后，每年都有数百担索面送入京都，由此美名为"贡面"。

又有传说称，严嵩发迹前上京赶考途经常山，因饥寒交加，感染风寒，受困于县城文峰塔下，幸得詹家太公太婆救助，喂之以索面，赠之以银两，严嵩遂拜詹家太公太婆为干爹干妈。后来严嵩高中皇榜，位居高官，每次回江西分宜老家或去京城路过常山，都要到詹家停留。一次，严嵩一干人马从江西老家回京，刚踏进常山，突然下起雨来，赶到詹家时早已被淋得如同落汤鸡。詹家太婆遂以生姜、辣椒、香葱等为佐料，精心烧煮了一锅索面。严嵩等人食后感到浑身舒畅，疲乏顿消，便带上一些索面回到京城。一日，嘉靖皇帝突然亲临相府，严嵩因事先毫无准备，急中生智，遂以常山带来的索面招待皇上。皇帝品尝后赞不绝口当即下旨列为贡品，赐名"银丝贡面"。以后常山每年都要进贡索面数百担，外包装盒上都盖有专门制作的"银丝贡面"印章。从此，"银丝贡面"名声大噪，美名远扬。

常山索面在明朝被列为贡品，《常山县志》对此有明确记载：明嘉靖年间，索面取名"银丝贡面"进贡朝廷，每年达数百担之多，民间也有物据可查。2005年在广州发现标有"银丝贡面"字样的明代嘉靖年间木刻印章，就是一个有力的佐证。这枚珍贵的木刻印章，外表呈古铜色，长

20.3厘米、宽8.8厘米、厚2.8厘米，正面刻有"银丝贡面"繁体楷书，四周刻有形似太阳光芒的网状纹饰图案，整个印章制作十分精细。据收藏该木印的颜先生介绍，这枚木印正是明朝浙江常山地方官进贡索面时，在包装盒上所盖的印章。

贡面制作全凭手工操作，用料讲究，主要原料为上等面粉。制作时，一般以25公斤左右的面粉为一作，配以一定比例的水、盐，高档的礼品还需加适量的蛋清。常山地处钱塘江上游的半山区，水源清洁甘冽，农村盛产山地小麦、番薯和山茶油，这都为贡面制作提供了最佳原料。为了确保贡面细白柔韧、营养丰富，作坊一般都用上等山地麦子磨成的上好面粉作为主原料，同时糅合常山特产山茶油，用番薯粉或野葛粉做粉扑，具有清爽香醇、久煮不烂的特点。

贡面制作环节烦琐、技术严谨，共有和面、饧面、压片、切条、打条、上筷、上架、拉面、晒面、盘面等10多道工序。每道工序必须一丝不苟、精工细作，方能做出洁白似银、细匀如丝的上等贡面。全过程需要十八九个小时。贡面匠人的工作时间被称为"两头黑"，意指起早贪黑，是一项劳心费力的手工艺。"辛苦不过贡面匠，半夜起来把天望"，是制面工人生活的真实写照，道尽贡面制作的艰辛。起早摸黑是家常事，半夜观察云头风向、预测天气，更是一门必修课。阴雨天制作贡面容易受潮，风力过大贡面容易折断，太阳过烈贡面容易干裂，天气突变则经常让面完全报废。

贡面制作的第一道工序是和面。取一定量的优质面粉放入面缸，逐步倒入预先配好的盐水，手工搅拌糅和一小时左右，形成吸水均匀的面团，面粉、水、食盐比例一般为25∶15∶2左右，具体比例随气温及空气湿度高低而适当变化。面团揉好后，静置于案板，加盖干净湿润的纱布进行饧面，时间20—30分钟，面团发酵成熟，更具韧性和弹性。压片和开条即把面团压制成厚度约2厘米左右的面片，并涂抹适量山茶油，然后将面片切成宽约3厘米的长条，进行第二次静置饧面。打条是指以番薯粉或野葛粉作粉扑，将熟化的长条打细打匀，连接制成一条直径约6毫米的细长面条。这是一个至关重要的环节，既要保证细面条均匀如一，又要保证细面条不粘、不断，技术功底高低由此可见一斑。细面条打好后，进行第三次静置饧面。上筷时，把细面条一圈一圈地卷到两根筷子上，一般每筷32—40卷，然后放入饧面箱，进行第四次静置饧面，时间3小时左右。

接下来是上架、拉面，将一根筷子插入晒架上孔中，拉面时4筷一拉，分2—5次把面条拉细拉长，并将另一根筷子插入晒架下孔，如何做到细而不断，关键看手的劲道把握。晒面时，面工们便扛出插满面筷子的面条架放置微风的阳光下，晒到一定时间，面工又依次用手指钩住面筷用暗劲拉扯，数百双面筷子上手指般粗的面条顷刻形成精细均匀的丝面。近2米长的"万千银丝"迎微风飘拂而不断，丝丝缕缕、晶莹剔透的贡面，犹如精致的工艺品，构成一幅妙不可言的艺术画卷。晒至八九分干，就可进行盘面。晾干后的面条，从拉面架上取下，捋去筷子上的面头，每两竿为一束（约0.25公斤），用红纸头包扎成束，挽捆成"8"字形叠放在一起，含有发财兴旺的美好祈愿。扎好的贡面存放入木桶或箩筐中，就可享用和待售了。

从饮食营养角度看，贡面以上等面粉为主料，以山茶油、姜末、葱花等为佐料，属于绿色健康食品。其烹调方法也大有讲究，可以因人而异，烧煮成各种各样的口味。比如，用水氽鸡蛋铺底，俗称"子鳖面"，是待客的佳点；以菠菜煮面，称"菠菜面"，吃起来鲜嫩清口，滑而不腻，是老年人的最爱；用肉丝、笋丝（或韭菜）、豆干丝做浇头，称为"三丝贡面"，面鲜味浓，最适合年轻人的口味；还有一种"表伤风"面，即偶患风寒，煮面时多加生姜、葱头、干辣椒末，然后连汤带面趁热吃下，盖上棉被蒙头睡下，待闷出汗来即神清气爽，感冒全消。民间还有产妇吃贡面催乳、桔皮面开胃等烹调方法和习俗。

2008年，常山贡面制作技艺被列入衢州市非物质文化遗产保护名录。

（常山县农办）

磐安县冷坑村

番薯敲面

冷坑村位于高二乡东南部，距乡政府所在地10公里，平均海拔480米，是一个比较偏僻的小山村。全村由冷坑、下初坑、上屋基、盘龙4个自然村组成，现有农户79户，共196人，至2012年底全村人均收入5493元。这里粮食作物一年一熟，海拔较高，特别适宜种植中药材和高山蔬菜。冷坑村耕地面积119亩，林地面积3771亩。全村经济发展态势良好，村内建立了杨梅基地、绿色无公害蔬菜基地、中药材基地等。村民收入基本以种植业和劳务输出为主，畜牧养殖业主要包括了蛋鸡、肉鸡和生猪等的饲养。

在冷坑村，有一种美食，家家户户都十分喜爱，它柔软可口、营养丰富、久煮不化、宜烹饪、耐保存，素有"人造鱼翅"之美称，这便是当地最具特色的纯手工制作的番薯敲面（图6-2）。番薯敲面，从字面上理解，就是用木槌敲打出来的番薯面。番薯敲面的做法看似简单，但其过程十分考验制作者对原材料的挑选，以及在各个步骤中对时间长短、揉面及敲面力度大小的把握，所以从原材料到最后的成品，制作的每一环节都会影响到最后成品番薯面的质量。制作番薯敲面没有特别的秘诀，有的只是制作者多年所累积下来的经验。

图6-2 番薯敲面

冷坑村敲面的制作方法与磐安县其他乡村有所区别，主要是受仙居地区的影响。制作时先要将红薯加工成手感细腻的番薯淀粉，番薯品质的优良在这个环节就可以看出来了。番薯淀粉含量越高，加工出来的粉就越多。番薯块茎经过机械或人工研磨环节后，被加工成糊状的番薯渣汁混合物，再放到多个专用木桶等盛器中多方洗沥过滤。一般是用做豆腐的"豆腐袋"来过滤，反反复复，过滤多次，然后把过滤下来的浆液盛放到干净的大桶内，等浆液慢慢沉淀。沉淀好后把水倒掉，就可以看到沉淀下来的淀粉，淀粉摸起来光滑、扎实，颜色米白，像是一块块大理石。接下来就是晒粉的过程，因为淀粉质地扎实，需要壮汉花不小的力气，才能将淀粉一勺勺舀出来，将舀出来的淀粉铺在垫子上，用手掰细，放在太阳底下暴晒，直到晒成干粉为止。制作敲面的原始材料——番薯粉就由此而来。

接下来就正式进入制作敲面的环节。制作敲面的第一个环节也是最重要的环节就是"搅糊头"，即将番薯粉和水以 2∶1 的比例调和，加入少量食用明矾，置于盆内然后放入热锅中搅拌到七八成的成熟度，变成糊状后等待几小时让糊块发酵，待到发酵完成，将糊与主料番薯粉以 1∶10 比例混合，慢慢加水揉成面团（揉成的面团要求无粉疙瘩、不粘手、能拉丝）。最关键的步骤就是敲面，首先在土灶台上烧上大锅水，在锅的上方架上木架子（类似于三只脚的高台凳），在圆形凳面的位置，架设一个敲面专用筒，筒的底部设有十三个细孔，作为出面口。接着把揉好的软硬适度的面团放到敲面筒里，然后由村中的敲面师傅或力气较大的年轻人，用专门配套的木锤子开始敲打面团，面团通过十三个细孔，缓慢落入下方的大锅中，最终沉入锅底。木架子的高低是可以调节的，木架子高，那么出来的面就细；木架子低，出来的面条就粗一些。在正式挤出粉丝前可先调试一下，一看粉团软硬度是否合适，二看漏下的粉丝的粗细是否合适以及有无断条现象。如果下条太快，发生断条现象，那么就说明粉浆太稀，应掺入干淀粉再次揉面，使面韧性适中；如果下条困难或速度太慢，粗细又不匀，那么就表明粉浆太干，应再加些湿淀粉。挤丝前调粉以一次调好为宜，粉团温度在 30—42 摄氏度为好。当淀粉团离手时，抓起一团（把），少许自然垂落，但又不断落，即可挤丝。挤入锅中的面条在汤中烧煮，待到面条浮出水面，随即捞出放入冷水降温。经冷水降温，用手把面条一束束穿到竹棒上，放置室内外晾晒干。在水分差不多被晒干的时候，把面一捆一捆卷起来，然后继续暴晒至全干，手工敲面就此完成。

敲面有多种烹饪方式，煎、炸、炒、炖都可。农家一般食用方法是把敲面放入温水，浸泡十多分钟，捞起后放入高汤中（鸡肉或者鸭肉），加入蔬菜。磐安人还会放入一点当地的腊肉。因为面条比较有韧性，所以就算在汤里泡得久了，也不容易糊掉。

这些手工制作出来的敲面晶莹剔透、色泽黄亮、韧滑劲道，食之柔软爽口，并且含有葡萄糖、维生素、氨基酸等多种人体所需的营养成分，既可作主食，又可作菜肴，深受乡村人的喜爱。

（磐安县农办）

义乌市上杨村

义乌红糖

上杨村位于义乌市城西街道,村西与上溪镇接壤。前半村多为高楼大厦,后半村多为古民居。古民居中,以民国时期建筑为主,各具特色。五间头多为小三合院,正房三间,左右厢房各一间,天井狭长,有院墙围绕,适合小家小户居住;而九间头多为前后两座三合式庭院,设有马头墙、石库门,用材考究,雕刻精美。村东有三棵八百年以上树龄的大樟树,成为"留得住乡愁"的重要标志。上杨村是个有着两千多人口的大村庄,现有家庭1137户、2583人,系东汉太尉杨震后裔的主要聚居地之一。

在上杨村,有这样一句俗话"上半年串串棕棚种种田,下半年弹弹木棉过过年"。那时,由于农村生活相对贫穷,又缺乏其他谋生的门路,不少农民就学会了串棕、弹棉等求生手艺。所谓串棕,就是编织蓑衣与棕棚;所谓弹棉,就是弹棉被。一旦农作物收割完毕后,有串棕、弹棉等手艺的人就得四处闯荡,终日奔波。

据村民介绍,上杨村的土质松软适合种糖梗,而且水质清冽,产出的红糖别有风味。在二十世纪五六十年代前,村周围有成片成片的糖梗林,家家户户都种植甘蔗。那时糖厂在村后一公里左右,加工出来的红砂糖一般只有三毛到五毛一斤,可村民的热情依旧,他们对红砂糖有着深厚的感情,不畏辛劳纷纷一筐筐挑到萧山、临平、汤溪等地叫卖,换回一家的日常开销,这就是当时上杨村村民的重要经济来源。如今,一切悄然改变,上杨村村民的生活发生了翻天覆地的变化。谁也没有想到,若干年后的今天,上杨村会成为远近闻名的红糖专业村。"砂糖水洒地,混到这个田(甜)地",说的就是上杨村。

关于义乌红糖(图6-3),有一些传说。在很久很久以前,离义乌城西十里许,住着一个独贴鲽,不知名、不知姓,因身材高大,大家都唤他为大个头。他帮人家做长工,出门鸡啼,回家星齐。

一日,他上山砍柴,没料霎时天昏地暗、飞沙走石、风啸雨倾,被淋

图 6-3　义乌红糖

得像落汤鸡一样。大个头虽身强力壮，但因凉风打、冷雨浇，两眼发黑，晕倒在山脚下。正在此时，恰巧被一个年轻女帮工碰见了。大个头与女帮工本是一根藤上的苦瓜，在长期的辛劳中，两人相互帮衬、相互体贴。女帮工见此情形，蓦地想起名医朱丹溪谈过红糖是治疗多种疾病的一味良药。于是，便赶忙泡了碗浓浓的红糖姜汤，马上给大个头灌了下去。没多久，大个头发紫的嘴唇又开始红润了，眼睛也微微睁开了。女帮工又赶忙泡了一碗，大个头喝了第二碗红糖姜汤后，顿时神志清醒了，精神一振，浑身一阵畅快，从柴堆上翻身而起，望着眼前的女帮工，激动得热泪滚滚而下。

鱼儿得水喜相逢。从此后，大个头与女帮工的感情更浓了，他常常来帮她做零活。日子一长，两人越来越亲，于是他们就请苍松做媒，青山做证，欢天喜地地成了亲，结为夫妻，一切如意。

寒来暑往，女帮工有喜了，人们都说："喜事临门，高高兴兴。"不久，在一个月白风清的夜里，女帮工生了一个白胖胖的儿子，大个头喜出望外。

产后的女帮工流了一些血，元气大损、体质虚弱、面色蜡黄、四肢乏力，茶不饮、饭不吃，一天比一天消瘦，急得大个头整日不安。大个头想起当初自己生病就是喝红糖茶好的，因此，他决定让女帮工试试喝红糖茶。果然，食后功效很好，女帮工渐渐地筋舒了、血活了，面色红润起来了，走路也有劲头，奶水也富足了，宝贝儿子也被养得白白胖胖。从此，红糖药用的名气大振。

不知过了多少年，一次，河南遭特大水患，洪水冲开河堤，围困了开封城。宗泽率领将士日夜疏通河道，筑固河堤。当时将士因终日辛劳，受冷闹肚子的很多，宗泽心里着实不安，便用乡亲送来的土产红糖，泡成热茶，慰劳将士们。谁知大家一饮，暖了身子，出了一身汗，腹泻肚疼也好了，抗洪劲头更足了。宗泽知道红糖是个极好的食品，于是将红糖分给抗洪黎民百姓饮服。从此，黎民百姓都知道了红糖确实是一味良药。从那以后，人们凡是被雨淋、受风着凉时，便喝一杯红糖姜汤，以祛除风寒、清湿补热；女人生小孩后元气大损，而红糖性温，具有益气养血、健脾暖胃、驱散风寒、活血化瘀的功效。用红糖拌煮红枣、花生、核桃、鸡蛋等具有益母草的功效，能促进子宫早日收复。因此，红糖养生祛病的疗效越来越受到肯定，数百年来，在民间用红糖治风寒感冒、补血健身的方法沿袭至今。

中医认为红砂糖有益气养血、健脾暖胃、祛风散寒、活血化瘀的功效，一直有较大的市场销路。每年农历十一月和十二月绞糖熬糖，是上杨村里的一件大事情。虽然绞糖从古老的水车牛力绞糖变成了现代化的榨糖机，但是熬糖全凭手工操作和经验判断。糖厂内有九口铁锅，由大到小"一"字形排开，糖浆从一口锅逐步转移到另一口锅，师傅按照糖浆的老嫩掌握灶下的温度，最后一口锅里的糖浆舀进糖槽，敲压成粉状后就可装筐了。每年村里这个时候都是热热闹闹的，有很多村民以及亲戚朋友来糖厂，最有意思的是拿段糖梗打个糖勺，或者买几斤麻花滚麻花糖，吃起来美滋滋的。

要想把红糖做好，烧柴、捞渣、过糖水、过滤等每一个环节都需要有经验的师傅操作。制糖是个辛苦活，师傅不好找，为了传承义乌人传统的制糖工艺，杨倡春到处打听技术好的师傅并高薪聘请。他曾为请一位江西的烧柴师傅，先后跑了8趟，坚持不懈，最终感动其全身心加入团队。其实他也用同样的热情和执着打动了更多的制糖师傅，顺利开展了自己的制糖事业。

杨倡春觉得，榨制红糖的传统要想得到继承发扬，不仅要保留健康环保的制作工序，还应根据现代人的需求，生产出更丰富的产品，努力让更多的人品尝到甘甜美味、品种丰富的义乌红糖。如今，他的糖厂还制作出了产妇糖、生姜糖、寸金糖、麻花糖、杏仁糖等几十个乃至近百个品种的农副产品。每到红糖飘香的季节，杨倡春的榨糖厂每天都有不少人慕名而来，他们或参观传统的制糖工艺，或品尝购买各种红糖制品。每年的义博会期间，不少外商亲自上门买糖。去年，有一位伊拉克客商曾竖起大拇指对杨倡春说："你家的糖味道非常好！"原来，他还是位回头客，其蹩脚的中文和搞怪的表情，惹得在场的人哈哈大笑。

如今，作为上杨村特产的义乌红糖依然是村民心中的最爱，有更多跟杨倡春一样的村民，在希望的田野上继续播种着、耕耘着。

（王锦豪）

常山县山溪边村

常山红糖

山溪边村位于青石镇南部,总人口1287人,现有劳动力736人,耕地面积902亩,其中水田708亩、旱地194亩、柑橘胡柚面积778亩。2008年人均收入7480元。山溪边村是常山县一村一品的精品村,其蔗糖业历史悠久,且一直以来闻名遐迩。据史料记载,山溪边村种植糖蔗始于隋唐时期。土糖生产是山溪边村的一项传统工艺,它体现了先民们的勤劳与智慧。

农谚云:"有糖无糖,立冬绞糖。"每年冬季,尘封了快1年的窑炉被再次点燃,轰鸣的柴油榨蔗机打破了村庄的宁静,乡亲们拉着一车车自家耕种收割的糖蔗,相互说笑着送到村子的糖坊里。糖坊外面,到处都是堆成小山一样的糖蔗。在这个种植糖蔗已有数百年历史的村庄里,每年榨糖总是牵动着全村男女老少的心,开榨那天,大家还要热热闹闹庆贺一番,就像过节一样。

制土糖的作坊被称为"糖厂"或"糖坊"。红糖作坊一般建在田野中,旧时每年进入冬季后,山溪边村及相邻的村中都有数个红糖作坊(图6-4)在田野中烧制土红糖。糖厂、糖坊的锅灶从梅花型灶(安放5

图6-4 山溪边村红糖作坊

只铁锅）至安放 7 只铁锅、9 只铁锅的灶，一直发展到现在 11 只铁锅的长灶。然而，至今尚存的土法制糖，只有在山溪边村才能见到。古老的土法制糖，因为其工作的艰苦，渐渐地很少有人认真去学这门手艺，它即将成为消逝的传统工艺。如今，如何将土法制糖工艺传承下去，已成为山溪边人思考的问题。

从甘蔗收割到榨汁、熬糖，整个过程基本上是一种家族劳动。收割的时候，家人们一起下田；制糖的时候，家人们也一起出动。作坊里人来人往，机器声、人声混合，热闹非凡。

土糖的制作是一种手工操作。过去是靠畜力压榨，即用牛拉石辊压榨甘蔗的方式，称为"牛绞"。现在的设备仍比较简陋，工艺也较简单。每年秋末冬初，甘蔗成熟了，蔗农们就合伙筹集工料，搭盖糖厂制作土糖。糖厂的柱子是竹子做的，屋顶和墙体盖的是稻草，稻草能使熬糖时的大量蒸馏热气快速蒸发掉。因糖厂是季节性产物，运行时间很短，而农村中有大量廉价的稻草，可减少制糖成本。砖土砌的一个长灶，灶上由大到小依次砌了 11 个灶眼，放着 11 只从大到小的铁锅，最大的锅直径 98 厘米，最小的铁锅直径 62 厘米。屋顶高高的烟囱在田野中特别显眼。

蔗农们先将甘蔗用榨汁机榨出汁水，甘蔗汁水顺沟流进糖厂内低处的一口大缸，甘蔗渣就被捆扎放好备作燃料。这时，糖厂的炉灶里燃起熊熊大火，燃料便是裹着晒干的甘蔗叶的甘蔗渣。糖工将榨出的蔗汁经粗滤布过滤后，倒入第一个大的煮糖锅里加热，然后放在木桶里沉淀一小时后待用。接着把沉淀后的甘蔗汁水放入第二只锅内开始熬糖。11 只铁锅依次代表了熬糖的各个蒸馏阶段，最大的那只锅里汁水最多，滗出来的杂质也最多，最后也是最小的那只锅里的汁水最稠，熬到一定程度就变成了金黄色的糖浆。翻着气泡的糖浆被舀进一个木质的平台上，糖浆一边冷却，糖工一边用木棒使劲地搅动。过了一会儿，糖浆便成了色泽黄白的土糖（红糖）。蔗汁与红糖之比是 6∶1，就是 6 公斤的蔗汁，能熬成 1 公斤的红糖，一个糖厂一天一夜可制糖 1000 公斤。

事实上，榨糖是一场跨越整个寒冬的战役。糖坊一旦开炉，就日夜不息，糖工们 24 小时轮班作业，直到次年 1 月上旬才会停下。只要有需要，乡亲们都会在糖坊里帮忙，能在这里熬糖的，都是经验丰富、德高望重的老师傅。榨糖一般有 6 个糖工，有烧火的、烧糖的（即掌锅）、舀糖的、滗糖的等，各自分工不同，不管是哪个环节出了一点错，制出来的红糖就不好。

土糖色泽黄白，味纯甘甜，含有多种氨基酸和维生素，其中铁、钙、镁、锰、铜等元素的含量也非常丰富，而且红糖性温，在中医里是益气养血、祛风散寒的良药。

红糖作为土特产已不单是一种食品，它已成为常山小吃文化、年节文化不可或缺的元素。但是传统榨糖技艺正面临失传境地，村里的老人们都希望这一技艺得到传承，让红糖的香味能飘得更远、更长久，让下一代还能在浓浓的糖香中体验到传统地道的年文化。

(常山县农办)

义乌市田心村

田心火腿

田心村，古称环溪，地处义乌南郊，距城区 20 公里，两水交环，蜀山南矗，民风淳朴，厅堂满布。现有村民 425 户、945 人，2012 年农民人均收入 15470 元。

745 年的璀璨既往，其徽式民居建筑里蕴含着深厚的人文底蕴。该村在 2012 年被评为浙江省历史文化名村，2013 年被评为义乌市美丽乡村。

据传宋延佑年间，环溪王氏第四代大度公娶妻金华浦口俞氏，传说老丈人和丈母娘给女儿的嫁妆，不是金银财宝，也不是绫罗绸缎，而是一对"两头乌"小猪。"两头乌"是金华一带家家都养的、一种头尾黑中间白的家猪。以此做嫁妆，其意是激励女儿、女婿日后勤劳肯干、早出晚归、两头摸黑，必能发家致富。

这对夫妻果然不负长辈的期望，利用两只猪仔繁殖了许多"两头乌"。由于"两头乌"肉质细嫩、口感鲜美，很受附近一带村民欢迎。在这对夫妻的帮助下，田心村家家养猪、户户丰盈，成了远近闻名的六畜兴旺、五谷丰登之地。经过不断的发展，"两头乌"的饲养普及到了全县。每逢过年，家家宰猪。由于农村百姓平时生活节俭，一头肥猪的肉如何长久保鲜、存贮又是一个难题。夫妻俩了解情况后四处打听，当他们知道义乌北乡一带有腌制猪肉的方法后，就到离家 30 里外的北乡学习，回家后根据家乡口味添加了一些辅料，将大小适宜的猪后腿都腌制起来，使猪肉能耐久保存。当时农户大多是把经过腌制、洗晒的猪腿悬挂在灶间，靠烧火的烟气熏烤从而使其长期发酵。腌制火腿刚开始只是一家一户的自给性生产，产量极少。后来，人们将自家富余的火腿拿到集市交换日常生活用品，顾客品尝后赞不绝口。佛堂、光明、倍磊、赤岸等集市都有卖田心人腌制的腊肉，天长日久，田心腌制的火腿名声远扬。在这对小夫妻的带动下，全村百姓也都富裕了起来。

之后，王氏子孙又发挥自己的聪明才智，抓住当地有利的交通（水路）优势，依靠佛堂水运商埠，走南闯北。王氏子孙组织当地富余产品沿婺江顺流而下，经京杭大运河北上，或从杭州湾出海销售到全国各地。先贤创业历程几经磨难，百折不挠，总结出精辟的经商理念。据《环溪王氏》宗谱卷三十二记载：早在乾隆年间，尔瞻（东二房祖）与长子有华计议，认为"生生之资，农不如工，工不如贾，贾不如商，诚得懋迁，经营四方"。而后儿孙谨记祖训："敦厚笃实，诚信经商，义利并重，取财有道。"

到了乾隆年间，田心东二房尔瞻公（1746—1786）就靠祖上经营火腿生意，继承"慎可"的宗旨，诚信为本，经营得法，生意做得红红火火，当时王家在佛堂一带可谓富甲一方。

到了清代，恒玺、恒传、恒魁、恒球四兄弟继承父业，将分号已开设到杭州、温州、宁波等地。此时，田心火腿业如日中天、盛名九州，可称得上是中国火腿史上的第一家火腿行——慎可火腿行（图6-5）。据《环溪王氏》宗谱记载，恒玺出巨资重修了设立在苏州的金华会馆，由他亲撰的碑记刻立于苏州城最繁华的金阊门处，一时名噪江南。

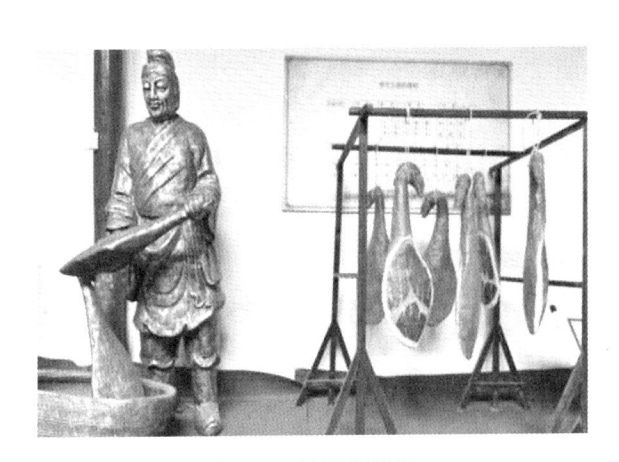

图6-5 慎可火腿行

道光十五年（公元1835年），苏州瘟疫四起，百姓涂炭，因无良方妙药，控制不住灾情迅速蔓延。正在苏州负责经营慎可火腿行的王恒魁猛然想起李时珍《本草纲目拾遗》中的记载，火腿爪有治控瘟疫之功，便毅然决定把库房中所有腿爪全部斩下，肉用于煎汤，骨焙制研粉，散施给病人，此法果然立见奇效，凡服用者，即刻止泻退热。恒魁大喜过望，遂差人连夜通知各地分号的兄弟，兄弟们十分支持，大批腿爪很快运到苏州。林则徐得悉后甚慰，火速派差役投入煎汤、研粉，帮助慎可火腿行的伙计同时组织人员分发丹汤。很快，这场大灾难被迅速控制住了，慎可火腿行在苏州的义举一时传为美谈。

林则徐任苏州巡抚期间，他深为慎可火腿行屡次仗义济世善行所感动，欲旌表其德，无奈一腔真情，两袖清风，无以贺嘉。事后林巡抚得知慎可火腿行老板王恒魁在老家田心建造新厅，遂欣然命笔，挥毫题写了"培德堂"三个铿锵有力的大字，制成金匾以示谢意。林则徐命差役们敲锣打鼓、唢呐吹奏着遍游苏州街巷，将金匾送到慎可火腿行。于是"慎可火腿"身价倍增，生意越做越好。

"文化大革命"中，培德堂被列为破四旧之列，眼看这块金匾可能毁于一旦，聪明的王氏后代急中生智，抢在红卫兵行动之前，用红纸写了一条毛主席语录："凡是敌人反对的，我们就要拥护；凡是敌人拥护的，我们就要反对。"红卫兵见状，不敢轻举妄动。就这样，这块稀世珍宝才被完完整整地保存了下来。

田心《环溪王氏》先祖依靠经营火腿，积累了丰厚的财富。他们富了不忘乡亲，自发组织慈善机构"生生会"和"积谷会"，救助贫苦村民。另一方面，先祖们还建造了大量古民居、宗祠、厅堂。据《环溪王氏》族谱记载，明清时代共建有祠堂、厅堂76座，堪称婺州（金华）之最。

辉煌的工艺、丰厚的思想内涵，都是后人接受教育的文化大课堂。20世纪末，培德堂由义乌市人民政府命名为"市级爱国主义教育基地"。培德堂是以精湛的木雕、砖雕、石雕工艺为一体的古建筑，被义乌市人民政府命名为市级重点文物保护单位。

（义乌市农办）

杭州市富阳区东坞山村

东坞山豆腐皮

富阳市受降镇东坞山村在行政村规模调整后,由原来的东坞山村和施家园村合并而成。现有村民2708人,辖17个村民小组、795户农户,有党员81人,辖区内有8家企业,村年集体经济收入达50多万元,村民主要收入来源于豆腐皮加工、销售以及办小工厂等。近年来,东坞山村先后被评为富阳市"双建设、双整治"先进村、"五好党支部"等荣誉称号。

豆腐皮是东坞山村的特产,历史悠久。据古籍记载:"明时,东坞山豆腐皮列为贡品,盛名于世。"东坞山豆腐皮(图6-6)薄如蝉翼,油润白净,气味清香,水浸不烂,素有"金衣"之誉。其蛋白质含量高达48%—54%,并含脂肪与多种氨基酸,为制作高级菜肴的重要原料。清代诗人尤自芳赞曰:"波涌莲花玉液凝,缸氢疑是白云蒸。"

图6-6 东坞山豆腐皮

东坞山豆腐皮之所以品质优异,主要原因有两个:其一是东坞山村的水好。这里的山溪源于高耸入云的大龙山,终年水清如镜,并且含有丰富的矿物质。东坞山村中有五口井、七孔泉,水质尤佳,是制作豆腐皮的理想用水。二是其加工技艺精细。多少年来,当地制作豆腐皮的技艺多是父传子、兄教弟，且一代更比一代强。

东坞山豆腐皮的由来还有一传说。古时候，杭州有佛国之称，离杭州只有数十里的东坞山村，有九庵十三寺，终年香火不断，香客成群，加上众多的僧尼，需要大量的素斋，豆腐皮便成了僧尼及香客的主要素肴。

相传唐贞观十九年春，唐玄奘印度取经将回，唐太宗李世民准备用素斋为御弟接风，派使臣南下来杭州采办素斋。使臣来到杭州，一打听，杭州素食以东坞山为最佳。好在东坞山村离杭城闹市区也不过二三十里路，在杭州刺史的陪同下，一行人浩浩荡荡地来到了东坞山村。正在做豆腐的阿三婆婆，听到铜鼓声，便闻声而去，等到她记起锅中的豆浆，回到豆腐作坊时，豆浆表面已结成了一层皱皮。慌乱中，她撩起一张，可锅中又有一张，直到把整锅豆浆都撩光了。知道豆腐做不成了，阿三婆婆急得直哭。阿三伯伯回来，看到此情景，随手拿起一张，撕了一角塞进口中，觉得另有一番风味，就用它做了几道菜，味道竟特别好。使臣得知后，便让全村的豆腐作坊连夜赶制了一批豆腐皮，带回京城。

《蒋氏宗谱·东坞阳宅记》云："钟鼓之声来自家庵，杵臼志声闻于午夜。"当年东坞山村人依托九庵十三寺以耕田、造黄纸、腐皮、茶叶为主，鲜有出外经商者。盖安土重迁，得天独厚，择仁不处，不智贻机。由此形成东坞山村人特有的谋生方式和泗乡佬文化。今天东坞山村的最大产业——名扬四海的豆腐皮就是祖先留下来的。

承载在豆腐皮上的文化是当年名扬杭城的"泗乡佬"，他们都来自东坞山，是杭州乡下佬的典型形象。据村民周金灿回忆，民国时期，泗乡佬就挑着蒲担把豆腐皮卖到杭州，再把黄豆从杭州挑过来。

村里的何莲根老人向我们讲述了他们以前的故事。以前他们一天做八九斤豆腐皮，积了三四天就挑出去卖一次。凌晨一点起来，挑着几十斤豆腐皮走山路去杭州，挑到杭州的时候天还没亮，才四点多。等到豆腐皮卖完之后，再挑六斗毛豆回来。毛豆挑回来之后，就去山上砍柴，一个星期的柴火花上两天时间砍就够了。等到开始做豆腐皮的时候，他们半夜12点左右就要起来把一天的黄豆磨好（大约要磨20斤黄豆，两个小时才能磨完）。磨的时候，一只手把磨子拿牢，另一只手把豆子从中间的小孔倒下去，倒一点，磨一点。从磨豆到最后做成豆腐皮一般要花上10到12个小时。做好后用小麦杆来撑豆腐皮，挂在麻绳上。一般豆腐皮一斤有300贴，每张很薄，做杭州名菜响铃特别好。何莲根老人说去壳的黄豆磨出来的豆浆非常好，浆可以磨得很细，豆腐皮也更加薄，口感更好，但今天做豆腐皮已经不那么讲究了。

东坞山豆腐皮可制作出多种多样的荤素佳肴，既可充作家常便菜，也可用于各种宴会酒席。其中，著名的菜肴有：炸响铃、干炸黄雀、游龙戏水等。《红楼梦》第八回里贾宝玉喜欢的包子就是用豆腐皮做的。1970年，柬埔寨亲王西哈努克来杭州游览，在晚宴中品尝了用东坞山豆腐皮制作的"干炸黄雀""游龙戏水""凤飞南山"等色香味俱佳的美肴，赞不绝口。1972年，美国总统尼克松来杭，吃了用东坞山豆腐皮制作的菜肴，连声称赞，离开杭州时，特地买了些带回美国。1984年，东坞山豆腐皮被评为浙江省优质名牌产品。自那以后，东坞山豆腐皮接连不断获得多个奖项以及多项荣誉称号。

东坞山豆腐皮不但是杭州一些名店的主要原料，也畅销全国各地，特别在江、浙、沪一带，东坞山品牌几乎是家喻户晓。如今，东坞山豆腐皮还远销日本、韩国、新加坡等国家。那些来森林公园、杭州野生动物世界游玩的游客，都会顺便到东坞山看一看正宗的豆腐皮制作工艺，在传统的作坊里获得机械时代里没有的新鲜体验。

(富阳市农办)

绍兴市柯桥区上王村

绍兴女儿红

上王村隶属绍兴市柯桥区王坛镇,位于镇东与嵊州交界处,地处会稽山腹地丘陵地带。据上王村《王氏宗谱》记述:"始祖王庠,字养正,为青州签判,多异政,晚年归老,凡此地佳山水,遂宇焉。"王庠一族于南宋年间自嵊县南岙迁徙定居于此,繁衍生息,人丁兴旺,渐成王姓聚居之地,故名上王,距今已有近八百年历史。

上王村村民善酿黄酒,好喝黄酒,家家户户至今还保有家酿家藏黄酒的习俗(图6-7)。黄酒是中华民族的特产,也称米酒,与啤酒、葡萄酒同称为世界三大古酒,其中以中国绍兴黄酒为代表的麦曲稻米酒是黄酒历史最悠久、最有代表性的产品。追溯绍兴黄酒的历史,《吴越·春秋》古籍书上曾有记载:"臣请荐脯,行酒二觞,觞酒暨升,请称万岁。"据此可以判断绍兴黄酒距今至少有2500年的历史。

图 6-7 绍兴酒坊

而众多绍兴黄酒中又以"女儿红""状元红"最为有名,绍兴女儿红以其美丽的名字和传说,流传甚广。传说古代绍兴有个裁缝,听到妻子怀孕后,非常激动,于是在家里酿了几坛酒准备在儿子出生后大宴宾客,不想他妻子生了个女儿,由于古代重男轻女的现象严重,裁缝很郁闷,无心宴请亲朋,便将几坛酒埋在院子里。光阴似箭,女儿长大后聪明伶俐,又承得裁缝一身好手艺,裁缝店生意也越来越好。女儿出嫁那天,裁缝非常高兴,忽然想起院子里埋的那几坛酒,便挖了出来,没想到这酒香味扑鼻,很是好喝。于是,大家便把这酒唤作"女儿红"。从此,谁家生了女儿就酿酒埋藏,形成了当地民风习俗。后来,这一习俗渐渐演化成谁家生男孩,也照样酿酒、埋酒,盼儿子长大高中状元时庆贺饮用,则又被称为"状元红"酒。

绍兴黄酒的主要成分除乙醇和水外,还含有18种氨基酸,其中有8种是人体自身不能合成而又必需的。这8种氨基酸,在黄酒中的含量比同量啤酒、葡萄酒多一至数倍。此外,黄酒含有许多易被人体消化的营养物质,如糊精、麦芽糖、葡萄糖、脂类、甘油、高级醇、维生素及有机酸等。这些成分经贮存,最终使黄酒成为营养价值极高的低酒精度饮品。绍兴的黄酒文化影响了一代又一代村民,黄酒已经成为村民们生活中不可缺少的一部分。

(吴一鸣　朱强)

宁海县箬岙村

箬岙家酿

位于宁海一市镇东南方向 1.8 公里的箬岙古村，是一个具有深厚文化底蕴的耕读渔村。箬岙村于 2002 年成立了宁海县农家香酒厂，每年生产 200 吨左右箬岙家酿（图 6-8），畅销三门。主管部门为箬岙酒打出了"宁海白"品牌，如今正在申请 QS 认证。而今的箬岙果酒业，正在良性发展中，除了有名的箬岙果烧，糯米烧、番薯烧也是箬岙特色。

图 6-8　箬岙家酿

有人的地方就有酒，有酒的地方就有酒文化。自有人类始，便伴有酒史。宁海建县至今已经 1735 年，也就是说，宁海的酒史最早可追溯到晋时。只是在 1700 多年的历史里，因为战乱和政权变动，很多古籍和文献资料都丢失了，尤其是有文字可考的酒经、酒论、酒坊，更是鲜见。

箬岙自明末清初就开始酿酒。据南宋台州总志《嘉定赤城志》记载，当时宁海有酒厂 13 个，当时还有酒税务。至明朝，酒坊增至 16 个，其中一市的东岙、箬岙一带为酒坊之一。据箬岙村 86 岁的褚孟亚回忆，当年的箬岙村，水产丰富、鱼粮满仓，"家家种果树，户户飘酒香"，不失为富庶之地。

小小的箬岙能拥有当时全县为数不多的酒坊之一,有其优势和诀窍。

其一是其独特的地理环境。箬岙三面环山,又近港曲船埠,属边海之村,水陆交通便利。俗话说:"靠山吃山,靠海吃海。"这小小的箬岙古村,既靠山又靠海,占尽水陆之便利。镇宁庙前原为海滩,为农副产品买卖尤其是酒的销售经营提供了极大的便利。

其二是其良好的水质。造酒最重要的是水质,箬岙犁头潭脚下的上爿田水库,水清冽甘甜,是造酒的首选,它也是目前全村饮用水的唯一水源。古人云"上协乎天时温冷,下品乎水泉清浊,法良而材具",以尽物性,如此才能酿造出上等美酒。

其三是其经济产业结构。箬岙山势平缓,以农业、水产养殖业、水果种植业为主,盛产优质稻米、番薯、柑橘、枇杷,这些都为制酒提供了上好的材质。其中有宁海一绝的箬岙蜜橘,此橘无碴,皮薄如纸,甘甜如蜜;还有远近闻名的宁海白枇杷,其肉质细嫩甘甜无比。据村书记介绍,箬岙村文山果业合作社有橘树10000多株,个人承包的橘场有1500株,其他散户种植的也有几千株,而箬岙的白枇杷则有三四百亩之多。这对小小的箬岙来说,着实是一个不小的数据。这些农副产品不仅给全村带来了丰厚的经济收入,也为果酒的制作提供了最佳原材料。

其四是其独特的传统造酒工艺。据箬岙村86岁的褚孟亚回忆,其祖上一直造酒,每年至少要用七石缸做十缸酒,每缸700斤谷,主要供自己享用,有时也会销往三门、象山,于是远近闻名,渐成规模了。而他们取胜的关键,就是有一套家族祖传的传统工艺,无论是黄酒还是白酒,都有其独特的制作工艺。

箬岙造酒的经验完全与清朝杨万树著的《六必酒经》中提到的造酒经验相吻合。杨万树认为酿酒必须"遵一定之法式",这个"法式"就是《礼记·月令》所记载的酿酒必须掌握的六原则:"秫稻必齐,曲蘖必时,湛炽必洁,水泉必香,陶器必良,火齐必得。""六必"的大致意思是:原料必须精选,分量要充足;曲蘖的供应、制造要适时;浸曲或浸蘖或浸米以及蒸煮原料的过程都要讲究卫生清洁;选取好的水源,水质必须清冽,不掺杂异味;酿酒的盛器要不渗不漏;火候要掌握好。

褚孟亚老人说,箬岙村基本上每户都有酿酒的习惯。以前箬岙一带主要生产以优质糯米为材料的黄酒,不但自用,还销往三门的健跳、巡检司和象山等地,酿酒已成为箬岙村人的主要产业。

褚孟军（褚孟亚堂弟）说，因为家族造酒历史久远，耳濡目染，自己自小就对造酒工艺情有独钟，又经常亲身参与造酒实践，那些造酒的工艺、流程早已烂熟于胸了。不管是黄酒还是白酒，制作中除了要保证料好、水好，还有最关键的部分就在于用"曲"和"白药"。所谓的"曲"，其制作过程就是用大麦炒熟，浸以辣蓼水过夜，捞起后摊放竹簟上，以稻秸下铺上覆，保暖发酵，或盖毛毯，三五天后（据室温而定），麦曲发热长出白毛几厘米，去厚覆盖物，换上稍薄的稻秸，2—3天后揭去覆盖物，放置在阴凉处直至干燥，曲药便制成。而所谓的"白药"，则是以野生辣蓼为主材，以早稻米粉和陈白药配制而成。辣蓼的采摘有规定时间，一般在农历七月半之后，否则，辣蓼不够辣，白药性能出不来。制白药的关键在细节：一是比例配置，二是发酵时间的掌握，三是发白毛时段的把握。和制曲一样，何时散热气，如何凭水汽去覆盖物，何时捡拾白药到透气的米筛上直至干燥，才是窍门所在。如此看来，制曲、制白药不但耗时，更讲究细节诀窍，这也是每家酒坊取胜的"撒手锏"。曲做的酒闻之，鼻有留香；饮之，口有余香；酒尽，壁挂醇汁。而白药的作用则是发酵，好的白药发酵得好，出酒率高。

造酒的具体工艺流程如下：

1. 制麦曲：大麦炒熟浸入辣蓼水，拌均匀后倒入竹簟，用稻草盖上，焖成麦曲。

2. 酿制：糯米浸泡后用蒸笼蒸熟成粢饭（酿饭），再将酿饭和麦曲按一定比例掺拌均匀，倒入七石缸内，封好缸口（冷做封口，熟做不封口），过120天左右再做酒。

3. 开缸做酒：将酒胚灌入酒袋，放进榨箱压出酒汁，再倒入锡淘壶煮开，将老酒装入坛内，包好笋壳，封上泥巴，工序完成。剩下来的老酒渣，煮烂后加入番薯、粗糠拌均匀，再重新装入缸内发酵，等有了酒香，再用烧酒蒸笼，放在镬上烧，蒸发出来的蒸馏水，便是烧酒。目前在传统工艺的基础上操作程序有所改进，将糯米、番薯干打碎成粉，掺入白药、辣蓼水后拌匀，再装入料袋后蒸熟，拌上粗糠放到发酵池里，等四至五天，再把酒胚送进蒸馏器内蒸，蒸发出来的蒸馏水，就是酒。糯米做原料蒸出来的就叫糯米酒，番薯干作原料蒸出来的酒就叫番薯干烧酒。箬岙酒又名"箬岙烧"，烈度适中，香味浓郁，多饮不会上脑，誉称"小茅台"。

（王亚明）

龙游市庙下村

庙下酒

　　庙下村距龙游县城22公里，属龙南山区，系浙西大竹海的腹心之地，因村头旧有川山庙得名。村域面积3.76平方公里，2014年有农户454户、1392人，村民人均纯收入10976元。庙下村家家户户有酿制米酒的习惯，素有"灵山豆腐庙下酒"之称。当今庙下酒成为馈赠亲友的首选礼品，无论哪里的游客到庙下后都会尝尝庙下酒，并带上几坛回去。

　　庙下酒主要有糯米酒、红曲酒（图6-9）、包饭酒、酒沤酒和陈酿酒等。其中最普遍的是糯米酒，糯米酒色泽明净，清如碧水而略带淡绿，香气扑鼻，甘醇可口。一般在农历十月初开始酿制，此时已过立冬，温度和水质适宜酿酒。酿糯米酒的步骤如下：首先将糯米浸水淋净后炊成酒饭，饭熟后舀冷水淋饭，直至酒饭微温，然后拌酒药（每100斤糯米用药0.5—0.8斤），酒饭拌药后舀入缸中压实，并在中心掏出1个直至缸底的圆孔，在缸盖及周围用稻草保温。一般24小时后酒香从缸中逸出，48小时后揭开稻草和缸盖，缸中发酵产生的热气散去后，将缸盖及稻草盖回。再经1—2日，揭开缸盖，如圆孔中酒（酒娘）满，酒饭四周与缸壁分离，即可撤去稻草。再经1周，酒饭与缸壁分离处及酒盏中皆有酒，即可

图6-9　庙下红曲酒

充水，每 100 斤糯米充水 100 斤左右，称为斤米斤水。充水后经过一段时间，见饭粒散浮于酒面，即可出缸沥酒装入酒坛。再经过个把月沉淀后，通过调换酒坛去除沉淀物——酒脚，当年不直接食用的需将盛满酒的坛子放大锅中煮沸，然后存放到阴凉处。

用红曲作为酒药做的酒称为红曲酒，与糯米酒的区别主要在色泽上，红曲酒色泽红润、清澈见底。酿制方法比酿米酒简单，将糯米炊熟，倒团匾上摊凉后用红曲拌匀。每 100 斤糯米用曲 5 斤，也可用红曲 3 斤，米酒药 1 斤混合使用。酒饭用红曲拌匀后舀入缸中，缓慢倒入水（以防拌好的红曲、酒药粉被水羼出影响发酵），100 斤糯米加水 100—120 斤。拌曲的酒饭全部入水以后，用团匾将缸盖上，第二天开始每天捣动一次，20 多天后酒饭全部上浮，即可抽酒入坛。沉淀、换坛、蒸煮等与酿糯米酒相同。

包饭酒与绍兴加饭酒类似，糯米酒或红曲酒入坛经过适当沉淀后，加入拌有少量酒药的糯米饭，让其闷在坛子中继续发酵，经过两到三个月后换坛沥去渣质和沉淀物，然后蒸熟存放。

酒沤酒的做法主要是，在酿制糯米酒时将上年存放起来的糯米酒当水冲入新酿的酒中，即以陈酒代水酿新酒。这种酒色泽明亮，绿中透着暗红色，倒入碗中有点黏稠，营养价值高、口感好。过去富裕人家做一些存放着，用来招待贵客；也有一些不大喝酒的农户，酒放了好几年怕过气变淡了，经常将陈酒当水做新酒。

陈酿酒的做法与糯米酒差不多，就是用自家吊制的烧酒当水做酒。首先在 100 斤糯米中加入 80—100 斤烧酒不等，然后连发酵过的酒饭一起装入坛中，密封两三个月后开坛，轻轻将坛子上部酒酿倒出，另外装坛。这种酒酵母菌已被酒精杀灭，不需蒸熟，长期存放不变质，色泽棕红，甘甜如蜜，营养价值很高。

庙下酒之所以出名，缘于一次巧合。明末清初，有一年轻的挑"松阳担"（指挑夫）者喝了庙下酒，挑担夜行百里而不知疲倦。遂昌应村乡、金竹乡、湖山乡一带的屏纸全靠挑夫运至衢州，然后又从衢州挑回纸槽所需的石灰。一般衢州至庙下正好一日，庙下至遂昌应村、金竹、湖山等地又需一日，庙下成为途中的过夜点。从庙下至衢州道路相对平坦，而从庙下至遂昌山路崎岖。某日一挑"松阳担"的遂昌金竹人自衢州挑石灰返回庙下，喝下两碗米酒正准备歇脚过夜，一位从金竹来的老乡告诉他，其父摔伤，情况危急，要他趁早赶回。挑夫一惊，沉思片刻，凭几分酒兴穿起草鞋，趁着月光挑起石灰担就往家里赶，过陈村，经八角殿、长生桥直至毛连里，翻过南坑岭山岙往高坪金竹而去，同伴们发现后，觉得不妙，也挑了担子一路追去，可是一直未追上。挑夫挑着一担百余斤石灰，行百里山路，第二天清晨平安到家，人们都觉得奇怪。挑夫说自己喝了两碗庙下糯米酒后，感到走路脚步特别轻，挑担也不觉得费力。此后凡挑"松阳担"者，至灵山肚子饿了买两块豆腐当点心，到了庙下便喝酒驱除疲劳，"灵山豆腐庙下酒"便成了他们的口头禅。

还有一说，某年庙下杆栏自然村有一农户请义乌攒蓑衣的师傅吃晚饭（农家都有请手艺师傅吃晚饭的规矩），东家外出劳作未回，东家妻子把很小的酒壶（大概装满只有半斤酒）和小酒杯放在桌子上，叫师傅先吃晚饭。攒蓑衣的师傅比较年轻，涉世不深，拿起酒壶倒酒，觉得这东家实在太小气了，这么一个小酒壶，也舍不得装满，三下五除二将壶中之酒喝个精光。东家收工回家，准备吃晚饭，提起小酒壶见里面空空的，连忙问老婆打了多少酒，老婆说一壶未满。"糟了！"东家边说边赶了出去，一直赶到村口，见攒蓑衣师傅跌坐在石阶上已经睡着了，叫也叫不醒，便将其背回家中，直到第二天傍晚才醒来。这就是那经过几次酿制的酒沤酒，喝时没感觉，醉似蒙汗药。

庙下酒成名绝非偶然。庙下的水质特别好，庙下溪横直两源都出自高山深处，常年经流的都是沉淀在深山丛林中、经高山土壤过滤溢出的山泉水。每当烈日炎炎的盛夏，人们汗流浃背，走到小溪流边，取泉眼中溢出的生水饮之，生水甘甜而透心凉，用这样的水酿出的酒岂能不好！

庙下以好山好水好环境著称，庙下酒虽然久负盛名，但自古以来习惯于自酿自食，一直未发挥经济效益。如今，随着人们的商品经济意识不断增强，不少小商店、小饭馆、农家乐开始偶尔供应庙下酒。庙下酒，这一深山中的奇葩终于开始走向市场。

（石颜）

泰顺县徐岙底村

乌衣红曲

　　徐岙底古村落位于被誉为东海文化名镇、省级历史文化名镇的筱村镇，主要建筑有文元院、举人府、吴氏宗祠等，附近与之紧邻的还有大翁宫历史建筑、门楼外古民居、新厝底古民居、文重桥和文兴桥等四处历史遗存，是泰顺县保存最完整的古村落之一。徐岙底古村落以历史悠久、人文渊薮、宅院鳞次栉比、构作精致而闻名于世，成为泰顺重要的人文旅游资源。村内近300年历史的乌衣红曲（图6-10）虽然一直以来闻名于县内外很多地方，但作为一种传统民间手工艺，却是在泰顺县非物质文化遗产普查时，才开始进入人们视野的。徐岙底的乌衣红曲是从福建古田传过来的，在泰顺素有"筱村曲，翁山竹"的民谚，在当时交通并不发达的年代，一直闻名于县内外很多地方。

图 6-10　乌衣红曲

　　300多年来，勤劳的徐岙底人一直沿袭着做红曲的手艺，艺人虽然换了一拨又一拨，但手艺如徐岙底吴氏血脉一样从未断过。徐岙底祖祖辈辈把做曲的作坊称作"窑"。在做红曲鼎盛时期，来自平阳苍南等地的客商雇人挑来的一担担大米（古时用米换曲，另付加工费），都停靠在村口的那一条巷道的墙边，排着队等着换曲。明清时期，在通往泰顺的洪口和百丈两地以及如今福建的桐山的道路上，也时常可见肩挑筱村曲的挑担人身影。古时乡村对曲的需求量非常大，因此徐岙底做曲是没有季节之分的，最多的时候曲窑达到100多家。徐岙底几乎家家户户都能做曲，村里也一年到头都飘着炊米香味，昔日制曲酿酒规模之盛，历史之久，喝法之考究，无不令人惊叹。

村中有三口古井，泉水清洌甘甜，源源不绝。相传原徐岙底村溪水流细小，时常干涸，难以满足村人饮用及洗涤之用，很多村民还要到很远的地方取水饮用，徐岙底吴家祖上吴莱素对风水深有研究，落户此地不久，便命人在此地挖井，一直挖到三米左右，一股清泉喷涌而出，村人惊喜不已，奔走相告，对吴莱更是感激不尽。第一口井刚一落成，后山上的雌狮也合拢了嘴巴，村人暗暗称奇。考虑到村里牲口较多，吴莱又命人在这口井下方再挖了两口井，第一口井为饮用，第二口井洗菜洗衣用，第三口井为牲口饮用。筱村徐岙底名扬天下的乌衣红曲和红酒便是取第一口井中的清泉所制，至今人们还是保持着酿出的第一杯酒洒向地面敬祖上的习惯，以此显示对祖上吴莱的敬重！

立冬后是酿酒的最佳季节，此时的细菌少，酿出来的酒品质是最好的，因此每年的立冬前后便也成为徐岙底的红曲艺人们最忙碌的时节。遇上好天气，站在村口就可以看到徐岙底古村落的地坪上晒满了刚出窑的红曲。在作坊里，则是艺人们忙碌的身影；饭甑里快要熟了的飘着香气的饭团；铺在干净地上的由红慢慢转乌黑色的红曲半成品。景象神奇，令人惊叹。

乌衣红曲的制作过程非常讲究。首先要选择一个吉祥的日子，看准那天的潮汐，定了几时入米，就可以开始准备了。接着将挑来的上好泉水倒入酒缸，以100斤水50斤糯米的比例，放入泉水中浸泡数小时（做曲用的是质硬形圆的杂交米，最好是放了三四年的陈米）。浸好后，在灶上架起饭甑，铺一层糯米盖上盖子，然后底下开始烧，火得旺，等前一层糯米上气了，屋子里飘满香气时，又开始铺一层糯米，反复如此，蒸到七至九成熟时，将糯米倒出摊在凉席上散热。其间用木耙翻几次，到了一定的时间，抓一把放在手臂上，感觉温度与体温差不多时，把散在竹席上的米收拢成堆，撒入生头倒入糟娘拌匀，然后装入箩筐中密封严实，放到曲窑中开始发酵。18—22小时后，倒在窑地上拌匀，再装入箩筐中发酵。如此反复几次，待饭粒表层颜色发生变化时，说明其本身的温度开始升高了，这时就要再摊薄，以免因曲灼热而烧伤了自己。

过一个晚上，红曲的半成品便可"退烧"，但此物"遇水分就发酵"，所以要再次装入箩筐，把箩筐浸入盛满水的大木桶中晃荡三下，然后倒在地上成堆，到一定温度后摊薄。再过一个晚上后重复先前的泡水步骤。当曲的表面呈现出灰白色，表层开始起毛后再发酵一天，这个工序艺人们叫"站窑"一天。曲的表层由灰白色过度为红色再转变为黑色，"红地起乌衣"说的就是这道工序。乌衣红曲出窑晒干后，接下来艺人们就期盼着能卖个好价钱了。

这个被艺人们重复了成千上万次的做曲步骤，其实各个环节都要求有老到的经验作支撑，其中的微妙是我们所不能精确描述的，"神仙难识乌面贼"这句俗语说的就是这个道理。但红曲毕竟是人做出来的，神仙未能识的事或许做曲的老艺人们就能识透。

乌衣红曲酿制的红酒，不仅是家家户户灶台必备的佐料（烧菜时加入几勺，可以去腥还可以让菜肴多几分香醇），还是筱村当地妇女坐月子时必喝的。客人来时，热点红酒，则又是上乘的待客之物。红酒要用锡壶盛放，一锡壶可以装三斤酒，酒筵时，还要有专门的烫酒师来为宾客服务。温上几壶红酒，热情的家庭主妇还会打两个自家鸡蛋放进去，而主人则与三两知己就着乡土小菜，品味着其中的别样的滋味。时间，就在这微醇的红酒中静静流淌。

如今的乌衣红曲作为一种传统民间手工艺，成为了非物质文化遗产，渐渐进入了人们的视野，成为各地游客的最爱，她如一位刚揭开红盖头的新嫁娘，羞红着脸，却又落落大方地走出泰顺、走出温州，一路过来一路芳香，背后，是徐岙人自豪的笑容。

（王叶婕）

杭州市临安区国石村

昌化鸡血石

昌化鸡血石（图6-11）是中国特有的珍贵宝石，具有鸡血般鲜红的色彩和美玉般的天生丽质，历来与珠宝翡翠同样受人珍视，以"国宝"之誉驰名中外。它产于浙江省临安市昌化西北的浙西大峡谷源头的玉岩山，其中以国石村最盛。

图6-11 昌化鸡血石

国石村位于临安市龙岗镇浙西大峡谷上游，区域面积5.98平方公里。2007年村规模调整为由原中梅村和平溪村撤并重组而成，村委会驻地设在原平溪村。国石村是鸡血石原产地。2011年4月份，国石村被列为重点培育建设的29个杭州市级中心村之一，村两委紧紧围绕"打造以鸡血石加工、销售为主导，以高山种植产业为辅，兼顾旅游业的产业带动型中心村"为行动目标，高标准、严要求开展中心村培育建设。

关于鸡血石是如何产生的，从古至今有很多的传说。有一种说法便是凤凰灭蝗，栖居玉岩山，后与鸟狮搏斗，血洒此地，经菩萨点化成宝造福人间的故事。另一个版本是相传古代有一种鸟叫"鸟狮"，又称凤鸟，生性好斗。一天觅食飞过玉岩山，见一凰正在孵蛋，顿生恶念，向其发起攻击，毫无准备的凰被咬断了腿。凤闻讯赶到，与凰同仇敌忾，战胜了"鸟狮"。凤凰虽然胜利了，但凰鲜血直流，染红了整个玉岩山，遂形成了光泽莹透如美玉的鸡血石。

据考证，鸡血石的开发使用始于元代末期，盛于清代，至今已有600多年历史。其石质细腻、晶莹温润，红斑聚散不一、千姿百态，深受文人雅士以及皇室的青睐。清代，康熙、雍正、乾隆、嘉庆、咸丰、同治、宣统等历代皇帝与后妃选昌化鸡血石作为玉玺。毛泽东主席曾使用并珍藏两方大号昌化鸡血石印章。众多文化名流包括郭沫若、吴昌硕、齐白石、徐悲鸿、潘天寿、钱君匋、叶浅予等人与昌化鸡血石均结下了不解之缘。20世纪70年代初，日本前首相田中角荣、前外相大平正芳来中国访问，周恩来总理将昌化鸡血石对章作为国礼馈赠两位贵宾，操刀奏石者是集云阁篆刻家沈受觉、刘友石先生。于是，鸡血石在日本国名声大噪，在那里掀起了一股收藏鸡血石热潮，大批日本客人来华游访时必将鸡血石作为首选礼品带回国内。由此鸡血石文化波及五大洲，尤其在日本、韩国和新加坡等东南亚国家及世界华人界更享盛誉。在中国国内，人们对鸡血石的投资和收藏热情逐年上升，一股以采集、收藏、研究、展销为系列的昌化鸡血石热正风靡华夏大地。在历次中国国石评选中，昌化鸡血石均被选为候选国石之一。

20世纪80年代之前，国石村作为杭州地区最偏远的一个乡村，可以说是最贫困的地方。等到80年代末，外地人开始涌入这个名不见经传的小村庄，以高价购买鸡血石，这个消息就像一个巨大的炸弹，立即引发贫困懵懂的村民们上山开矿。然而也正是这些石头彻底改变了当地村民的生活。有村民说是鸡血石赋予了他第二次生命，因为是这个石头，让他从一个两手空空、前途渺茫、生活困顿的下岗工人成为拥有近千万资产的玩石、藏石行家；也有村民说房子、车子、别墅都是从石头中玩出来的。看似普通的石头，为何会给村民带来如此暴利？据查证，这鸡血石在全世界范围内，只有中国浙江的玉岩山才出产，因而异常珍贵，而在国石村当地，除了物以稀为贵，还有开采原石的风俗，正是这种风俗，让鸡血石的价格又大大提升。截至目前，在国石村有80%的人都在从事鸡血石行业，村民们离开了世代耕种的土地，靠经营鸡血石过上了非常富足的日子。

鸡血石不断带来财富的同时，开采的人数也在不断增加，然而鸡血石作为一种不可再生资源，不会因为人的增加而增加。昌化鸡血石已被开采了500多年，现在昌化玉岩山基本已被掏空，很多矿洞几年挖不到一块鸡血石。国石村为保护鸡血石资源，留一些财富给后代，已有三年没有开采了。为了保证开采安全，临安市政府包括相关职能部门，就开采事宜不断地做协调工作。

若有一天鸡血石资源枯竭，当地居民又该怎样维持生计呢？关于鸡血石的可持续发展这个问题，国石村有关负责人提出了以下几点建议：山上鸡血石虽枯竭，但放在村民家里的石头还是有一些的，可将这些原石深加工，一块好的石料要请技艺高超的技师来雕出好的作品，那么它的附加值才会增加；国石村也可以以鸡血石这个文化来带动旅游产业，以深山探宝、观石、赏石来购石，同时也体验当地高山的好山、好水、好空气，以"宝石"来带动旅游，推动当地经济发展，提高当地村民的生活水平。

（汪婷）

龙泉市南秦村

龙泉宝剑

南秦村，位于龙泉市区南部、龙泉溪南岸。东与水南村毗邻，南与兰巨乡接壤，西、北分别与西街、龙渊街道隔溪相望。丽龙高速公路和53省道、54省道穿境而过。交通便捷，区位优势明显，是市区重点项目建设的主战场，其中宝剑制造业更是影响广泛。龙泉人自豪地把龙泉宝剑当作自己的特产名品进行宣传和展示。

龙泉宝剑（图6-12）以"坚韧锋利、刚柔并寓、寒光逼人、纹饰巧致"之特色而驰誉中外。龙泉盛产铜、铁，以制剑名师欧冶子为师祖的龙泉宝剑乃铁剑之魁。北宋咸平初年，翰林学士兼史馆修撰杨亿在其《金沙塔院记》中称："缙云西鄙之邑曰龙泉，实欧冶铸剑之地。"明万历《括苍汇纪·地理》记龙泉县"山南为秦溪，剑池湖在其阴，周围数十亩。湖水清冽，时有瑞莲挺出。旁有七星井，为欧冶子铸剑之所，今为官田，井尚在，夏日饮其水，寒侵齿骨。"此县志提到的城南剑池湖，系欧冶子铸剑遗址，现尚有一井（古名"七星井"）和欧冶子将军庙，被列为龙泉市重点文物保护单位，称为剑池湖遗址。

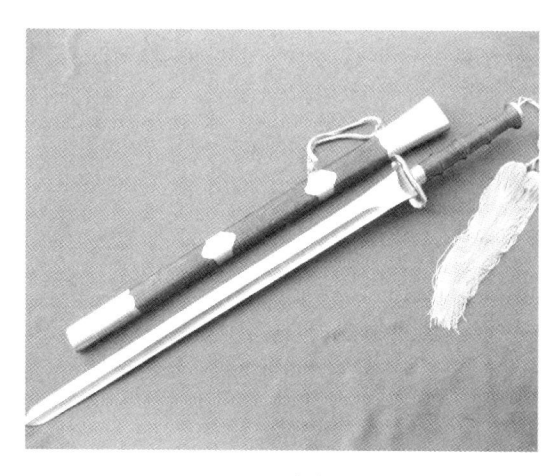

图6-12 龙泉宝剑

传说春秋战国时期，越王勾践卧薪尝胆，奋发图强，决意复国。浙闽边境的打铁老司接受铸剑救国之任务，于是夫妻俩搭起寮棚，筑起炉灶铸剑。谁知造出来的剑不是太软卷刃，就是太脆缺口，不能作实战之用。欧冶子很是苦恼，一日睡梦中得仙人指点，遂翻过九九八十一座山，渡过八八六十四条溪，走了七七四十九天，终于找到秦溪山。在两棵千年松下面，有七井，如北极星形分布，井水甘冽，能增强刚度且不易生锈。铸剑先师欧冶子于是在此汲水淬剑。当第一对雌雄剑制成时，忽然化为一道金光射向天空，顷刻又变为一龙一凤遨游云际。

欧冶子等铸了大批宝剑之后，又造了秦阿、工布两剑，连同龙渊剑由越王献给楚王，楚王大喜。由于欧冶子铸出精良的兵器，勾践也终于凭借这些在龙泉铸造的兵器，一举打败了吴国，得胜班师回国，论功行赏。欧冶子制造兵器有功，封为"湛王"和"大将军"等官衔。但欧冶子不愿为官，只求回归秦溪山重操旧业。后人为了不忘欧冶子铸剑的功绩，在所产之剑上均刻上七星和龙凤图案，还在对面北侧建了欧冶子将军庙，以纪念这位天下第一剑——龙泉剑的创造者。

如今七星井尚存一口，井上古松已不复见。井南有一亭，称"剑池阁"，飞檐挑角、雕梁画栋，与剑池湖、七星井、欧冶子将军庙构成龙泉宝剑文化的重要遗产标志。文化大革命初期被毁，1989年修复，现为龙泉县级文物保护单位。

沿着剑池亭边的木质台阶拾级而下，就是剑史广场。广场正中，树立着欧冶子雕像，雕像是由铜铸造而成，高约3.4米，重1.8吨左右。欧冶子高举宝剑，眼睛注视着将军庙，似乎想告诉每一位路过此处的游人他的铸剑技艺。游客静静地瞻仰着欧冶子的雄姿，怀揣敬畏之心观赏宝剑，仿佛看到了那缕延续了两千多年的凛凛剑气。

广场对面就是将军庙。庙内常年香烟缭绕，供品满桌。每年春节、端午节及将军生辰，庙里都要举行隆重的祭祀和宝剑开光仪式，铸剑师们都要前来祭拜，表达人们对欧冶子将军的尊敬。特别是每年农历五月初五端午节的时候更是隆重，龙泉铸剑师们供三牲、茶酒祭祀，挖秦溪山泥补炉，取剑池水淬剑，据说这样可以得到祖师爷神助。2006年，龙泉宝剑锻制技艺已被国务院认定为首批国家级非物质文化遗产代表。2014年，龙泉宝剑锻制技艺启动申报人类非物质文化遗产代表。

南秦上游的龙泉青瓷宝剑苑，始建于2000年，占地200多亩，距离将军庙宇一千米左右，是集中展示龙泉青瓷文化、龙泉宝剑文化的旅游景区。景区共分三大区块，即龙泉宝剑遗址区块，龙泉青瓷、龙泉宝剑文化展示体验区块，龙泉青瓷、龙泉宝剑精品一条街购物区块，是一个集文化、观光、体验、商贸为一体的旅游景区。因此，南秦村也就成了生产销售龙泉宝剑的中心区域。

宝剑这一特产特品的蓬勃发展，拓宽了当地农民的就业渠道。南秦就如一颗璀璨无比的明珠屹立于瓯江之畔，其优越的地理条件、得天独厚的特色产业，必将给南秦村插上经济腾飞的翅膀。随着龙泉经济和旅游业的发展，南秦的明天会更加美好！

（周小娟）

龙泉市金村村

龙泉青瓷

金村村（图6-13），位于龙泉市小梅镇东南边陲、琉华山西麓，距市区50公里，与龙泉窑最核心产区大窑一山相隔，南北对峙，并有古道与大窑相通。全村地域面积6.15平方公里，共居住着87户人家、300多人。小小的村落沿瓯江的梅溪北岸分布，瑞垟二级电站傍村而建，村庄被群山环抱，四周小山被村民冠以披风山、猪窝山、黄沙寨、五鹞山等名字，沿用至今。千年来村民沿瓯江而居，休养生息。村内林木葱郁，宋时古官道（运瓷古道）、窑工凉亭、千年瓷运码头为整个村庄增添了几许古韵气息。

图6-13　金村村外景

村字古字为"邨"（读cūn），我们在村口所见的题字就是书法家写的"金邨"，金村为国家级重点文物保护单位。"瓷兴瓯江千百里，窑开薪火是金村。"据专家考证，五代时期慈溪越窑的一支制瓷艺人迁徙到金村，从而把青瓷的烧制技艺也带入了龙泉，成了龙泉青瓷发展的先驱。金村和大窑是龙泉窑的起源点，事实上，金村窑更早于大窑。因为便利的瓯江水运设施，五代至北宋早期，金村一带是龙泉窑最早烧制青瓷的地区之一，是龙泉青瓷迅速崛起的第一个瓷业中心。目前有保存完好的五代至元代期间窑址34处，尤为外界熟知的屋后山、溪东、大窑犇（读bēn）一带还保留着大量的古窑址群。这些窑区地段狭长，为群山环抱。有溪流蜿蜒曲折于山谷间，汇入瓯江，溪边至今还保留着码头遗迹。据有关文献资料记载，南宋中后期青瓷烧制才从金村转移到大窑，大窑所制青瓷从运瓷古道（当地人称担瓷道）上运送到金村运瓷码头，远销国外。"南海1号"沉船所载的上万件各窑瓷器，龙泉窑青瓷数量不在少数，其中一部分与龙泉金村窑制品高度吻合，比如数量较多的划花盘碗、葵口盘碗，都是当时金村窑的主流产品。金村当时烧制的产品多为淡青色釉青瓷，胎壁薄而坚硬，质地细腻，呈淡淡的灰白色。

"树河滨遗范，开碧玉先锋"，今人对金村的制瓷历史地位赞誉有加。从韩国新安海底沉船发现的2万多件陶瓷器中，龙泉窑青瓷占60%以上，这些青瓷为日常生活用品和装饰品，也体现了金村窑的主流产品特征，这里面的很多作品很有可能来自金村窑。这些沉船的青瓷制品非常清楚地反映了当时金村窑精湛的刻花技艺。宋代是中国制瓷工艺大发展的重要时期，这个时期改变了以往青瓷的装饰风格，纹饰形象有极强的风格和意趣。其中荷花纹和牡丹纹对后世影响特别深远，我们在很多青瓷碎片上都能看到金村窑精湛的刻花技艺，尤其以荷花纹和牡丹纹多见。一件瓷器作品的完成，要经过采料、选料、风化等近20道工序，各工序都有相应的要求，而龙泉金村窑制作工艺要求更严，制作更精细，每一道工序必须严格把关，才能烧制出精致的产品。

单就龙泉窑青瓷装饰的技法而言就分为刻、印、剔、划等类别。刻划花刀法（专业术语半刀泥）是指使用刀具在坯体表面，刻出花纹图样及线条纹案的一种装饰手法。其基本的操作工艺为：先采用直刀深刻的方法，在坯体上勾勒出装饰图案及纹样的具体轮廓；其后在深刻后的轮廓外部，采用斜刀广削的手法，刻去装饰图案及纹样外部的多余部分，使图案部分凸出来，以衬托出所要表现的装饰效果，使层次丰富、图案清晰，线条恣意挥洒、酣畅率性，与中国传统书法艺术有异曲同工之妙。

龙泉窑刻划花技法与篆刻中的"单入正刀法"的刻印刀法颇为相似，所刻纹样的轮廓利用平口刀的侧锋配合角度手法刻划深浅、宽窄不同的线条。由于是侧锋用刀，所以从线条的横切面看其斜度比斜刀广削更加陡峭。刻划线条不能复刀，一般是下刀时先重，然后轻收，先平而后斜，使线条形成开始宽深,而后浅狭,与中国画十八描的"钉头鼠尾描"笔法相似。刻划曲线要求手腕灵活,用刀先重后轻,形成前宽后窄的线条,由于其线条往往是一边深一边浅,"半刀泥"称号由此而来。

龙泉窑刻划花技法,以画面洗练取胜,具有一种言简意赅、意到笔不到的特质,往往章法、笔法与刀法融为一体,装点在器物画面上的那些线条犹如丹青高人所绘而跃然纸上,形象生动。

金村窑的刻划花技艺经千年而不衰,时至今日,金村刻花装饰技艺依然是现代龙泉青瓷艺术的主要表现手法。如今每家青瓷作坊几乎都缺少不了刻花作品,它已成为龙泉青瓷非遗技艺的一项重要内容,更是青瓷专业人才必须掌握的一门必修课。

今天的金村强化经营文化理念,充分用好"全国首批传统村落"金名片,深入挖掘金村瓷文化、菇文化、民俗文化,积极推进大梅——金村龙泉窑遗址通景公路前期工作,充分发挥毗邻大窑古窑遗址及古文化优势,完成休闲凉亭、跨库吊桥、青瓷古道、水碓等旅游设施建设,全面启动千年瓷运——北宋码头的开发,努力打造"钓溪鱼、跨吊桥、寻古迹、尝高山香菇、探原始古松林"为一体的休闲度假旅游精品园。村民积极利用金村地处瓯江源头,水资源丰富、水质优良的特点,以发展绿色特色产业作为突破,引进瓯江锦鲤、石斑鱼等特色鱼种生态养殖,作为村民致富的一个重要项目。目前村内的农家乐已达3家,它们集农家特色菜、住宿、休闲钓鱼、游泳等为一体,成为生态旅游的一个成功模式,吸引着众多游客前往游玩。

(龙泉市农办)

舟山市定海区里钓山岛

里钓山石

里钓山岛位于岑港镇西南部,面积仅1.64平方公里,呈葫芦形,最高点海拔115米。就是这个不大的小岛里蕴藏着司空见惯而又非同凡响的资源——里钓山石板。利用这一有利资源,岛上的居民就地采材建造了独具特色的石头村落(图6-14)。

图 6-14　里钓岛上的石头村落

明末清初,慈溪有一个石宕老板非常刻薄,给工匠们的工资很低。有一次一个姓闻的石匠领着大家罢了工,老板十分恼火,准备对领头闹事的闻石匠下毒手。消息一传到,闻石匠连夜带上全家老小逃命,最后定居在里钓山这个无人的荒岛上。因为刚到此岛无屋可居住,闻石匠就把一块从山上滚下来的大石头凿成碎石,用来垒墙造屋。谁知,几枚钉锤一钉,钉开一块一面胖顶、一面平光的石块。肉红色的石色非常漂亮,石质坚韧,不会裂缝。第二次,他又用几枚钉锤一钉,又是一块薄而大、两面平而光滑的石板。闻石匠非常高兴,就这样连续钉了好几十天,他把钉下来的乱石用于垒墙,石板用于铺檐界、铺路、做门窗过桥,最终建造了两间坚固而又漂亮的新房屋。闻石匠一看,这里的石头又坚韧又漂亮,又可锤钉石板，就开始艰苦创业，最后他成了里钓山的铁锤钉石板之首。从此潮涨潮落，300多个春秋往复，以闻氏为代表的里钓居民繁衍生息，开石不止，航海不停，延绵至今仍是炮声轰轰，号角声声。石板越钉越多，石宕越打越深，宕口也越来越多，几乎每天都能产出几十块石板，宕口周边的平地几乎堆满了石板。石匠们分工协作，有的把石板凿成石窗；有的把石板凿成石门框；有的在石板上锤刻花草图案；有的把石条凿成石柱；还有的把石头凿成石狮子、石曲纹等等。按当时造屋、做坟所需规格大小，长、宽、厚不等打凿，如造屋用的石窗有60厘米×40厘米、120厘米×80厘米等；门窗过桥板有120厘米×40厘米、220厘米×40厘米等；又如用于坟石料的有三尺五板、方中板等；坟穴出水梁，有大小不一的石狮子、石制圆形桌、凳等等。

里钓山石板不但颜色漂亮，而且石质独特。它是典型的火山喷出岩，属一种酸性岩石，不管风吹雨打，都不变色、不分化、不变形，质量优越。正因为有这样的资源，才有"梯山航海，视若户庭"的海居人家。里钓山的石板在民国时期供不应求，畅销浙江沿海、上海、福建等地，甚至远销东亚、南洋等国。民国《定海县志》载："海山产石板多，率质粗不用斧凿，岑港西南三钓山有石宕，每年所出颇资于用，运至他处销售者均系砌路用之板，俗呼钓山板。"

岩石中取板年代长、取板多、石宕深的便成为攀宕，里钓山攀宕是岑港所有攀宕中规模最大、气势最雄伟、景致最别样的石板宕口，现遗留四个取石的窟。

第一窟现改为一口水井，深7米多。此井水源充足，水质好，最旱的年份水也不会干，是舟山唯一的石宕井。

第二窟垂直高度约在50米以上，千锤百掘之下形成了雄奇惊险的悬崖凹壁，石壁上灰红相间的颜色是石匠们汗血留下的痕迹。石壁脚下是一潭深不可测的水窟。

第三窟是一个干窟，窟角放有居民遗弃的水车、箩筐、梯子等劳动用具，好似一个天然的民俗陈列馆。据介绍，这个窟曾是村民们开大会的好地方，因为这里冬暖夏凉。

第四窟是个水塘，这个水塘的水特别的冷。这里是里钓村老年人盛夏的乘凉处，也是小伙伴们夏天游泳的好去处。

里钓山还有两处景观岩石，一处叫穿岩，一处叫红岩。

穿岩，在攀宕的北部，因石宕取石打穿了山顶而得名。该宕现遗留两个石窟、一座孤岩和一块巨石，听说那块硕大的巨石是宕顶因底下掏空塌下来而形成的，幸好宕中的石匠们都放工了，无人遇难，现在听起来也是惊奇不已。

红宕，因其石质是肉红色的并且盛产红石板而闻名海内外。在台湾地区以及南洋各地，里钓山的红石板是紧俏货，十分出名，按现在的行话来讲就是"名牌"。

里钓山三个老宕从南到北一字排开，气势独有。古老的村庄依宕而建，突显出一种浓浓的石文化气息。石阶、石路、石墙等，一个个由石头演绎而来的景致随处可见。宕与村相映成趣、相得益彰，宕因村而生，村因宕而存，两者紧紧交融在一起。

如今的里钓山村早已失去了旧时的繁华景象，站在山坡上眺望村子，不禁想起刘禹锡的千古诗句"潮打空城寂寞回"。寂静也好，凋零也罢，岛上遍布的古老旧居，随处可见的"石景"，都是这段兴衰变迁的最好见证。无论里钓山村未来如何，眼下它仍然静静地隐没在石山之中，聆听着海风，酝酿着生机。

（定海区农办）

永嘉县缸窑村

缸窑土陶

碧莲镇缸窑村是一个产业和文化特色兼具的乡村,位于楠溪江上游。缸窑村山清水秀,气候宜人,全村总户数为 343 户,总人口为 1435 人,总面积为 900 平方公里。

据该村的村史记载,李氏由李元清于清康熙年间自江西建昌府松城县迁居至黄岗村西南角落。因这里的土质适宜烧制陶瓷,故开设缸窑(图 6-15),后改黄岗村西南角落部分为缸窑村,至今已 300 余年。李氏在繁衍生息的同时,依然世代相传烧瓷工艺,由于烧制的胎质较为坚实,造型古朴,受到顾客的好评,鼎盛时期年烧缸数达数万只,它的发现对于研究清代烧瓷工艺、生活习俗无疑具有一定的价值。酒埕、酒缸、水缸等生活用品,曾是碧莲镇缸窑村的特产,过去在浙南一带都曾小有名气。

图 6-15 缸窑土陶场

2008 年永嘉县文物普查队在碧莲镇普查时发现一保存完整并且仍在使用的"活文物"——缸窑。缸窑位于缸窑村西北角,窑体沿山坡 15 度角而设,占地面积约为 390 平方米,平面成方形,中部隆成穹顶,长约 60 米,宽 6.5 米,外壁用不规则石块垒砌,内夯红土与碎石,中挖设窑洞,窑室内宽 2.5 米,进深约为 60 米,高 1—1.8 米不等,沿山势递增,内壁用红土砖叠砌，窑室上部则用顺砖横联砌筑成拱形，上夯红土，窑体腰部及顶端共挖有四处窑门，以便搬运缸胚及成品，窑门左右依窑壁，顶部外高内低，用丁砖并列斜砌而成，宽、高各1米，窑体下端设窑灶，进柴口位于灶底部，用砖砌成方形，其上置方形通风口。窑就地取材，主要烧制黑釉敞口缸，采用木柴作为燃料，烧制时间为15—16个小时，完成后再凉置24小时后方得成品，该窑最多可容200只缸胚，烧制完成后主要销往附近村镇。

在20世纪80年代后期，缸窑村可谓掘地三尺，尽是缸泥的情景。那时村子里只有100多户人家，却有40来户专门从事制缸业。那时缸窑村有两座缸窑，生意好时，每三天就要进出窑一次，但产品仍是供不应求。许多客户往往先付定金，缸一出窑时，他们就立马将产品拉走。

缸窑的烧制过程颇为复杂，缸胚要早半年开始制作，然后才能进窑，经过闭窑，然后出窑，烧制10多个小时。在此过程中，缸窑的每一个孔都需要三个人同时进行看守，不能停歇，完成后再凉置24小时左右后方得成品、出窑。

这个曾经在浙南闽北都小有名气的制缸村，目前一年只生产不到3000只缸，一年也只开烧两次窑，会此制作工艺的人也大多改行了。村里会制作的人大多到外地做生意，主要是没有人砍当地人称的"树毛"（也就是松树的枝），加上制作的泥也少了，大家也没心思去改良技术、创新产品。

由于缸泥不足、市场需求量的减少，曾作为缸窑村特产的酒埕、酒缸、水缸等生活用品，衰退至如今单一的坟缸。一方面，村内的后一代人嫌弃制缸业的辛劳而不愿继承；另一方面，制缸的人工费从当初的每天20元一人升至300元，缸制品成本大大提高，让制缸者们难以负担。

的确，缸窑村的制缸业历史被翻过去了，但我们行走在缸窑村内会看到，不管是房前屋后的道坦、院子，还是附近的田野里，都摆满了各种大小、颜色各异的缸制品。也许是缸窑村早已打出了品牌，也许是人们对缸窑村还有一种眷恋，虽然村里很多制缸者纷纷不再参与制作，但他们开始从事缸的销售，产品大都来源于江苏宜兴、浙江长兴等地，目前从事缸销售的全村达20多户。

（永嘉县农办）

泰顺县石角坑村

一都纸

竹纸兴村。石角坑，是一个产竹纸闻名的村庄。清代进士、泰顺罗阳人董正扬（1768—1816）曾到访过石角坑村，写下《久客怀归作山村杂忆十首》（之一）："石角坑边去，深林又一乡。蕨根澄粉嫩，楠木种菰香。冶铁飞星火，栽蓝捣蛎房。遗文夸绝险，更与说牙阳。"（选自《罗阳诗始》）

这首写在两百年前的诗生动地描述了石角坑的生活情景，与别村不同的，就是手工业发达。

清康熙年间罗姓从福建连城入泰顺县，其第五房罗元植选址石角坑，带来造纸技术。这位生活在清代中期的进士，入村更是不易："更舍笋舆前，忽与前村隔。上岭效熊攀，逾涧等猿掷。岩回势若催，峰危路逾窄。"据传这位进士造访石角坑，是为了他钟情的一种风物——"一都纸"。据《泰顺分疆录·卷二·物产》记载："竹纸，产一都，康熙三十一年，汀州人罗元森游泰至里庄，见其地多竹，因创为纸，后遂及于邻邑其利甚薄。"罗元森为罗元植兄长。石角坑，是一个林区，少耕地，因"一都纸"名声在外。

竹里畲族乡志记载："在新中国成立后至20世纪70年代，石角坑村集体创办20家造纸厂。从业人员最多时有400多人。由于村在平阳至景宁大道的中途站，时挑夫、民工及往来的商客不绝。外地民工涌入，一度超本地户籍人口。"石角坑村200多人口，在20世纪90年代初，就已外迁到城镇定居，现在仅有户籍留在村里。旧房子修好，笋子破土或夏天避暑才回家住上一段时间。2003年，确坑村还被推选温州市评为十佳生态村庄。这村先人的智慧，找到一条发展道路——植山养竹致富也。

进石角坑村第一感觉，就是肺像被万亩竹沥清洗过一样。有两条溪流入村汇合，奔飞云江而去。村民房子依"Y"形溪岸而列，户户绕水。经村中潭瀑，泉水淙淙。至夏日，昼夜温差大，但没有任何蚊虫。这还有一个传说，据说唐隐士罗隐至安固县（时瑞安县）访吴畦，不遇。方游时五十七都，化作乞丐曾至石角坑村，受村民盛情款待，并留宿，主家让他睡凉竹席。因夏日蚊虫多，不得安睡。罗隐便使法，让蚊子咬竹篾，不叮人。从此石角坑村就没蚊蚋。

石角坑，在陆路肩驮时期，虽是泰顺到景宁的商贸中途站，但与外界联系十分不便。民国24年，与晓燕合称一乡，为燕石乡；1956年，并入竹垟乡（1985年改称竹里畲族乡）。为开发竹里、黄桥两乡的竹木资源，浙江省土产公司投资造台黄公路。到石角坑村的最后7千米时，高山峻岭，沿溪凿壁，建涵填壑，工程异常艰巨。修路资金有限，村民整整用了5年时间，建沟涵37道，修桥2座。终于1976年公路通至竹角坑村，改善了村庄交通状况。石角坑一度以优势资源出口，生活用品全靠进口，生活殷实，被称为泰顺的"小上海"。

随着村庄的发展，石角坑村经济发展理念不断修正——敬重自然，要修路，更要护好生存环境。

守住翠竹绿林。石角坑虽竹木资源丰富，但还是个缺粮的村庄。据乡档案记载：历届乡党委、政府重视"林业为主，农业为辅"方针，但乡境人民的温饱问题一直困扰着村里。"与山斗"，毁林要粮，还是继续吃不饱？石角坑政府最终决定"唯林发展，才是乡情"。

1974年，竹垟人民公社书记钟掌早开始学习湖南造林经验，带领一批干部与群众，到20千米远的朝山村一带，垦荒种树。历经连续3个冬春的补种、扩种，建成以松、杉为主，面积达2000亩的乡集体林场。茶坪、石角坑、上岱兴办林场，宜林地区恢复植被。2004年石角坑村与茶坪村合并，称茶石村，村域面积扩大到22.7平方千米。2010年村有耕地174.82公顷；林业用地31650亩，其中生态林23230亩，商品林8420亩；非林业用地1756亩。森林覆盖率94.28%。

茶石村生态林，2005年就享受补贴。2011年乡在茶石一带又经营中央森林经抚育试点。2012年乡在茶石村实施全国首批生态公益林森林经营碳汇项目。茶石村267本（户）山林股权证全部发放到农户手中，村民可以享受集体山林收益带来的分红。

流出来的水也可分红。五行中云水生金，这话在茶石村一点都不假。茶石村域面积大，植被茂密，水资源涵养丰沛，有温州茶石水电站有限公司、泰顺县大际水电站有限公司、泰顺县白鹤渡水电站有限公司所建的3座电站。装机总容量3230千瓦，年发电量865万千瓦时。前两座电站村委持有 30 万原始股的分红、部分村民持有股份，清洁能源可产生的巨大收益。

竹字大文章。1993 年石角坑的竹纸退出历史舞台。乡政府鼓励和动员村民多种经营，发展村集体企业，特别是家庭加工业得到发展。1990 年初陆续建起 5 家竹木加工厂，产品主要有半成品玩具、木地砖、木衣架、简易木板凳、竹筷等。但还是以原竹输出为主，经济附加值低。21 世纪初，茶石人民又做兴竹文章，让竹子不断升值。2002 年乡鼓励村民进行毛竹低产林为丰产林改造。1000 亩的基地建设毛竹低改项目是"以竹兴乡，以竹富农"道路的第一步。

2005 年省挂钩单位林业厅特派员翁升同志到乡挂职，进行毛竹低改技术指导。村民自发成立县石静、上竹、茶石、竹里、农林等 5 家毛竹专业合作社。政府给予每公里补助 4 万元修建林间作业道路。茶坪村投入 30 多万元建修道路 15 千米，用以降低竹材原料运输成本，提高经济效益。

2012 年建设竹文化媒介、竹子观光园区的窗口——竹里馆。让以竹为乡名的竹里畲族乡，竹文化得到充分展示。

竹里馆、竹文化园负责人、一都纸第十一世传人罗祖华在 2003 年 7 月，历时两年制作雕刻竹筒浮雕《五百罗汉图卷》；2009 年 7 月 3 日，罗祖华雕刻《五百罗汉》获得全国木雕根艺金奖，并被授予"金雕手"称号。2012 年在竹里村设置竹里馆，室内设有竹产品展览馆，室外种植国内不同品种的竹子观光园，占地面积为 20 多亩。馆内设有竹雕工艺品展览厅，竹筷、竹制生活用品展厅，历代纯手工竹编工艺品展厅，现代竹炭产品厅，字画展览厅以及产品销售区等。馆内产品达 1000 多种，名家字画（竹雕）、浮雕、线刻、浅刻、竹排烫画、竹筒、切割、镂空、木雕、竹根雕刻等 120 个品种，都是手工精心制作，多项产品荣获国家金奖和银奖。收集竹子原材料系列 100 多种；收集古代竹制生活用品 40 多件；竹雕工艺品十个大类；竹炭制作的棉被、袜子等也收集其中。

以竹木资源发展的茶石村，生态效益已凸现优势。村庄主要道路已辟成温州 5 号绿色通道。竹子现代示范园区已初建，正筹建自驾游露营地，决心走生态休闲旅游特色道路。

（雷　霄）

第七篇 乡村美食

宁波市象山区溪东村

象山米馒头

茅洋乡溪东村坐落在小、大雷山脚下,紧靠溪口水库东侧,依山傍水、风景秀丽、历史悠久。溪东村建村 1000 余年,拥有悠久的人文历史和庙宇文化,其中比较知名的文化遗产就有 6 处之多,如千年青龙庙、千年蓬莱寺、千年古柏、600 余年的石氏宗祠、500 余年的古石碾子、600 余年的古井。

溪东村,原名东岙村。1981 年 10 月,由东岙村改名为溪东村。现有 278 户、840 人,耕地 824 亩,山林 4309 亩。2013 年村经济总收入 2603 万元,农民人均收入 12886 元。曾先后获得省级绿化示范村、省级园林示范村、市级生态示范村、市级文明村等 10 多项荣誉称号。

象山海鲜闻名天下,四海之内,各种打着象山海鲜招牌的饭店生意总是好得出奇。其实象山的点心同样可圈可点,品种繁多、味道独特。后宫佳丽三千只取其一的话,点心中的倾城之色便是米馒头了。

象山米馒头(图 7-1)的发源地就在茅洋溪东村。村里的老人说起此事,稍微有些小得意,老人们说只知道自己小时候就是吃着米馒头长大的,但不记得米馒头是从什么时候开始有的,应该是有村庄就有了米馒头,而他们村庄是从明朝便开始有了。

村里有个古老神圣的青龙庙,坐落在村口,百年古树掩映红色庙宇更显清幽宁静。相传青龙庙非常灵验,进出保平安,务农保丰收,经商发大财,读书中三甲。每年农历正月十八是村里的青龙庙会,每家都会做些点心,并且拿出最好的供到青龙庙关老爷神案上,以求全家平安,其中必不可少的点心便是米馒头。

青龙庙会,是溪东村最隆重的庆典活动。庙会这几天,各家各户像过年一样,由村里出面请来戏班,在石氏宗祠古戏台上连做五日五夜,最长

图 7-1　象山米馒头

时做过七日七夜。三乡四邻都赶来看戏，家家户户都有客人来走亲。那几天也是最能展示一户家庭女主人持家能力的时候，因为据说每一个治理得井井有条的家都是女主人心灵的反映，所以每一户的女主人在那几天就更加快乐地忙碌着。打扫屋子、清理庭院，当然还要做许多的美食，其中重头戏便是做米馒头。

米馒头的食材是白砂糖和新鲜大米。别看一只小小的米馒头，做好一只米馒头最起码有 7 个步骤。1. 做馒头的大米。做馒头的大米要求很高，选用好的米很关键，如果是陈米做出来的馒头就会有酸味，不好吃。2. 粳米和糯米按一定的配比，用水洗三遍后再在水中浸泡 12 个小时。米一定要洗三次，不洗做出来的米馒头颜色不好看，洗的次数太多了也不好，把营养都洗没了。洗过后的大米做出来的馒头白白嫩嫩的，仿佛初生婴儿的皮肤，吹弹可破。3. 泡了一个晚上的米，用清水再洗一下，用机器磨成浆，加白糖让米浆自然发酵（24 个小时），还要适当加点昨天发酵过的米浆，一般加总量的 1% 就可以了，用以增加米浆的发酵速度。夏天的时候自然发酵很简单，放在房间里就行了。冬天气温低，为了自然发酵，还得用被子把装米浆的盆子包起来，有时为了达到自然发酵的温度还必须在房间里生个煤球炉。4. 手工搓成一个个圆圆的米馒头。发酵过后再加白糖催酵后开始做，先做出一个圆圆的小馒头放在蒸笼里，再把蒸笼放在水温较低的锅上催酵。催酵的程度很重要，时间太长了不好，做出来的馒头不像馒头像大饼，水温也不能太高，水开了做的馒头就会生硬。

5. 把蒸笼放在蒸汽锅上蒸 7—9 分钟。6. 蒸好后米馒头就可以新鲜出笼了，咬上一口，软软的，加上有一股经自然发酵过的淡淡的酒香，特别香甜可口。7. 在馒头上点缀红色，红白相间，色香味三要素就一应俱全了。

　　米馒头因为经过自然发酵，吃了能养胃，所以是一种健康食品。溪东村的村妇们每个人都会做米馒头。20 世纪 70 年代时，有好多人家以此为主业，卖到周边村庄，甚至挑到邻县去卖，销路一直不错，足以养家糊口。如今有客人来，溪东人便会做米馒头招待，以示隆重，到外面去走亲访友，伴手礼还是米馒头。

　　一年一度的茅洋同乡会，餐桌上最受欢迎的依然是米馒头。参加同乡会的绝大多数人都出门在异乡创业，这些游子常年在外打拼，平时很少回家乡，一个米馒头就让他们找回了家乡的味道。在米馒头里，他们依稀看见了小时候母亲围着灶台转悠的身影；在米馒头里，他们看见了父亲在田头汗滴洒下土的背影；在米馒头里，他们更闻到了纯洁和宁静的村庄的气息。

（应红鹃）

龙游市马戍口村

龙游发糕

马戍口村位于龙游县南部的深山处、沐尘水库尾部,是衢州市南大门,距县城约40公里,区域面积13.8平方公里,下辖竹马坑、坑口、狮子山、门祥、潘滨等11个自然村,640户、1700余人。这里曾是衢州、处州两府之交通关隘,官道商道并驾齐驱。传说600多年前,明太祖朱元璋曾在此驻兵而得名。

乡关马戍口,青山绿水,三分薄田。青山孕育翠竹,绿水流淌甘甜,薄田飘浮稻香。母亲河灵山江的江界就在这里,支流桃源溪水质纯净,还有一口老井叫"不老泉",上百年来,曾供应整个村里人的饮水。夏天,清花花的透亮,手指放进去像透明的小鱼,直接饮用,带有丝丝的甜味,透心彻肺的凉,特别解乏解渴;寒冬,它便成了温泉,水面冒腾着丝丝缕缕的热气,流出来的水白白亮亮的,像一串温润的玉链,滑滑的、温温的,看着都是一种享受。

用马戍口的稻米粉和进马戍口甘甜的清泉,揉进爱意和温情,盛在翠竹编制的炊笼里,发酵、蒸腾、香飘千里,成为"乡关"和"老家"的象征和媒介,成就了龙游的经典美食——龙游发糕(图7-2)。

图7-2 龙游发糕

龙游发糕是中国地理标志产品，是春节期间的特殊糕点食品。龙游发糕花色品种多样，按口味分，有白糕、丝糕、青糕、桂花糕、核桃糕、红枣糕、大栗糕等；按主要原料分，可分为纯糯米糕和混合米糕。龙游发糕制作工艺独特，配料考究，成品色泽洁白如玉、孔细似针，闻之鲜香扑鼻，食之甜而不腻、糯而不粘。其最大的特色是在制作过程中加入适量糯米酒发酵而成，营养丰富，尤其适合老年人、儿童食用。

在马戍口，每个节日的传统风俗，都有一个津津有味的故事。打年糕是纪念伍子胥的忧国忧民；做清明粿是纪念介子推的气节；吃锅巴又和"长毛"扯上了关系。至于龙游发糕，说的是一位农家小媳妇在拌粉蒸糕时，不小心碰翻了搁在灶头上的一碗酒糟，看着酒糟流进米粉，小媳妇急得直想哭，可是她不敢声张，怕遭到公婆的责打，只得把沾了酒糟的米粉依旧拌好放炊笼里蒸。谁知道由于酒糟的发酵作用，这一笼糕特别松软可口，还有一股微微的酒香。从此以后，龙游人在蒸糕时就有意识地拌进酿酒时积在酒缸底的沉淀物，蒸出来的糕因发酵作用而膨胀松软，人们就称之为"龙游发糕"，图的是又"发"又"高"，"年年发，岁岁高"的大吉大利。

传说归传说，龙游发糕确实是贡品。龙游发糕有着近千年的历史，因其风味独特、制作精美，又是"福高"的谐音，象征吉利，因而成为节日礼品。

炊发糕的程序很是烦琐。从原料到成品需经水浸、淋洗、拉浆、磨粉、脱水、混和搅拌、灌笼、发酵、汽蒸和修剪箬叶等10余道工序。腊月上旬，马戍口人便将粳米和糯米按7：3或3：1（视粳米的糯性而定）的比例浸在水中，半个月后捞出，用水淋清后磨粉。离家几步之遥的水碓，便整天"吱吱呀呀"响个不停，招呼左邻右舍舂米粉。后来改用机器，"拖浆磨"（即用机器水磨）的米粉使炊成的发糕味道更佳。劈好的"过年柴"，也被大人早早地码在屋檐下。腊月廿四过小年，家乡的炊烟便袅袅地在老屋的黑瓦顶上荡漾，过年的味道也就这么氤氲开来。

大人们先在木盆中洗刷盛夏时从山中采来的箬叶（有的地方没有箬叶，便用荷叶替代），洗刷干净后，掐头去尾，垫在炊笼里，无论箬叶还是荷叶，都有一种淡淡的清香萦绕鼻尖。炊笼里的箬叶要一张张相互叠压，不能留有空隙，否则发糕坯料会流出来。每垫好一个笼，便用一只大碗反扣在炊笼中间，用来固定和压平片片箬叶。开始拌粉之前，先仔细地用小竹畚斗秤白糖、米粉。那种不大不小的"4斤笼",每笼4斤粉、2斤半白糖、2大两猪油。大人的这份虔诚和庄重,不亚于一场宗教仪式。开始拌粉的时候,先把米粉倒入木桶,晶莹的白糖、剁碎了的板油也拌入其中,然后慢慢地注入酒酵。渐渐地,米粉和成了一堆白色的混合体。再双手捧起米糊,如果米糊缓缓地顺着指缝滴下,便用厚重而坚定的声音宣告:"好了,上笼!"小孩子便也欢快着忙碌起来,能在这样的场合给父母打下手,可是他们的荣光。大人则不断地叮嘱:"炊笼可不能端歪了,要不炊起的发糕也歪腻腻的。""笼不能装得太满,发糕发起来可要漫出笼沿呢!""灶火不能烧太旺,笼上的发糕要放在大锅里拖酵呢!"

"拖酵"的意思是,上笼的发糕怕冷,所以要先给它们一点温度,热热身,然后才能发起来。要是温度太高,把酒酵烧死,就不能发酵了。大人会轻轻地掀开笼盖,在腾腾热气中仔细审视发糕,然后把叠在大锅上的蒸笼上下不断地调换着顺序,撤下的蒸笼立马端到太阳底下晒着加温。拖酵往往要三四个钟头,这是个技术活,也最考验人们的耐心。待糕坯发至满笼,就把削成的小竹节均匀地插在每一个蒸笼的内壁,每笼四根,供炊笼中的热气上升,不然,发糕就不能熟。

如果炊笼四周开始热气旺冒,就叫作发糕"上气"了;如果热气像豆大汗珠似的分布在炊笼外圈时,发糕还是半生半熟;如果炊笼外圈的"汗珠"消失,蒸气笔直地从笼盖上冒出来时,说明发糕已熟。这时,就可以掀开炊笼盖,用筷子戳戳看,如果筷子头上没有发糕粘着,那就表示发糕熟了。火候未足的发糕吃在嘴里会粘牙;熟透的发糕不及时出笼,又会被闷黄,没有卖相。

当一笼笼热腾腾的发糕摆在四方桌上时,人们会齐声大叫:"发了发了,高了高了!"同时用手在晶莹如玉的发糕上使劲按着。奇怪的是,按下去的凹陷之处,不一会儿就恢复了平整。大人们一看不是"实瘪糕",高兴得合不拢嘴,拿起菜刀切下发糕的一角让大家品尝。手捧一块块孔细如针的乳白色"海绵",小孩在手中把玩着,揉捏着,舌头舔着糕的表面和周边的细孔,既想一囫囵吞进嘴里,又如手捧珍宝般不舍。许多农家会用六角茴香,或是雕着花纹的白萝卜,喜滋滋地沾上调好的"洋红洋绿",在热腾腾的发糕上"扑扑扑"地敲着印花,那一个个鲜红的印章,增加了喜庆气氛。最后,会在糕面上涂一丁点茶油。

年年发糕年年福,笼笼发糕岁岁高。随着生活条件的改善,发糕的花式品种也琳琅满目了。婆媳相传、父子相授，继承与创新并举，传统的年味也在与时俱进。桂花、橘丝红枣成了糕面的点缀；在糕中夹一层红豆沙、芝麻便成了夹心糕；清明时节采摘的艾青成了清香四溢的青糕配料。虽然这些发糕花色诱人、口味独特，但是人们爱的还是老屋里袅袅炊烟下大蒸笼里原汁原味的发糕。发糕带给我们不仅是节日的快乐，更是一种家庭的温情、幸福。

要过年了，扑进老家的怀抱，远远望见老屋的上方、炊烟袅袅，如母亲手中温柔召唤的白手绢；又如细线，拾串起那些飘落在记忆深处的珍珠。面对满桌子的美食，游子总爱最先品尝发糕。也许留恋的是这份年俗带给我的温暖与亲情，更是借着发糕宣泄蓄积已久的乡情吧。

手捧发糕，在"年"的情感酒杯中，虔诚地分享这份浓浓的情愫，让它发酵、升腾、醉卧在我魂牵梦绕的生我养我的山乡田野。

（田志宏）

诸暨市次坞新村

次坞打面

诸暨次坞镇，本作"茨坞"，位于诸暨与萧山、富阳交界处，是一个始建于宋代的古镇，千百年的文化积淀形成了独特的地域人文和建筑文化，其综合经济实力也已位居全省50强。在这繁华古镇的中心，坐落着省级历史文化保护重点村——次坞新村。这个由次坞、新庵桥、新岭、上蒋4个自然村组成的历史文化名村，有着2800多人口，俞姓是占绝大多数人口的大姓，这里也是全国最大的俞氏居住地。

"千山环翠毓灵秀，万壑争流式廊基"，次坞村历史上有牌坊15座，祠堂、庙宇、古民居、古墓葬、古遗址多处，其中明代建筑2处，清代和民国时建筑20余幢。然而，真正让这个古村声名鹊起的，不是这些历史久远的民居，而是一碗面条。这碗与众不同的面条是次坞人的绝活，它跻身于诸暨十大传统风味美食，与草塔羊肉、安华牛淘汤、应店街狗肉等齐名，它的美名就叫作"次坞打面"（图7-3），而且有一句很牛的口号，叫作"百吃不厌"。

图7-3 次坞打面

次坞打面的发源地就在次坞的老街上，起始于何时，人云亦云，但却有着一个美丽的传说。

600多年前的一个晌午，依靠红巾军起义打天下的朱元璋，率领十余万士兵，路经次坞，准备去攻打张士诚。大军长途跋涉后就在次坞安营扎寨。因为沿途打了几次胜仗，朱元璋心里有着一种说不出的兴奋，高兴之余，心血来潮，忽然想去游览螺峰山（相传春秋时，夫概封邑于此，在十二都的夫概山为第一山，在次坞的螺峰山为第二山，故为次峰，山下之峡谷也因此叫次坞）。一趟山爬下来，早已饥肠辘辘，于是下山去寻找美食。

走到山脚下的小街上，只听到一阵"啪啪啪"的有节奏的敲打声从一家小小的店铺里传出来，一行人好奇地敲门探询。走进店里，一张长方形的木桌子，一根被磨得溜光发亮的竹棍，一团和好的面团出现在众人眼前。

饿得前胸贴后背的朱元璋一见面团，顿时来了兴致，让店家赶快做几碗面来尝尝："只要好吃，赏银加倍。"那店家夫妇一听，忙战战兢兢地动起手来。丈夫开始用竹棍"打面"，妻子则从缸中掏出腌制好的雪菜，又拿出了上好的猪油、猪肉，开始爆炒。香气顿时从内里小房间中飘出，丈夫也已将"打"出来的面团切成条状，不一会儿，一碗碗面就出锅了。

以前营房里吃的面都是揉出来的，哪吃过打出来的面呀。朱元璋好奇心起，连忙吃起来。这一吃，还真别有风味，韧劲爽滑，咬嚼有味。只三两口，一碗面就下肚了，朱元璋意犹未尽，金口再开，再来一碗。这边老朱尚且觉得好吃，旁边行军打仗只有粗茶淡饭的部下自然更是大快朵颐，连连添加。

看军爷们个个都赞不绝口，店主夫妇这时才放下心来，朱元璋示意部将拿来银两，连连夸赞主人做的面真是"百吃不厌"，说是等大捷之日，还要再来。后来朱元璋在京称帝，特招此面店师傅进宫传授技艺。从此，次坞百姓就称此面为皇帝圣旨口封的"次坞打面"，"百吃不厌"也成了御赐的广告。

坊间的故事很难求证，但为次坞打面添了一份"高端大气上档次"的传奇味道，让现在去吃面的人可以津津乐道。

不过，解放前，普通百姓只有在招待特殊客人或麦子成熟的时节才做一回"次坞打面"。不单因为生活条件不好，还由于打面制作工艺复杂，百姓人家没这闲工夫花在"打"面上。而有钱人家和官吏则会常常吃面，当时他们最喜欢去的要数老街上的"阿贵面馆"，这个叫俞贵松的店老板一直传承着御封打面的绝活。

解放后，阿贵的儿子俞庆夫继承了"阿贵面馆"，打面棍也由竹制换成了不易破损的木棍。可惜俞庆夫早逝，但俞庆夫的两个儿子俞仙友和俞满友接续薪火后，改名"仙友面馆"且传承至今。这家历史悠久的小店，成为20世纪90年代次坞打面风靡全省的鼻祖。

改革开放后，经济活络了，老街之外有了新街，老街新街上的面馆一下子多了起来。来到次坞古镇，每走百十步就会出现一家打面店，那些招牌往往会以老板名字命名，不外乎"阿潮打面""明珍面馆""涵文面馆""小平打面"等等，这些面店里往往会坐满了人，在门口也会有桌椅三五，边上三三两两地站着人，翘首等待着老板一声吆喝："腰花面来了。"路上也会时不时地有陌生人问路："XX面馆在哪儿？"这些陌生人也往往是慕名而来，为的是拜师学艺。

20世纪90年代，当嵊县包子、沙县小吃铺遍全国的时候，次坞人才醍醐灌顶，人家能走向世界，次坞打面也一定能行。于是乎，次坞人开始走出小镇，走向城市。次坞老村的俞光华，1997年开始在诸暨城区亮出"次坞打面"的招牌，一亮就是18年，带出了不少徒弟，靠烧面发了家致了富。于是同村乡邻，竞相仿效。次坞新村人俞巧萍是上峰包装集团的总经理，她敏锐地嗅到了其中潜在的发展空间。2013年，她率先注册了"打的好"商标，开启连锁经营模式，目前旗下有"打的好"次坞打面旗舰店4家，不久将会有上百家"打的好"面馆遍布省内省外。

如今，次坞打面馆不仅在诸暨本土异常火暴，更在江浙沪遍地开花。光一个次坞新村，在全省各地烧打面的就有70多户，而辐射带动全镇从事打面行业的有数百家。新桥小丁畈十几户人家，就先后走出了俞尚员、俞庆红、俞建云等十几户人家从事打面生意。据不完全统计，光浙江省内就有次坞打面馆1500余家。

许多食客慕名而来，第一次品尝后便铸成日后数十次、数百次的履印，造就了"闻香下马，知味停车"的美食传奇。

（杨福元）

杭州市富阳区红星村

红星花糕

　　场口镇地处富阳西南部,东靠环山乡,南临常安镇,西接东图乡,北濒富春江。320国道(南线)和杭新景高速(杭千高速)贯通全境。境内大多为丘陵地带,沿江有部分冲积平原,土壤以黏土和沙石为主。地势西南高、东北低。湖源溪、乌畴溪、宋家溪自南而北注入富春江,瓜江环围王洲,由青江口注入富春江,水资源充足。红星村就坐落在孙权故里王洲的大片良田之间,富春江就在村庄背后的不远处。红星村最出名的要数花糕了。

　　花糕,虽是一种普通得不能再普通的民间小食了,可它在富阳场口历来是一大土特产,深受当地百姓的喜爱与追捧。过去,很多农家妇女都会蒸一桶,专门用来招待客人,或是给家里人换换口味。近些年来,人们习惯了购买各种各样现成的吃食,像花糕这样要从原材料大米做起的乡间美食,便渐渐受到了主妇们的冷遇。因为毕竟,要蒸一甑桶花糕出来,也要花费大半日的功夫,做花糕的人群也就自然而然地少了。当场口花糕在人们食谱里渐渐淡出的时候,红星村何永和家里的花糕却一直"红旗不倒",依然名扬四里八乡,就连省城杭州也经常有人专程赶过来品尝,而且居然还要买上一大桶带回家去冷藏着。

　　红星村的花糕(图7-4),隐隐有着田园的味道。许多小时候吃过妈妈亲手做的花糕的场口人来说,这种味道是难以忘怀的。也许这里面承载着缕缕乡情,多了一丝乡愁。尤其在何永和的手里,无论是珍珠般的大米、玉米,还是普通的番薯、芝麻等各种天然农作物,一旦经过他的加工倒腾,就立刻会变成了入口松软、甜糯、润滑的兼具田园气息的乡村美食。刚做完花糕的何永和,站起来说要去田里看看,儿子何海钱就跟着一起去了田头。乡土美食,传承还是在父子之间,而对土地的亲近,是一个继承人必不可少的品德。花糕制作的主料是大米,制作红星花糕的大米就主要来源于王洲的稻田里。红星村就坐落在孙权故里王洲的大片良田之间,富春江就在村庄背后的不远处。王洲的稻田是场口最美的,绵延相接，一眼望不到头，田间还散种着高粱、玉米等各种作物，它们的叶子在空旷的田野上和着风哗哗作响。据说乡间流传着这样的一个故事，说是邻县桐庐山多田少，富阳人就笑话桐庐人"半亩二十三口，蓑衣笠帽盖三口"，而富阳人夸自己则是"九犁十八亩，回头饿死小牛犊"。这话虽说有点夸张，但用来形容王洲岛那样连片的沙洲稻田，倒是应景得很。

图7-4 红星花糕

农历八月中旬，田里的稻子已经蹿到了半人高，稻花渐渐飘香，稻谷忙着灌浆，盛夏到初秋，田野的绿是最美的。身在鱼米之乡，丰收之后，用稻米制成各种美食打牙祭，也是农民们庆贺收获的一种最朴素的方式。花糕、状元糕、米果、年糕、年糕泡、麻球……还有一些已经被何海钱遗忘了名字的吃食，对父亲何永和来说都是曾经实打实的"奢侈品"。"洋涨沙上六谷头，龙门环山芋艿头，安禾小籴卖钵头，沧头沧头老套头。"这些民谣囊括了场口地区的出产。父亲何永和说他小时候，王洲岛因为新安江水库还没造，岛上地势低，种水稻容易被淹没，大家就都多种高粱玉米。收获后，再挑了高粱玉米到常安沧头等地换回大米。在这样的情况下，让家里的大人蒸一笼花糕吃是很难得的事，于是就又有了"关起门来吃花糕"的典故。花糕味美，香气浓郁，一家蒸糕半村香，打开门吃，大方一点的，估计要留给自己肚子的这点花糕都会被人分享了去。不像现在，想要吃花糕，根本不用考虑那么多，直接蒸一桶就是了。

做花糕的米要先用水浸过几个小时再磨出来，磨粉现在大多用机器，快而且细。不过，这次何永和父子俩打算用家里的石磨磨一回粉。毕竟，老底子时就这样做的。首先，架好磨床，洗净磨盘，往磨床架子上摆一个匾接米粉，接着再把一把把浸透的米从磨眼里倒下去，就可以开磨了。这是一个力气活，父亲年纪大了，何海钱就让父亲在边上看着，适时加加水。第一次发现家里的石磨还能磨粉，何海钱的儿子优优很是开心，玩米、玩粉，不亦乐乎。捣鼓了几下后，粉就磨出来了，第一遍磨出的是碎米，还要多磨几遍，才是细腻的水磨粉。何永和喜欢用大米、黑米和玉米面一起做花糕，这样的花糕做出来营养更全面，色泽也更诱人。何海钱推磨，父亲加水，孩子和妻子在边上候着、看着。和家人相处，有时候就是一起做一件事，再有边上看着的孩子和妻子，生活就圆满了、幸福了。磨好粉，接着加白糖，把粉拌匀。花糕甜不甜，味道透不透，加糖是个关键步骤。何海钱跟着父亲做过几回花糕，已经能独立操作了，凑巧今天姐姐也在，两姐弟和母亲就一起动手做花糕，还顺便做了几块状元糕。状元糕是呈"8"字形的米糕，一套工具也简单，枣木做的糕模、一个木头做成的小蹄子，一根同样短的圆木棍就够了。把拌好饴糖的米粉，倒进糕模，用木蹄子对准糕模，用力压实，然后模子朝下，用圆木棍轻敲边缘，一块块成形的状元糕就落到了竹匾里，压实的状元糕不容易碎，烘烤后也更加紧实，吃的时候，一小口一小口，很香很甜。花糕做起来说难其实也不难。糖拌好后姐弟俩帮衬着把粉倒进蒸桶，然后用把长水果刀在花糕粉上横竖切了数刀，这样蒸熟后的花糕就不会黏在一起，拿起来就方便多了。蒸花糕的过程关键在于一个"蒸"字，这其中大有学问。不能简单地把蒸桶往锅里一放蒸煮着就行了，在花糕蒸熟之前还不能加盖，那是因为蒸桶底部受热后花糕从下往上熟，水蒸汽跟着蒸腾，要是一加了盖就麻烦了。水蒸汽被盖子一压就得往下透，这样蒸出来的花糕就夹生了。母亲在灶头烧火，等雾气蒸腾，花糕香味传来的时候，大约也就过了 15 分钟左右。今天的花糕，一家人特意做了两种，纯米粉蒸了一桶；米粉、玉米粉、紫薯粉合一起也蒸了一桶。两蒸桶花糕，蒸熟了大家分吃一点，剩下的，何永和打算让几个小辈带回家里去吃。大约过 15 分钟左右，雾气蒸腾，花糕香味传出来的时候花糕就蒸熟了。何海钱端出蒸桶，小心翼翼地把它倒扣在案板上。花糕一出笼，顿时，热气飞腾，香气四溢，引得大家口角酸酸。姐弟俩趁热把花糕一块块掰下来。花糕又软又韧，纯米粉的撒了芝麻粉，朴素内敛，还有一锅黄白紫三色叠在一起，真是赏心悦目，养口、养胃又养眼。

现在已经不用关门吃花糕了。何永和家对面是村里的居家养老服务站，蒸熟的时候约傍晚五点，几个平均年龄超过 75 岁的老太太循着小时候熟悉的香气,找到了花糕。老太太们说她们小时候,只有过节、过年,家里人才会弄一点大米做花糕招待客人,给小孩解解馋。场口老话说"关起门来吃花糕",大概是因为那时的穷吧,这群老人应该是最明白这句话的个中滋味了。

红星村的花糕,有着田园的味道。对于许多小时候吃过妈妈亲手做的花糕的场口人来说,这种味道是终生难忘的。因为这里面承载着缕缕乡情,多了一丝丝乡愁。

(柴惠琴)

建德市陈店村

陈店千层糕

在浙西山区有一座700多年历史的小山村名叫陈店。陈店村地处兰溪、龙游、建德三地交界处，毗邻316省道（龙葛线）。北靠狮山威武，南对砚峰毓秀，两山之间良田千顷，环村小河常年溪水潺潺、清澈见底。青山绿水乡土孕育了一代又一代勤劳智慧的陈店人民。

清香、爽口、味美的千层糕，用白糖作佐料青绿色中泛点黄，用红糖作佐料红褐色中带点青。品尝过陈店千层糕甘美滋味的人不计其数，但关于陈店千层糕（图7-5）背后的故事却鲜为人知。

图7-5 陈店千层糕

据史料记载，陈店村源于元末明初，先祖道一公自汤溪湖田花园迁居以来，距今已有七百多年历史。先祖道一公是个生意人，常年漂泊在外做点小生意。有一次道一公途经陈店，看到这里的青山绿水良田，顿生眷意，一时流连忘返，于是跟妻儿商量来此定居。古时陈店一带是一条官道，是往返于杭州衢州之间的商家官家的必经之路。陈店一带人烟稀少，道一公便想在此处开一客栈为过往行人提供食宿赚点小钱，空闲之余开荒种地，与妻儿一起安居乐业。道一公姓陈，于是为自己的客栈取名为陈店。道一公在此定居后，人丁逐渐兴旺，陈姓人氏生生不息，慢慢地就形成了一个村落，陈店村一名也就由此而来。

道一公夫妇为人淳朴善良，客人都愿意来此投宿，生意也越做越好。由于客人离店上路后，路途遥远，都要在店里备一些食物带路上食用，道一公夫妇常为此伤透脑筋，面条稀饭不方便携带也不便在路上食用，因此经常做一些烙饼之类的食品。但是这类食品一般客栈都有而且味道很一般，道一公夫妇总在琢磨着有没有一种食品吃多了不伤胃，放久了不变质，色香味美又便于路上携带。他们开始是做发糕，发糕虽然便于携带，而且多放几天也不会变质，但是味道很一般。后来道一公做成了脍炙人口的千层糕，这其中不光饱含了道一公夫妇的苦心钻研、反复试验，还有一定的巧合。这当然是从老年人口中一代代传下来的故事，没有历史考证。

狮山脚下有一片竹林，道一公夫妇经常去竹林挖笋，陶醉于竹叶的清香。夫妇俩常想能不能把竹叶的清香添加进食品，夫妇俩不谋而合，说干就干。他们先把竹叶采回洗净，放锅里煮沸半小时以上，水成了墨绿色且泛着阵阵清香，再用竹叶水泡米，泡上一天后磨成粉，再放蒸笼上蒸。这样做出来的米糕色香俱全，但是味道却不怎么样，吃起来糊口而且中间夹生。看上去这么诱人的米糕味道不咋地，道一公夫妇伤透了脑筋，经过反复试验还是不能解决难题。

道一公夫妇为人淳朴善良，生意越做越红火，难免招来同行的嫉妒。当时距陈店两公里有个叫长乐的地方也有一家客栈，客栈老板姓金，原先生意也不错，自从道一公开客栈后他家的生意就逐渐萧条了，金老板心里很是恼火，想去看个究竟，陈店这家客栈究竟用什么方法抢走了他的生意。于是乔装打扮成商人的样子去陈店客栈投宿。金老板入住后东走走西转转，趁道一公夫妇在堂前招呼客人的时候偷偷来到厨房间。他看见浸泡在煎好的竹叶水中的粳米，散发着阵阵清香，心里想，道一公是不是用这绝门手艺抢走了他的生意，心里顿生歹意，到灶台下锹了一锹稻草灰倒进了泡着粳米的竹叶水里，心里暗想客人吃了稻草灰，看以后还有没有客人到你店里住宿。

道一公夫妇发现有人使坏后，心里又气又恼，但是又舍不得把这么多大米白白倒掉，于是夫妇商量把这些大米做成米糕留着自己慢慢食用。苦于以前做的米糕经常夹生，道一公说这些米反正已经脏了也不值钱，就把它当作试验品吧，我们先浇上薄薄的一层，蒸熟后再浇第二层，看这样蒸的米糕还会不会再夹生，夫人听后觉得有道理，就按道一公的说法做了，谁知这一试居然试出了绝世佳品。这样蒸出的米糕层层分明，而且层与层之间可以完整撕下，吃起来很爽口。道一公夫妇很高兴，这么长时间未破解的难题被金老板给破解了。从此以后陈店的生意更加红火了，方圆几十公里的客人都想来品尝一下陈店客栈的竹叶米糕，后来有一位文人途经陈店品尝了竹叶米糕后赞口不绝，写下一句诗："仟仟细叶草灰香，蒸蒸日上千层糕。"从那以后竹叶米糕就改名为千层糕。

道一公夫妇为人热情厚道，方圆几十里的人都来向他请教如何做千层糕，夫妇俩都会毫不保留地教给他们，做千层糕的技术很快传遍了大江南北。

陈氏后人为纪念德高望重、憨厚善良、相亲相爱的道一公夫妇俩，每逢过节都会蒸上几笼千层糕，一来是为了供奉祖先，二来是为了款待客人。每年农历七月十五，家家户户都为做千层糕忙得不亦乐乎，在这一天，当你走在陈店村的弄堂小巷里到处都能闻到千层糕的阵阵清香。

道一公夫妇凭着淳朴善良的待客之道生意越做越红火，子孙后代枝繁叶茂生生不息，千层糕不但色香味美，更象征着陈氏家族的生活红红火火、蒸蒸日上！

（黄建强）

苍南县西沙村

"朱广和"糕饼

金乡镇位于苍南县县城东部 23 公里处，北与舥艚镇交界，东依炎亭镇，东南与石砰乡接址，南连大渔镇。西沙村位于邹鲁之邦金乡。在西沙村，有一座建于清乾隆三十八年、坐东朝西五开间的大宅院，居住着一户金乡古城九大望族之首的朱氏兄弟俩，哥哥叫朱希惠，弟弟叫朱希熬。朱希惠养有一子三女；朱希熬育有三男三女。朱汉好是朱希熬第三子，育有四子三女，其长子朱懋序、次子朱懋冀、三子朱懋伍、四子朱懋望。

逢乾隆盛世，国泰民安，朱氏一族财丁两旺。朱氏族中男丁唯朱懋伍最为睿智、好学、精明。朱懋伍弃海作业，改制糕点营生，在他而立之年，先后到了浙江嘉兴公泰和糕饼店、绍兴孟大茂糕饼店、福州美且有糕饼店拜师学艺。在拜师学艺期间，每一处少则一二年，多则三五载，他虚心学艺，精益求精，偶有回乡小住。转眼间朱懋伍在外拜师学艺已达九年之久，朱懋伍即将进入不惑之年。朱懋伍学艺有成，决定回家乡炎亭西沙创办"朱广和"糕饼店，工场设在朱氏老宅院，门市设于炎亭东沙西沙交接口、土地庙旁三开间（现被炎亭土地庙扩建）。"朱广和"的招牌由此诞生了，朱懋伍便是"朱广和"糕饼店的创始掌门人。

"朱广和"的糕饼店（图 7-6）以品质、诚信为立店之本，大米、糯米、面粉等原材料都是精心选用。从半成品到成品，条条工序一丝不苟，

图 7-6 "朱广和"糕饼店

百年老店新开龙门巷

糕饼讲究的是色、香、味、形技艺；工艺讲究揉、煎、鳌、炒功夫。"一年四季、长刀短刀；糕盘印板、油皮蛋糕；糖货炒米、椒盐风宵；马蹄麻花、柿饼松巧；空心麻月、白糖荫糕；云片桂花、猪油炮枣；三锦油酥、五仁糖糕。"这段妇幼皆知让人垂涎的顺口溜，道明了金乡百年老店"朱广和"糕饼的美誉。

炎亭"朱广和"糕饼声名鹊起，距炎亭五里路之遥的金乡城里人常常差人来购买，因此，朱广和第二代传人朱炳筠，于光绪十三丁亥年，为了扩大朱氏糕饼产业和销售渠道，从堂姐夫金国英手中购买金乡大仓桥马巷旁朝南店面三间，前面开店后作工场，创办金乡"朱广和"（今为金乡供销社所有）。

到了朱广和第三代传人朱协池接手炎亭"朱广和"和金乡"朱广和"后，糕饼店产业增大、生意更加红火，成就了"朱广和"字号的鼎盛时期，金乡"朱广和"、瑞安"李大同"、温州"五味和"一度成为温州地区百姓公认的知名品牌。

星移斗换、政权轮替。新中国成立后，工商业实行公私合营，"朱广和"三间店面被金乡供销社作为"重估"财产入股。"朱广和"第三代传人朱协池、第四代传人朱钟理成为金乡供销社食品厂职工。

1963年，"朱广和"糕饼店第三代传人朱协池从金乡供销社退休，回炎亭西沙老家，身怀十八般技艺的糕饼制作大师，并不赋闲在家，每到四时八节便制作经典糕点，回馈乡梓。为了不使朱门独创的糕饼手艺失传，将年仅十三岁的孙儿朱功荣收在门下，悉心调教。朱协池将从祖父朱懋伍（第一代传人）身上学得的真谛，倾囊传授在孙子身上。古人一句俗语说得好："隔代传承，亚铁变金。"朱功荣好学、聪颖、悟性强，深得祖父真传。八年的学艺生涯，使第五代传人朱功荣糕饼制作技艺炉火纯青，青出蓝而胜于蓝。1968年朱功荣顶替父亲（第四代传人）进入金乡供销社工作。朱功荣于1974年因制作糕饼技术出众，也具备了管理才能，被任命为食品加工厂厂长。

忆古城，话今朝。金乡迎来了第三次辉煌时期，金乡卫城古城综合性保护恢复建设已拉开序幕。"朱广和"第五代传人朱功荣携关门弟子陈家峰、二儿子朱招洋（第六代传人）重开百年老店，再现"朱广和"糕饼店的昔日辉煌。他们专心致志地恢复传统糕点品种，同时注重创新，迎合时下人们的口味，并针对不同时节的需求，推出各式糕点品种。"朱广和"老店新开，店址设在金乡龙门巷5号（三开间）朱功荣房子内。外部装潢古色古香，内部装饰雅俗共赏。正门外一对楹联"陶朱有道财源广，童叟无欺市井和"是"朱广和"之店训，也是经营之理念。两旁对联："百年传颂招牌老，四季兴隆时货新。"正门内"朱广和"金字招牌彰显老店新开之兴隆。两副对联印证了"朱广和"糕饼真谛：其一，"色香味享舌尖口福，揉煎鏊凭手上功夫"；其二，"尝一口留香一世，买三文享福三生"。

"朱广和"历经清、民国，时至今日150年过去了，当下太平盛世，国泰民安。"朱广和"第五代传人朱功荣传承上辈技艺，发挥自身优势，将一年四季不同的产品挖掘出来、推陈出新，让世人享口福，重尝舌尖上的美味，为金乡古城恢复百年传统文化做出贡献。

由此，笔者把陆建光的散文诗稍作修改："中国有个浙江，浙江有个苍南金乡，老字号'朱广和'百年老店重新开张……"

是为志！

（胡长润）

文成县桂库村

桂库黄年糕

桂库村地处文成县境南端，与泰顺、平阳、苍南三县交界。地属文成高山，境内山峰陡峭，峰峦叠翠，社区所在地桂山最高峰"仙岩山"海拔高达1125米，因此素有"文成青藏高原"之称。据记载，明景泰前桂库原为桂库乡，属泰顺县管辖，到1948年才划归文成县。新中国成立后，桂库乡与山垟乡合并，取两乡首字组成桂山乡。桂库村是桂山乡辖内的一个百年古村，其不仅因为是鳌江水源发源地而出名，当地特产黄年糕（图7-7）更是远近闻名。

图7-7 桂库黄年糕

年糕是中国的传统食物，是以糯米等为原料，添加不同的辅料制成的节令食品。年糕又称"年年糕"，与"年年高"谐音，寓意着人们的工作和生活一年比一年更好。因为美好的寓意，我国很多地区在春节期间都有吃年糕的习俗。

年糕作为一种食品，在中国具有悠久的历史。汉朝时期，就有米制糕点的文字记载，这时的年糕称之为米糕，并有"稻饼""饵""糍"等多种称呼。古人对米糕的制作也有一个从米粒糕到粉糕的发展过程。明清时期，年糕已发展成市面上一种常年供应的小吃，并有南北风味之别。具有代表性的有北方的白糕、塞北农家的黄米糕、江南水乡的水磨年糕、西南的糯粑粑、台湾的红龟糕等。不管是南方风味的年糕，还是北方风味的年糕，通过烹饪之后，均美味、甜糯、醇香，具有浓重的历史气息。

在南北众多的年糕当中，桂山的黄年糕在温州一带比较有名，它的独特之处是在大米中添加了草药成分。这种年糕比普通年糕更加香甜、柔韧、美味，因此许多人对这种年糕的制作工艺十分好奇，尤其是它的颜色，总有人疑惑其中是否添加了色素。据了解，桂山的黄年糕已有300余年的历史，以前完全是由手工制作，工艺流程特别烦琐，要经过多天多道工序才能制作出来，半手工也得两三天。后来随着市场需求增加和技术进步，改由半手工半机器制作。现在制作年糕，为了更方便、快捷，多是几家拼在一起制作。

在制作年糕的加工点处，可以在门口看到几捆还很鲜绿的柴禾，这便是制作年糕的原材料之一。据介绍，制作黄年糕的草药主要有白杜鹃、山茶等一些冬季不落的乔木，将它们的枝叶烧成灰用水沥清后和槐花米一起加入制作年糕的米中，这样制作出来的年糕就有了桂花的颜色和草药的清香，口感也比普通的年糕更细腻、更有韧性。由于加入的草药具有祛湿解毒功能，因此黄年糕就有了保健的作用。每逢清明、春节等传统佳节，桂山村民都有做年糕的习惯。这些特制的年糕在市场上颇受消费者青睐。

黄年糕的具体制作流程如下。第一步是制作草药水：先将柴的枝叶烧成灰，待灰冷却后用水沥清，再加入事先泡好的槐花米，水烧开后便是制作黄年糕的草药水了。第二步是炊米：先将草药水拌入制作年糕的米中，拌匀后，放入木桶中置炉上经大火炊熟后待用。第三步是做年糕：这个流程需要几个人一起配合，先将炊熟的米倒在制作年糕的板上，人工放入机器槽内，第一遍出来的是模型，这时候的年糕表面还很粗糙，再经过一到两遍的打磨，年糕才成型，变得光洁圆润。第四步是冷却：刚出炉的年糕又软又黏，为便于储存，出炉后就要将其分段，放在容器或木板上冷却后才能储存。这是半手工制作流程，纯手工制作工序更是烦琐。纯手工制作时需人工将炊好的米在石臼内捣碎、捣糍，然后才放入在模具里制作。模具的形状有很多种，有圆的、有方的、有刻着花鸟鱼兽及人物的。经模具制作出来的年糕更是光洁精致、十分漂亮，在过去是走亲访友的馈赠佳品。

无论用哪种方法制作，刚做出来的黄年糕的颜色都像桂花的颜色，黄灿灿的十分好看。刚做好的年糕未完全冷却时可以直接食用，味道甜润、细腻、醇香。冷却后需要烧制，无论是煎、炸、片炒或汤煮，都比一般的年糕细腻、柔韧，香甜可口、回味无穷。有专家说，年糕不但味道香甜可口，而且营养丰富，还具有健身祛病的作用，因为年糕里含有蛋白质、烟酸、钙等营养元素。虽然年糕具有一定的营养价值，但它是一种不易消化的食品，一般不建议多吃，尽管桂山的黄年糕含有草药成分，对肠胃的影响较小，但也不宜多吃。

年糕由于是米制品，容易干，储存时需要多加注意。要想保存好，就要把年糕浸泡在清水里，每天清洗换水，这样年糕才能长时间保存，否则容易变酸、变质。还有一种储存方法就是用保鲜袋将年糕包好，放在冰箱冷冻室，吃多少拿多少，这个方法可以使年糕保存更久。

如今，随着人们生活质量的提高，黄年糕不如以前畅销，但因吃年糕是中国人的传统习俗，每到节日，这一食品在当地还是广受青睐。

（张嘉丽　胡雄兵）

桐庐县金塘坞村

畲乡麻糍

金塘坞村位于百江镇西部,距离县城50公里。目前人口达500人左右,全村90%以上为雷姓、蓝姓和钟姓的畲族人,是桐庐县唯一一个民族纯度高的畲族聚居村。多年来,该村因地制宜,充分利用山地多土地肥的特点,发展特色农林业。种植毛竹、板栗、茶叶等经济作物,让一部分留村村民找到了增收的门路,还有一部分年轻人在北京上海等地从事快递行业和制笔行业。内靠农林、外靠打工,使该村村民收入有了大幅提高。据统计,2012年该村经济总收入达415万元,年人均纯收入达11570元,同比增长10%,高于杭州地区平均水平。

金塘坞村风景秀丽,民风淳朴,村民大多以在家务农为主。在这经济并不发达的小乡村里,没有历史悠久的古建筑,也没有流芳百世的名人名流,更没有别具一格的产业经济,只有畲族人并不先进的农林手艺和本色民风,其中最出名的要数畲族人纯手工制作的麻糍——畲乡麻糍(图7-8)了。

图7-8 畲乡麻糍

说起麻糍,相信大家并不陌生,麻糍是浙江、闽南、江西传统的汉族名点,是春节等传统节日食俗。麻糍是别具一格的一种糯米食品,民间建房、种田和农历七月半几乎家家户户都要食用。它成品洁白如雪、柔软如棉、光滑细腻、老小皆宜，市场上也有各类麻糍出售，但唯独畲族麻糍最负盛名。畲族麻糍之所以出名，最主要的原因就是金塘坞畲族人的麻糍是纯手工在石臼上一锤一锤打出来的，口感格外细腻有弹性。除此之外，还有一个特点，就是他们的麻糍是包心麻糍，里面可以包白糖搭配豆沙、芝麻、红糖、花生仁等，表面粘上芝麻白糖粉，这种做法在别处是鲜为一见的。别处的麻糍大多采用机器碾压后搓成如汤圆大小的糯米团子，再滚上芝麻糖粉食用，这些麻糍虽然刚做好时口感细腻润滑，但里面却平淡无味。麻糍的包心技术里大有学问，如果糯米团子太过柔软，则包心就会很困难；如果技术不到位，则糖心容易流出，不便于储存。畲族人采用独特的手法，将糖心层层包入麻糍中，一层糯米一层糖心，吃起来口感均匀又非常入味。经过储存的麻糍可以蒸热再吃，经过加热，白糖融化，一口咬下，随着糯米、芝麻粉一起进入嘴里，口齿留香，回味无穷。

畲乡麻糍的具体制作过程如下：在做麻糍之前，先将上好的糯米用水浸泡2—3天，浸透后，沥干水放入木甑里。接着把木甑放在大铁锅上，把锅里的水烧开，利用蒸汽把糯米饭蒸熟。然后将蒸熟的糯米饭倒入石臼里，家里的男人拿木锤砸，女人要不时地手沾热水把上面的糯米饭团往下面拨，上下不断地翻动糯米饭团，等把糯米饭团捣舂得没有了饭粒的形状，这时候开始，捣砸锤子的动作要轻缓一些了，这个过程通常需要持续半个小时以上，且中途不能停太久，一旦糯米饭团凉了，打出的麻糍口感就会差很多。待糯米团打到细腻润滑为止，再将其放到铺满白糖和芝麻的竹笠上。接下去为制作包心麻糍的关键部分，四五个妇女站在竹笠的各个方向将糯米团铺开，均匀铺成一个大约直径为一米左右的圆饼形，圆饼的每一处要做到薄厚均匀，不能太厚，太厚会导致麻糍太大，也不能太薄，太薄容易破，这个过程看似简单，却十分考验做麻糍的妇女的手艺。铺好后，在圆饼上均匀洒上事先磨好的糖心，再在圆饼中间挖个口，四五个妇女同时从中间这个口向外面搓，此时必须保持每个角度的力度一样、进度一样，搓到圆饼最外面为止。形成了圆形糯米条之后，将糯米条折断，然后将两端糯米往中间塞，塞好后折下一段，继续将两端糯米往中间塞，塞好后在竹笠上一按，这样糖心就不会流出来了。

金塘坞村的畲族人十分团结友爱，即使平时生活中有过小摩擦，但在需要帮助时，大家都会伸出援助之手。比如一到打麻糍的时候，听到木锤敲打的声音，在家休息的男男女女都会主动来到石臼边等着帮忙锤麻糍，翻动糯米饭团。

金塘坞村畲族人的麻糍承载着他们祖祖辈辈团结互助、勤劳勇敢、一丝不苟的精神,希望金塘坞村畲族人的麻糍能够永远保持其纯手工打造的独特口味,成为金塘坞村最珍贵的非物质文化遗产,代代流传。

（桐庐县农办）

龙游市石佛村

石佛圆粿

石佛村是龙游县石佛乡政府所在地。村庄依山而建,海拔75—280米,北高南低,呈阶梯状分布。全村总户数740户,人口2458人,耕地面积2721亩,山林面积5526亩。

明代后期开始,石佛村的家家户户在农历十二月廿四,为了感谢神仙老佛的指点,都要搓圆粿当祭品祭拜老佛,遂成风俗,传承至今。根据古书的描述,这一天,村民们一定会想方设法买猪肉、做豆腐、挖冬笋、下地拔葱蒜,做出大大小小的圆粿。圆粿圆圆,寓意美满幸福、事事顺利,或供奉于祠堂,或拜祭于祖坟,或供于灶台,或摆于村口。这一天也正是灶君上天呈善事的日子,为了糊住灶王爷的嘴,让灶王爷上天呈善事,多说人间的好话,那用糯米做出来的圆粿就成了最理想的祭品。当然,在做完这套礼数之后,这些味道鲜美的圆粿,最终是要进入人们的肚子里的。

石佛圆粿(图7-9),形状类似于汤圆,糯而不黏,香软可口,粉皮筋道,是人见人爱的特色美食。它洁白,有视觉上的美;它柔软,有触觉上的美;它香淡,有味觉上的美。村人胡琨,康熙二十六年(1687)武举人,三十六年(1697)武进士,曾任重庆总兵。他曾赞誉家乡的圆粿:玉洁持身和谐处世,冰清本质淡泊生活。

图7-9 石佛圆粿

石佛圆粿的制作过程极其复杂，耗时耗力，工序繁多。现整理其要点如下：

一、浸米。石佛圆粿所用的米粉有一个专用的名字叫"七日粉"，这种米粉的制作很特别。在三伏天的时候，家庭主妇取出上年秋收留下的上好糯米，剔除杂物，放入木桶或水缸里，灌满井水，连续浸泡七天七夜，然后捞起，清水沥干。接着将米放进石磨，磨成米粉浆，然后在竹筐里垫上滤布，滤干米粉浆的水分，把粉块放到竹匾上，在烈日下暴晒七天。再经过石磨，磨成细粉，"七日粉"才算大功告成。"七日粉"易于保存，取用方便。

二、炒制馅料。以猪肉、豆腐为主料，虾仁、鸡肉辅之，切成颗粒状，其他馅料随时令季节变化有所不同。萝卜、冬笋、笋干、嫩南瓜、青豆、冬瓜等普通蔬菜都可以做圆粿的食材，加香葱、大蒜、生姜、辣椒炒熟备用。

三、揉粉。先把"七日粉"倒入盆里，然后一边加温开水，一边和粉搅拌、揉搓，直到把松散的米粉和成一坨光溜溜的粉团。和粉的用水很有讲究，不能用滚烫的开水，水太热，米粉就直接熟了搓不成圆粿皮；水太凉，粉皮的硬度虽然也有，也可以包成圆粿，但是这样的粉皮包出来的圆粿，一下锅就会皮开馅漏，那样一锅好看的圆粿马上就成了一锅米粉糊。

四、搓圆粿。先从大粉团上掐下一个小粉团，搓成一个圆球，左手托住，右手大拇指在中间的位置摁下一个洞，其他手指配合着大拇指在粉团周边的地方如做陶碗一样，把粉团捏成酒盅状，四周粉皮厚薄均匀，没有破洞，然后再用勺子往里面加馅，再给小酒盅一样的圆粿收口。收口是一个技术活，不同于给包子收口，包子用手指，圆粿收口靠的是虎口，一路过去，收口才光洁平滑，最后留住一个尖尖的小尾巴，像个桃子。

五、煮圆粿。圆粿下锅也有讲究，得先把锅里的水烧开，然后把圆粿一个个放入锅里，开始的时候，圆粿都沉在水底，随着水温的升高，圆粿的粉皮会从外到内渐渐地熟透。由于圆粿是一个密封的球状体，里面的空气受热膨胀，不久就变得圆鼓鼓的，然后一个个浮出水面，这时候，圆粿就可以装碗了。圆粿装进青花瓷大碗，再浇上由葱蒜酱油等调味品配制的汤料，撒上一把葱花，好客的主人就把一碗浓香扑鼻的圆粿端到了你的面前，让你垂涎欲滴。

世事变迁，沧海桑田。石佛圆粿，如今不再是石佛一个村所独有，在整个龙游北乡已经普及；石佛圆粿，也不再是过年的祭品，而是一年四季皆可品尝的乡村美食。

石佛村有明代建筑行素堂，寓意吉祥如意，也蕴涵着主人丰富的审美感觉和精神寄托。该建筑位于古村中心，地势较高。坐北朝南，三进三开间结构。砖雕门楼，门楣上有楷书"华萼相辉"四字，墙面有彩、墨绘壁画，雀替等构件木雕精美。每年腊月廿四，龙游人的小年夜，石佛村民都会团聚于此，操办一年一度的搓圆粿大赛，男女老少齐上阵，热热闹闹迎新春，既是对先祖的追思，也有对来年丰收的期盼。团团圆圆、和和美美，其乐无穷。

（邓林）

嵊州市七八村

陈氏炖鸭

七八村位于嵊州西面 11 公里的崇仁古镇北部。民国时期,崇仁古镇被划分成十个村庄,新中国成立后七村、八村合并成一个村,故名七八村。七八村内明清古建筑林立,古井、古街井然有致。其中最出名的是被誉为"江南第一鸭"的陈氏炖鸭(图 7-10)。

图 7-10　陈氏炖鸭

沿着窄窄的石子路,寻访崇仁陈氏的踪迹。穿过爬满青苔的陈家墙,来到陈家台门,这是一座清代的两层建筑,外观朴素典雅,青砖白瓦。从建筑风格和木窗上的雕花来看,建成时间最多不超过 200 年。走进小院,见有几个老人坐在一棵玉兰树下捆柴,最早的陈氏炖鸭就是用这白柴烧的,后来到了陈启根这一代,才改用蒸汽烧。看来,陈家老人还是不忘本家的做法。笔者坐下来,听老人娓娓讲述陈家的故事。

说到陈氏,不得不说一个人,他就是玉山公。玉山公,字佩锡,号玉山,敕赠儒林郎。据《裘氏宗谱》记载:"玉山公置田千顷,却勤俭治家,体恤民情,年逾八十好学不倦,拄杖论诗。"玉山公是个有良心又有爱心的儒商,也是崇仁裘氏家族中一棵最壮美的大树。

清朝乾隆年间,陈家太公因家境贫困,离开五百岗深山小村岭头山村,来到玉山公家做年(打长工)。老东家玉山公对饮食非常讲究,花重金从苏州请了一位厨师专门给家里人烧菜,又给他配了两位下手。一位是老妈子,帮着洗菜、烧锅,另一位便是陈家太公,做挑水劈柴等杂差。一年秋后,苏州厨师收到家中来信,说母亲病危,想见儿子最后一面。他是个孝子,连忙收拾行李,请求回家。玉山公是个读书人,通情达理,就吩咐家人给了苏州厨头不少银两,叫他回家安顿好事务后再回。

  过了一个月,还不见厨师回来,眼看再过三天便是中秋节了,年年中秋节玉山公都要宴请宾客,这下玉山公犯难了。"老爷,让我来试试吧!"平时一声不响的陈家太公,突然开口了。玉山公惊奇地打量着这个瘦小的长工,虽是个下人,却也干干净净。"你……行吗?"玉山公将信将疑,就叫陈家太公烧几个菜试试。过了半天,扣肉、炖蹄、鲞扣鸡等凑成了满满一桌丰盛的菜肴。玉山公尝了以后,发现这口味居然跟苏州师傅所烧的相差无几。

  原来,陈家太公是个有心人,给厨师做下手时,暗暗记住了选料、配菜和火候,一有疑问就缠着苏州师傅问这问那,师傅见他如此好学,就告诉他一些菜的配方,忙不过来时,有时也让他帮着烧。玉山公大喜,就让他暂时接替苏州厨师的位子给家里人烧菜。陈家太公洗菜干净,烧的菜也特别清口。

  也许是天意,那个苏州师父一去不复返了,玉山公从此就请陈家太公掌勺。陈家太公在不断的学习和改进中,烧的菜渐渐形成了自己的特色。他所烧的炖鸭、扣肉、炖蹄、炖膀、鲞扣鸡等菜和合酥、纱帽、湖洋尾巴等苏州点心都让食客赞不绝口。陈师傅聪明勤快,为人正直善良,在裘家有一定的威信。渐渐地,裘家人就把他当自己的家人一样对待。

  1848年,清朝道光年间,裘家来了一位贵客,他是道光皇帝的贴心大臣,为了招待好这位客人,陈师傅下了很多功夫。一只盛在瓦罐里的炖鸭一上桌,立刻引起了那位大臣的注意。这哪是一道菜,简直就是色香味形俱全的精美工艺品!这鸭子不仅通体红润光亮,而且体型丰润完美,一看就令人垂涎欲滴。他举起筷子轻轻一划,肉与骨自然分离,放进嘴里慢慢咀嚼,肉质绵糯香酥又不失天然的鸭香。吃惯了宫廷山珍海味的大臣,从没尝过如此美味,高声夸赞:"陈家炖鸭,色香味俱全,乃江南第一鸭也!""一把菜刀"的陈家厨师顿时成了香饽饽,很多达官贵人、富豪巨商都以请到陈家厨师为荣。

  旧时的嵊州本有吃老鸭进补身子的习惯。据《本草纲目》记载:"鸭肉有滋阴补虚、健脾之功效。"嵊州民间至今还流传着"老鸭炖四爪,胖子红烧烧……"的歌谣。不少人赶来品尝陈家炖鸭，并也想烧出如此美味，但当时陈氏炖鸭的配方只传儿子不传女儿，因此掌握其烹制方法的人屈指可数。

陈家厨师在崇仁裘氏家族中的地位越来越不可替代，到了陈家第三代，玉山公的怡字辈孙女嫁给了陈家厨师。自此，岭头山的陈氏一脉就永远在这千年古镇落地生根，开枝散叶。

1982年，崇仁镇服务公司开业，陈氏第五代传人陈启根被聘为经理，他摒弃旧俗，把陈氏炖鸭的秘方无私传授给徒弟。于是，陈氏炖鸭无论在烹制方法上还是口感上都日趋完善。服务公司生意火爆，凡是县里来了重要的客人，一定会到崇仁吃启根厨头烧的菜。有不少厨头见炖鸭生意好，也开了炖鸭店，一家一家的炖鸭店在崇仁镇开了花。陈氏炖鸭成了"崇仁炖鸭"，它不仅是古镇一块响当当的牌子，也成了嵊州的一个特色特产标记。

没有放任何香料和添加剂，甚至连常用的八角、桂皮、生姜都没有放，炖出的鸭子却散发出独特的香味，连汤汁也变得浓稠无比、鲜香美味。陈家炖鸭到底有何秘方？陈家后人说，鸭子要炖得好，选好鸭子是关键，一般都用绍兴麻鸭。绍兴麻鸭肉质紧密、脂肪含量比较低，生长期都在一年以上，特别是刚生过鸭蛋的鸭子最好，大约三斤重。制作时非常讲究流程，先开膛，膛不能开得过大，刀口通常在胸骨以下，肚里塞进25克板油，将鸭头从右翅下弯到鸭肚上，用细麻绳扎紧，炖时外加100克肉皮，放入铁锅中。过三四个小时，要放入适量的母子酱油、50克的黄酒。上盘前再放入少许白糖调味，出锅后，解开系在鸭上的细麻线，将鸭胸朝上轻轻安放，一盘美味炖鸭就新鲜出炉了。据国家烹饪专家介绍，陈氏炖鸭炖出来的汤里面，含氮浸出物要比普通鸭子多，所以味道就特别好。普通鸭子炖两个小时腿就脱骨，绍兴麻鸭炖五个小时不仅保持着完美的体形，而且肉质香软绵糯，嚼劲更足，汤汁浓稠醇口。

"煮熟的鸭子，飞了！"这句话在嵊州诠释的却是另外一种含义。陈氏炖鸭，这只在古镇炖了160多年的鸭子，如今已经飞进了千家万户的餐桌上。

(王鑫鸳)

杭州市余杭区葛巷村

仓前"掏羊锅"

夕阳红渡水迢迢,西望余杭路尚遥。
借问前途向何处,隔溪人指女儿桥。

——清·完颜守典《余杭道中》

葛巷村位于余杭区仓前街道南部,东与五常街道永福村相接,西为朱庙村;南与宋家山、闲林街道何母桥村相邻,北至余杭塘河。地理位置优越,村口直通文一西路,交通极为便利。全村1028户、4586人,村域面积5.4平方公里,2013年村农民人均收入24808元。

每到冬季,西北风一起,葛巷村全村飘散着一股香气,正是那扑鼻而来的香气,吸引着各地食客闻香而来。吸引各地食客而来的正是一种名叫"掏羊锅"的美食,因此,葛巷村也就成了远近闻名的"羊锅村"。而"羊锅村"这个名字甚至超越了葛巷村,不少人只知道"羊锅村",而不知道葛巷村。

"掏羊锅"(图7-11)是一道由来已久的美食。它是由烧羊肉的老汤及羊肝、羊肚、羊肺、羊肠、羊脑等人们俗称的羊肉中的"下脚料",还有新煮成的羊肉组成。出锅后的羊皮色泽金黄,似是流油;吃到口中,只

图7-11 仓前"掏羊锅"

感酥脆香美，羊肉柔软鲜嫩，毫无腥膻之气，其汤鲜得令人称赞，凡尝过这道美食的人都会作回头客，都会称赞"美味难忘"。

仓前一带，每到冬季历来有吃羊肉之俗，认为冬季吃羊肉大补。这里的人吃羊肉与余杭东部的人吃法不一样。在余杭东部如临平、塘栖也吃羊肉，但吃的是湖羊肉，其做法是红粗线条。而在仓前一带，吃的是山羊肉，其做法是白粗线条，做成"冷板羊肉"，又称"白切羊肉"。这"冷板羊肉"是将优质山羊斩杀后加以各种天然调料煮熟后去骨，然后在一块木板上铺上一块白布，将已经去骨的羊肉放在白布上包好，再在羊肉上面放重物进行压实，要吃时掀开白布斩下一块肉来切成小片而成。仓前的"冷板羊肉"尤以葛巷村最为出名，这里的村民每到冬季就有煮"冷板羊肉"的传统，所做的产品不仅卖到仓前街上，而且还要卖到老余杭等地。"冷板羊肉"以柔软鲜嫩，毫无腥膻为特色，受到一代代食客的欢迎，几百年来一直流传了下来。

仓前"掏羊锅"，就是在"冷板羊肉"的基础上发展起来的。据说，它的产生还与乾隆皇帝有关系，而且还是个有趣的传说呢。

相传清朝的乾隆皇帝喜欢下江南，他一生曾七次来到江南。那一次，也说不清是他第几次下江南了，当他游览完江南古刹灵隐寺时突然听见旁边有人说仓前的龙泉寺也十分了得，不比灵隐寺差多少。他不由来了兴趣，这灵隐寺已经使他惊叹不已了，还有寺庙能与它媲美，而且寺名居然带有"龙"字。他不由喜出望外，当即打听了地址，准备前去一游。

由于是微服察访，乾隆也不便多带人员，只带了一个心腹，装成主仆模样，来到仓前。两人到了仓前已近午时，时间已不早了，肚子也饿了，但乾隆很性急，要先去一睹龙泉寺的风采。俩人向路人打听，找到了龙泉寺，这一天恰逢月半，前来龙泉寺烧香拜佛的人特别多，乾隆一看，这龙泉寺果然气派，而且善男信女这么多，不由龙颜大悦，里里外外逛了个遍，这才发现肚子饿得受不了了。他连忙带着侍从从寺院的后门走出，打算去仓前街上寻一家小酒店解决。

俩人走出寺院，见路边有一菜地，上面长着一大片小白蚕豆，那豆荚碧绿，十分饱满，分明是可以吃了，这一见不由肚子更饿了。乾隆一时起了雅兴，心想不如摘几颗豆来吃吃，一则尝尝鲜，吃吃这生豆是什么滋味，二来也许还可以充饥。当乾隆刚剥开豆荚时，迎面走来一个人，这人是镇上卖羊肉的羊老三。羊老三刚刚卖完了羊肉，想到寺院里烧香，见两个书生模样的人饿得竟在摘生蚕豆吃，不由当即上前问道："两位客官，看来还未曾吃中饭吧？"

乾隆这才发现有人来，不好意思地丢下豆荚，拍拍肚子说："是也，游地忘了时间，这里饿了。"

羊老三一听当即说道："巧了，我也还未曾吃饭，这样吧，到我家一道吃点便饭吧。我家就在河南面的葛巷村，离此不远。"乾隆一听这乡人如此热情，心想正好，一来可看看乡间的景色，二来还可以了解乡民的生活情况，当即就说："既然如此，我们就不客气了。"说完，就向随从使了个眼色，两人一起跟着羊老三，经过圣堂弄，过了圣堂桥，一路前行到了葛巷。

还未进羊老三家门，就闻得一股香味扑鼻而来，乾隆本来肚皮已十分饥饿，闻到这股扑鼻的羊肉香，更是食欲倍增。他忙问羊老三，是什么东西这么香？羊老三告诉乾隆，他是个卖羊肉的，每天烧一锅羊肉，如今羊肉卖掉了，那锅羊汤还在飘香呢。说着，羊老三不由大笑起来。

三人一进屋门，羊老三冲着里屋大叫："贵客来啦，吃饭吃饭。"羊老三大呼小叫地让他老婆快准备中饭，却不料这几天忙于杀羊卖羊肉，没有准备菜肴，也不料想今天突然来客，一看凉橱里空空荡荡，羊老三老婆十分着急，忙悄悄问羊老三怎么办。羊老三哈哈大笑，说："烧羊肉的还怕没有菜？来来来，客人请坐，今天我们正好'掏羊锅'，何愁没有沽酒菜。"说着，一边招呼二位客人上座，一边叫老婆拿出自己酿制的糯米白酒。

乾隆一坐下就好奇地问羊老三："何谓'掏羊锅'？"羊老三笑笑说："我们杀好羊后，是整只的羊放在锅里，加上老姜、茴香、精盐等调料后，烧上半个时辰，然后退火、取肉，即可上桌。这锅羊肉的老汤是不起底的，第二天、第三天继续用这锅老汤来烧羊肉，所以锅子中总会有些羊杂碎没捞光遗落在锅里，你看，今天正好派上用场了，我们来'掏羊锅'咯。"说着，羊老三举起汤勺，来到锅边动手掏起了羊锅，第一勺就捞起了一块羊肚。跟在旁边的乾隆不由兴趣大增，当即拦住了羊老三，向他要汤勺。"来来来，让我也来掏掏试试。"说着便卷起袖子，手拿汤勺在羊锅里掏了起来……

锅中果然好货不少，不一会，桌上就放了好几盘羊肚、羊脚梗、羊杂碎等。这时羊老三老婆也在门前拔了几株青菜，很快地炒了两盘端到桌上，四人相对而坐吃得津津有味。实在也是因为乾隆今天已是饿透了，吃惯了宫中的山珍海味、羊羔美酒，只感觉今天掏羊锅的羊杂碎要比宫中美味佳肴更胜十分，不觉对"掏羊锅"有了兴趣，便说道："我回京定叫各位大臣也来尝尝掏羊锅的滋味。"羊老三正听得云里雾里，乾隆自知说漏了嘴忙道："如我等考中京官，定奏明圣上，对仓前的'掏羊锅'之事封赠一番，好叫天下人都知道仓前的'掏羊锅'，尝尝仓前'掏羊锅'的美味。"

次日，乾隆回到杭州，即刻传杭州知府，说起仓前"掏羊锅"之事，乾隆亲笔御书"羊老三羊锅"牌匾，封三百两白银，派钦差专程降旨羊老三家。

再说羊老三这天正好在杀羊褪羊毛，一听圣旨到，吓得直打鼓，大惊失色。听到圣旨是表彰他接待有功并赐予封赠，才知道前几天接待的竟然是乾隆皇帝，心中十分庆幸。

消息传开后，方圆百里的乡亲们听说乾隆皇帝到过羊老三家掏过羊锅，都想来尝尝他家"掏羊锅"的味道。一时间，羊老三的羊锅出名了，他也就干脆做起了"掏羊锅"生意。

就这样，歪打正着，这"掏羊锅"竟比"冷板羊肉"还出名了。百余年来，这"掏羊锅"之俗一直在葛巷村流传，近年来越做越大，还成了杭州市非物质文化遗产。葛巷村，也成了名副其实的"羊锅村"。

（丰国需　徐仲年）

遂昌县箍桶丘村

箍桶丘农家美食

　　遂昌县高坪乡箍桶丘村地处石姆岩景区900米的山麓上，耸立的石姆岩在千里之外就清晰可见。相传天上有石母和石公两位仙人，他俩感情很好，就私逃下凡间，结成夫妻。玉帝十分恼怒，派了天兵天将带上金钟，赶到人间捉拿。石母和石公逃呀逃，眼看就要被天将赶上了，石母就叫石公快逃，自己故意落在后面，在遂昌地面一座山上停下来，化成了一块大石岩，这就是石姆岩。天兵看见石母变成了石岩，怕它再变化逃走，就把金钟放在石母身旁压住。不久金钟也化成一座金钟岩。石公看到石母变成了石岩，也在江山江郎山上变成了石岩，人们称为石公岩。石公石母两两相望。寿星老儿的心肠好，也赶下凡间想保护石公和石母，待他赶上石母时，石母已变成了石岩，于是也在石母边上化成一座石岩，人们称为寿星岩。石母非常想念在江山的石公，常常流泪。在石母岩顶下有一股清泉流下来，尝过的人都说那水是咸的，原来就是石母想念石公时流下的眼泪！

　　村落景色秀丽，民风淳朴。近年来，村里办起了农家乐，深受游客的青睐，此举吸引了大批上海、杭州的客人来这里休闲避暑，游客在这里住农家屋、吃农家饭，呼吸着清新的空气，有的一住就是好几十天。村里的农家让游客们亲身体验参与制作传统美食，这成为农家招待游客的一项热门活动。

　　参与制作的美食之一就是打麻糍（图7-12）。麻糍是一种用糯米做成的果团，表面粘上芝麻糖末，香糯可口，是当地民间的传统美食。农村里逢年过节大小喜事，都会做麻糍招待亲友。遂昌方言"麻糍"和"无事"谐音，所以麻糍又意寓安全、平安。农村里新建房上梁时都要做麻糍，祈望平安。做麻糍又俗称"舂麻糍"，现今宣传都写成"打麻糍"。麻糍俗称"炊糯饭"，选用优质糯米，用水浸泡一天后，洗净沥干，装入饭甑里蒸熟。将炊熟的糯饭放入大石臼里，一个人弓步站在石臼边，双手握住大木杵，一下一下地朝石臼里打，一个人蹲在石臼边，用一手蘸着开水，不断地添置糯饭，直到把糯饭打细成团。打麻糍可是一项技术活，有三个关键点要注意：一是打的人打法要准、要稳；二是打的人要有力气，否则木杵打下去会粘在糯团上拉不起来；三是添糯团的人动作要快，要和打的人配合默契。

图 7-12　手工打麻糍

粘麻糍的芝麻，选用新鲜的芝麻，洗净沥干后入锅炒香，研成细末，拌入红糖或白糖备用。

麻糍糯团打好后取出，放在一个大盆里，芝麻糖末摊在另一个大盘里。将米团摘成一个个小团，丢到芝麻盘里滚一下，粘上芝麻糖末，即可食用。有的取出糯团后用一片大箪衣（竹制）盛放，芝麻糖末摊在箪衣里，再把糯团放到糖末上，扒拉开来成一个大圆片，再从圆片中心扒开和边沿卷成一个大圆圈。整个圆圈都粘上芝麻糖末，然后摘成一个个麻糍。还有的人在拉开的大圆片中撒上一圈红糖，这样卷的时候红糖就包在圆圈内，摘下来时红糖就在麻糍里了。民间有句俗话叫"一行服一行，糯米服砂糖"，说的就是做麻糍用红糖，吃的时候不腻人。

做饭果也是游客们可以参与制作的传统美食。饭果是把米饭像打麻糍一样打成饭团，捏成一个个小果，用米汤加调料做成的一种美食，有滋补作用。农村人家里空闲时都会做饭果吃，一则做饭果制作方便，二则饭果味道好，吃了还健补。做饭果时，把米洗净放入锅中煮沸，然后将米捞起，放入大石臼中打，方法和打麻糍相同。待到米饭打细结成米团，将米团捏成一个个红枣般大小饭团，盛在盆中。

把猪肉、香菇、明甫、笋皮等辅料切成丝，入锅炒香，加入捞米饭的汤水煮沸，加入预先捏好的小饭团，煮透即可食用。饭果味道鲜美，香糯可口，滋补脾胃。

另外游客们还可以参与制作的是黄米果。黄米果是遂昌民间的特色美食。过年时，农村里家家户户都要做黄米果，是招待宾客的必备点心。做好的黄米果用灰汁浸泡存放在大缸里，能保存好几个月。做黄米果要用高山上常绿灌木烧成灰，用开水冲泡，沥出灰汁。选优质粳米用灰汁浸泡一天，米呈橙黄色。把浸好的粳米盛在饭甑里蒸熟，蒸的时候要淋两次灰汁，使米色更加黄亮。米蒸透后，放入石臼里捣细成团，然后摘成约碗一般大的果团，在作板上搓挪成扁长形，这就是黄米果了，摊凉硬实后即可收藏贮存。最有趣的是捣黄米果，蒸透的黄米放入石臼里，每人手握一根木棍，大家在石臼边围成一圈，用木棍在石臼中撮，多根木棍交互撮夹，把黄米饭撮细成团。撮好后，热腾腾的黄米果摘下一块就可以吃，有的人在米团内包上红糖，有的用农家脆豆腐霉的汤蘸着吃，有的蘸着酱油吃，香糯可口，味道丰富，各取所爱。

参与制作的传统美食还有包粽子。粽子是中国传统节日端午节时家家户户必做的美食，传说是为纪念战国时期的伟大诗人屈原而发明的，是中国历史上文化积淀最深厚的传统食品。高坪农家们包粽子最特别的是用箬叶来包，粽叶是从山上新采来的箬叶，用新鲜箬叶包的粽子特别清香。遂昌民间做粽子精选优质的糯米，馅料是糖肉或咸肉、豆沙、蚕豆等，用箬叶包成长条形或棱角形，长条形的叫"长粽"，棱形的叫"犬头粽"。遂昌民间还有不用馅料包成的细细的或小小的粽子，叫"蚊虫粽"，挂在房间里的床头，据说是给蚊子吃的，传说吃了蚊虫粽的蚊子就不会叮人。

高坪乡还有外婆给外甥送长粽的习俗，粽子近两米长。据说，在外甥周岁时，外婆要包长粽送给外甥，外婆送的粽子越长，象征外甥的寿命越长。长粽子的外面用一道道龙丝扎得很结实，意寓小孩的身体长得结实。包这种长粽子，外婆可真要有好手艺。

如今，在高坪乡农家乐美食节上，人们还能看到高坪外婆包长粽、煮长粽的表演。高坪农家乐也还有许多参与性的农家美食制作活动，游客到高坪农家，都可以亲身体验一番。

（遂昌县农办）

第八篇　乡村旅游

嘉善县北鹤村

浙北桃花岛

　　北鹤村隶属嘉善县姚庄镇，地处江、浙、沪两省一市交汇处，地理位置得天独厚，由北姚浜、南姚浜和白毛河三个自然村落组成。北鹤村境域前有白毛河（又名白鹤河），后有北姚浜，由其各取一字而得名"北鹤"村。红旗塘与和尚塘横贯全村，西与西塘镇东汇、地甸两村相邻，北与丁栅俞汇接壤，东临横港村，南接武长村。村里的白毛河因早年常有白鹤登栖，河形又像白鹤，故名白鹤河，之后因当地方言"鹤""毛"字音演变为白毛河。清光绪《嘉善县志》里就有载白毛河。全村区域面积3.25平方公里，耕地面积3026亩，河网密布，水陆交通发达，属于典型的江南水乡，自然环境独特。村寨南临红旗塘，西靠和尚塘，北挨后洋泾等河道，东边两泓湖泊紧相依偎，四面环水，把千亩良田环绕成一座精致的"岛屿"。历代以来北鹤就是一个风光秀丽、土地肥沃、民风淳朴的村庄。如今的北鹤，春季桃花盛开、落英缤纷；春华秋实，盛产的锦绣黄桃誉满八方。浙北桃花岛的美誉名至实归，吸引游客纷至沓来。

　　从20世纪90年代末至今，北鹤村人在精耕细作传统农业基础之上，放手发展黄桃种植等主导产业，潜心致力农业生态旅游开发。全村95%的农户种植黄桃，面积达2000余亩，年产黄桃2400吨，全村农民每年直接收益超500万元。北鹤村四面环河，宛若小岛，每年桃花盛开之时，岛上万紫千红、灿若云锦、游人如织，故有"浙北桃花岛"（图8-1）的美誉。

　　八仙欲渡海东去，便沿海选择渡海地点。这日来到海曲县（日照），八仙盘住云头向下俯瞰。只见此处山绿水秀，金沙滩松松软软，蓝海洋千丈见底。再看周围天空，更是一目千里、蔚蓝洁净。八仙不禁被这秀丽的景色迷住，乃商定在此盘桓玩耍几天，以饱览此处风景。何仙姑年轻爱

图 8-1　北鹤村外景

美,在游览泰山时,采摘了泰山碧霞元君一枝鲜红的桃花,插在了头上。这桃花红艳艳,越发衬托得何仙姑美丽非凡。

铁拐李爱开玩笑,见何仙姑虽已成仙,仍似人间村姑般爱美,便想和她开个玩笑。遂将何仙姑从头到脚仔仔细细地端详了半天,打趣道:"仙姑,我看你下凡吧。到了人间,准能被选为娘娘。那时,人间的荣华富贵,任你享用,多好!"何仙姑嗔怒道:"你这铁拐,坏得很!下了凡也是个瘸子。不信,你先投胎下凡!"铁拐李佯装怒道:"别看你是人间的娘娘,看我照样用拐杖打你!"说着,举起铁拐杖就打。谁知铁拐李这一铁拐,却是带着狂风,又兼何仙姑那么猛地一闪,就将头上的桃花闪落了一朵。这朵桃花,在空中飘飘浮浮,被东风一吹,慢慢地落到了东海之中。

神仙身上的东西,皆为宝物。这桃花一着海面,"腾"地冒出一股淡淡的红烟,随即膨胀放大,化作一座小海岛。这海岛,随着潮起潮落,时隐时现,时大时小。但,最高处却是任凭再大海潮,兀自巍然屹立在那里——这就是今天的桃花岛。

说起"浙北桃花岛",江南小镇的居民就会想到姚庄黄桃,岛上盛产的黄桃,皮与果均显金黄色,甜多酸少、口感松脆、味道甜美,每天吃两个可以起到通便、降血糖血脂、抗自由基、祛除黑斑、延缓衰老、提高免疫功能等作用,也能促进食欲,堪称保健水果、养生之桃,在当地和周边有着良好的口碑。而一提到姚庄黄桃,话题里就少不了桃花节和黄桃节。民间传说农历三月初三是王母娘娘的生日,这天要开蟠桃会。为了防止蟠桃会从人间招童男,因此要吃桃,谐音"逃",逃过此劫。每年4月,桃花岛上桃花朵朵;盛夏8月,桃树枝头硕果累累。桃花盛开时,桃花节开幕,桃花灿烂,游人络绎不绝;桃子成熟时,黄桃节开启,丰收时节,顾客盈门。在北鹤人眼里,一年一度的桃花节和黄桃节已经成了他们改善生活的会客节和增收节!

至今，姚庄镇已经连续举办了9届桃花节、14届黄桃节，姚庄黄桃出名了！2005年，北鹤村携手清凉、展丰等兄弟村，将当地盛产的姚庄"锦雪"黄桃摆上了北京钓鱼台国宾馆的筵席，成为继西湖龙井茶之后第二个进入国宾馆的浙江农产品；2006年，"锦雪"牌锦绣黄桃首次打入香港市场，深受香港市民喜爱，每年姚庄黄桃空运香港，销量逐年增加。2012年姚庄黄桃又顺利登陆杭州各大超市，为黄桃销售开拓了更大的市场。近年来，随着电子商务的兴起，姚庄黄桃在电视购物、网络销售等领域也占得了一席之地。如今，姚庄的黄桃产业稳步前行，全镇黄桃果树种植面积超过了1万亩，是全国最大的鲜食黄桃生产基地之一。

正如陶渊明所写的"忽逢桃花林，夹岸数百步，中无杂树，芳草鲜美，落英缤纷"那样，北鹤村遍布桃园，恍如世外桃源，更以黄桃果园为依托，开辟桃花游览观赏区，吸引游客踏青赏花。这些年，北鹤村以黄桃果园为依托，以项目带动为契机，挖掘自然、人文和产业资源，先后投资建成农家乐休闲区、水韵风情区、垂钓乐园、桃韵广场、采摘桃林、商贸中心、婚育新风园、观光台等景区；对村中心河进行改造，建成水上游览赏花旅游专线；举办桃花节、黄桃节等旅游促进活动，推出农风体验、农俗游赏、农耕文化展示、文化遗址游览等旅游新产品，全面提升旅游产业；鼓励了多种经济成分参与农业生态旅游业的开发经营，提升完善老景点，开发建设新景点，不断完善观光、娱乐、休闲等功能。通过对桃花岛旅游区内软、硬件设施建设，打造黄桃生产和观光特色农业生态旅游区为一体的生态型新农村，逐渐形成年接待游客15万人次，项目区总收入1000万元的规模，实现了农业发展与旅游开发齐头并进的良好态势。

"一棵桃树两个节，一片桃园两个产业"，在这样一个面积不大、人口不多的小乡村，北鹤人用双手培植了黄桃产业，凭智慧打响了"锦绣"品牌，借发展繁荣了三产旅游。勤劳朴实的北鹤人让越来越多的人尝到了姚庄黄桃，也让越来越多的人认识了浙北桃花岛。

（万建）

衢州市衢江区东坪村

东坪千年古道

东坪村位于衢州市衢江区峡川镇东部，素以"古道、古树、古民居、红枫、红柿、红辣椒"而闻名，是衢北大山里一个神奇的古村落。该村与龙游县交接，海拔518米，属千里岗山脉，有山崖巨石、千年古树群、唐朝古道，茂林修竹，青山秀水。2010年5月，原东坪村、杨源山村、下坑头村合并成新的东坪村。全村310户1007人，耕地面积410亩，土地总面积6.9平方公里。近年来，经过上级领导以及镇政府的开发建设，东坪村先后荣获省级旅游特色村、省级农家乐精品村、浙江省林业观光园区、模范乡村旅游示范点、十大魅力农家乐等多项荣誉。其旅游景观之核心就是村内的东坪千年古道（图8-2）。

图8-2　东坪千年古道

千年古道美在神秘性。千年古道的历史众说纷纭、莫衷一是，传说东坪千年古道修建之初是在春秋战国时期，周分天下为万国，但通过连年的征战，小国纷纷被灭，北方小国姑蔑为避被灭命运，举国南迁至春秋时属蛮荒之地的浙江，举国之民大多安居在衢州至龙游这片广袤的地区，后重新建国，名为姑蔑国。而东坪地区则是姑蔑的经济中心和交通要道。时至武则天在位时期，大量迫害李姓后裔，当时唐高宗七子李烨，为防武后残害，自愿从皇族之中除名，随同一批宗室外迁，为李家在外保存一丝血脉，而七子之位则由弟弟李显继承。随后从长安远避福建古田长河麻团岭，远避朝堂。705年武则天病重时，李显发动政变，逼武则天退位。中宗李显重祚，唐朝复辟，李显特意命人招大哥李烨回京，但是李烨已经过惯了世外隐居的生活，不愿再入朝堂从政，于是拒绝了回京的邀请。为免去弟弟的疑心，便带领族人从麻团岭转迁往更加南边的衢州地区，在路过峡川东坪时，被东坪仿佛世外桃源般的美景所吸引，流连忘返，加之东坪地势高耸，易守难攻，为了安全考虑，便举族定居于此。唐中宗李显得知后，也知哥哥是好意，便不再强求，但自觉哥哥居住偏僻，出资助其修建了便于出山的东坪岭，即东坪古道。而李烨则带领着族人，在此繁衍生息，犹如世外桃源一般地生活至今。由此看来东坪古道至少有1300年的历史。自唐修东坪古道以来，便成了连接中原与江南的交通要道，特别是南宋定都余杭以后，以衢州和龙游人为主体的龙游商帮崛起，至明朝中后期，素有"遍地龙游"之称的美誉，很大的原因便取决于这条贯通浙江与安徽的交通要道，商业的发展也很大地带动了衢州地区的经济发展。

千年古道优在传承性。一入东坪，常给人进入诗画般的错觉，而古树正是这诗画中的浓重一抹。沿着古道拾级而上，古道两旁树木参天，荫翳蔽日，有香樟、红枫、银杏、红豆杉、檀树、黄杨木等古树，树龄均在800年以上，其中千年以上的香樟、红枫就有50多棵。春夏之季，树木丛生，百草丰茂，一片春色；秋时，古枫树深红出浅黄，不知是人入了画，还是这本是幅画；冬寒，薄雾轻舞，银装素裹，亦梦亦幻亦空蒙。古道两旁栽古树，前人栽树后人享福，古树生长近千年更显来之不易，后人更需珍惜古树、保护古树，最出名的就是黄宗如护树。黄宗如（1912—1976），东坪村人，自1956年开始至1976年历任东坪村农会主任、支部书记、李泽管理区干部。1958年适逢大炼钢铁年代，全国上下到处伐木炼钢，东坪村的千年古树群成了很多人的目标。为了保护这些名贵古树，黄宗如顶着各方压力，千方百计以种种理由为借口，拖延伐树进程，从而换得了今天的树木郁郁葱葱。这种护树精神深深感动并影响着东坪一代代的村民，即使在旅游资源充分开发的当下，东坪也仍然尽可能地保持原有的古道、古树、古民居以及原有的风土人情。

千年古道玄于故事性。衢北山岭深处筑有一条蜿蜒盘曲直上东坪山顶的古道，有1118个台阶，象征着唐皇后裔顶天立地。古道以青石板铺就，宽有 2 米，随着岁月的流逝，山民的脚步磨去了石块的棱角而变得光滑，而有关于修建这条古道，就连东坪村里发黄的宗谱上也找不到记载。行至半山腰，山道两旁山崖巨石狭窄的山涧小弄内，三层瀑布相叠，在两岸蘸水竹的掩映下，瀑声訇然，犹如龙吟。相传，南宋末年的一天，东坪仙岩寺内有个老和尚，掐指一算，得知近期东坪山要出"龙"。传说哪个地方出"龙"，就是意味着山洪暴发，村民就要遭殃。村民们一时惊慌失措，忙问老和尚有何破解之法。老和尚说："龙刚从山洞里出来时，只是一条小泥鳅，要到河、沟里经过雷电闪烁才会变成大龙。"于是族长马上叫大家上山砍毛竹，把毛竹对半剖开，去掉骨节，接成水笕接到山洞里，由村民一根一根把每节水笕接到山脚。谁知刚到半山腰时，有个村民很累了，认为接到这里应该差不多了，于是坐下来休息。恰恰这时，像一根泥鳅粗细的"龙"慢慢地沿水管游出来，刚到水管中断处，"噔"的一声掉到山沟里。"龙"被吓了一跳，立马变成大龙游出去，这地方至今留有一大坑，当地人称"龙坑"。

　　东坪千年古道处处流淌着时间的味道、历史的遗迹，每棵树、每块砖都可能有一段故事，令人迷醉。正如唐朝诗人杜牧《山行》所云："远上寒山石径斜，白云生处有人家。停车坐爱枫林晚，霜叶红于二月花。"

（周辉）

桐乡市桂花村

桂花之村

因为京杭大运河流经桐乡市石门镇时，形成了一个大湾兜，所以石门镇又称石门湾。在镇南三四华里处，有一个绿荫掩映的古村落——桂花村。它有着桃花源般的美丽和宁静，一年四季吸引着游客前来休闲、游玩。

桂花村不太大，数十来户人家，是一个典型的聚族而居的古村落。它三面环水，唯村南是一片开阔的水田，地势北高南低，不过很平缓，地理布局很是入诗入画，颇有点苏东坡写的"茅檐低小，绿水人家绕"的意境。河水很清澈，像一条绿绸带静静地缠绕在村边。河边全由茂密的花草和竹木覆盖着，水中有一些小鱼在浮游，两岸青草，一湾碧水，依然保持着原始的水乡风貌。村东有一个石埠头，两棵繁茂的古树下系着数条农船，石埠头是由整整齐齐的条石叠成的，浅滩上全是一些残砖碎瓦，在公路不通的从前，这里是桂花村通往外部世界的唯一出口，货物的进出全靠这个河埠头，而现在已渐成古迹。

桂花村里最多的自然景观是桂树，家家户户的庭前、屋后、院中都栽着桂树，全村大大小小有一千多棵，所以整个村子全被笼罩在桂树林之中。据传说桂花村植桂已有四百多年历史，现存的树龄大都在四五十年，最老的一棵（图8-3）种于清代同治年间，有一百五十多年，树干需三人合抱，高十余米，虬枝盘曲，向四周伸展，树荫有一亩来地。桂树中数金桂最多，银桂次之，丹桂再次之。每年农历八月底，桂花开放，整个小村被浓郁的桂香所弥漫，"叶密千层秀，花开万点金"。美丽的风景吸引了远近的游人前来赏桂。赏桂之余，可以帮农家采桂花，也可以使劲地摇桂树，即刻会纷纷扬扬下起一阵花雨来。

桂花香气馥郁，历来是制作糕点、糖果的天然香料，如桂花糕、桂花糖，也可以作为菜肴的佐料，如桂花肉、桂花鱼，还可以泡茶浸酒。但桂花特娇嫩，不耐贮藏，采下时间稍长，便变色变味，直至变质，白居易说荔枝是"四五日外，色香味尽去矣"，桂花则更短。刚从树上摘下来时，

图 8-3　桂花村里的古桂花树

色如金、香扑鼻，放于房间里，浓香盈屋，令人不忍离开，但二三日后若不加工腌制，便形同废物。所以，桂花采下后倘不及时卖掉，就得马上加工腌制。腌桂花，不是像腌肉、腌鱼那样的用盐，而是用一种名为香橼的果子汁来浸泡。这香橼是一种比柚子略小、比橘子略大的柑橘，皮很厚，有些糙，味道的特点是香得发野、酸得出奇，闻到它的香，没有一个不想尝尝的，但一尝，没有一个不眼泪汪汪大皱眉头的，多数只能吃一瓤两瓤，极少有人能一下子吃尽整只的，但就是这香橼汁，却是用来腌制桂花的最佳材料。如果没有香橼，可用橘子代替，不过取量要多一些。腌桂花的方法极简单，将鲜桂花倒入一只敞口的瓷缸内，取十来只香橼，将汁榨出，撒在桂花上，搅拌均匀，用广口瓶，最好是糖水罐头瓶分装，约莫一斤一瓶，拧紧瓶盖，可保持桂花数年不变色变味变质；考究一点的话，再用蜡浇灌盖缝，使其密封，那保质期更长。要用时，打开瓶盖来，顿时桂香盈室，驱之不去，细看，依旧色泽金黄，像刚从树上采摘下来的。

　　桂花村里有一种传统食品，颇具农家特色，已有数百年历史，就是桂花年糕。在桂花村，年糕不唯过年时才有，而是一年四季都有。年糕以糯米为原料，在蒸笼里蒸熟，再在石臼里反复锤打，桂花是自家庭院里树上长的，自己腌制的，都是道地的原材料、道地的传统制法，真正的绿色食物，完全的环保食品，不加任何添加剂。桂花炒年糕装在白瓷大盘里，热气蒸腾，尝一尝，味道是又香又甜，口感是又糯又软，真是色香味俱全。倘若冬天去桂花村，还有杜搭酒，即家酿米酒，"桂花年糕杜搭酒，强盗来了勿松手",这两件东西,是最能体现桂花村农家风味的。

  关于这桂花树和桂花年糕,还有一个故事。清代顺治年间,桂花村有一个读书人,名叫钟朗,字玉行,他非常用功,寒窗苦读十年,还只是个白衣秀才,幸得妻子贤惠,通晓事理。有一年八月间,正是桂花吐香之时,钟朗在书房做文章,推开窗子,便见桂枝摇曳,微风送着桂香扑面而来,沁人心脾,顿感神清气爽,文思泉涌。到了晚上,他又踏着月色,在桂树下闲步吟诵,桂花如雨,纷纭而下,他灵感勃发,出口成章,于是默念道:"桂者,贵也,我日日与书为伴,与桂为友,为何独独今日见桂而文思大开?莫非今秋正是我蟾宫折桂之时了,如若遂愿,我将永远不忘这棵桂树。"果然,这年秋闱,钟朗高中举人,捷报飞至桂花村时,欢声雷动。三年后,钟朗上京赴考,又高中进士,官放陕西提学道。为官期间,他勤政爱民,深受敬重。宦海颠簸,岁月匆匆,不觉十年过去了,钟朗心想自己为官多年,颇负时誉,不觉有些飘飘然起来,何不趁现在权柄在手,按官场套路,"三年清知府,十万雪花银",来个名利双收,将来告老还乡,安度晚年。正在这时,他收到家书一封,妻子在信中只画了老家院子中的那棵老桂树,旁边有一首打油诗:"千里做官闻个名,要想发财做商人。你在大堂扬威风,我是一夜忧到明。"还有一句话:"家中桂花已开,桂花年糕真香。"钟朗看完信,面孔通红,羞愧难当,说道:"我堂堂丈夫,三品朝官,见识却不如在乡下老家的夫人。"当即在信上补写一首:"桂树萧疏夕照边,暮鸦几点带寒烟。披图触我归心切,回首家山已十年。"第二天便两袖清风,一帆高挂,直奔江南。

  随着岁月的流逝,这个古老的传说被流传了下来,告诉着村里的每一个人自己家乡的美好!

(颜剑明)

海宁市尖山村

尖山水果乐园

尖山村（图8-4）地处海宁市黄湾镇，南邻尖山新区，北靠老01省道，硖尖公路纵横南北，黄尖线贯穿东西，两面环山，一面临江，形成了江南水网地带少有的独特地貌。尖山村历史文化底蕴浓厚。乾隆皇帝六下江南，四跸海宁，两次登临尖山观音寺进香。村域内河水充盈，土地肥沃，山林资源丰富，田园风光特色明显，生态环境极佳，是多种候鸟的重要栖息地。大尖山西南侧为湖泊湿地，西侧为钱塘江，大尖山山顶是欣赏钱江源头潮的绝佳位置。

尖山村以水果闻名，全村水果种植面积3900亩，占总面积的70%，已形成以杨梅为龙头，枇杷、柑橘并举的水果产业链，"尖山牌"柑橘、杨梅先后成为浙江省绿色农产品并通过国家农业部无公害农产品认证。

图8-4 尖山村鸟瞰图

这几年，尖山村建起了水果休闲采摘园。采摘园位于大尖山北麓，这里山清水秀、空气清新、土地肥沃、生态环境优越。游人到此可领悟"一区有四水，东西不同趣"的美妙意境。采摘园种植柑橘1250亩、杨梅1400亩、枇杷370亩，园内配套设施完善，有登山步道、休闲长廊、烧烤区、垂钓区、停车场、农家餐馆等。采摘园已连续举办了8届杨梅采摘节、7届柑橘采摘月和6届枇杷采摘周活动，2015年尖山水果休闲采摘基地被浙江省旅游标准化技术委员会命名为首批浙江省果蔬采摘旅游基地。

说起尖山村水果产业的发展，小山圩就是一个缩影。小山圩的范围为尖山村的32组至36组，小地名为金家场、沈家场、马家场、阮家场，有200多户人家，山地面积1300亩，平原耕地仅619亩。小山圩位于大尖山与小尖山之间，以前北边被连绵的群山阻挡，仅东北角有出口，但要跋涉四五公里的泥泞路，才能走出这闭塞的山村。旧时，小山圩周围的山上，尽是荒草杂树和乱石，遇暴雨，山洪伴着泥沙冲刷下来，仅有的一条横河堵塞，泄流不畅，田地被淹，颗粒无收。小山圩流传着这样的民谚："三个大阵头，没到床横头；三个大日头，晒到河底头。"穷山，加上洪涝、干旱交替，使小山圩的人家贫穷如洗。

因为穷，山外的姑娘不愿往小山圩里嫁，男的要成家，只得买对江贩来的丫头和难民为妻。因为穷，小山圩人居茅屋多，自感矮人半截。1949年5月，小山圩解放了，贫苦人分到了田，不久入了社，但自然条件没有得到根本改变，只能解决温饱，没法跟山外人在同一条线上起跑。

小山圩的自然条件必须改变，小山圩一定要富起来。从20世纪70年代开始，在党和政府的关怀下，小山圩人经过两代人的顽强拼搏，描了"三大笔"，靠双手把贫穷落后的山村，建设成为美丽富饶的新农村。

第一笔是治理恶水。小山圩东北角的横河港，由于泥沙冲塞，泄洪能力很差。要使小山圩摆脱洪涝和干旱，必须把它加深、加宽。1970年起，小山圩的人扛着肩挑，分两次疏通横河港，接通花山汇水闸，并建起两个灌溉机站。洪涝季节，横河港起到泄洪的作用；干旱季节，把下河之水翻入横河，灌溉农田。小山圩的农田摆脱了洪涝和干旱，旱涝保收。

第二笔是劈山通路。山里人世代受苦，苦就苦在被山阻隔。要致富，先筑路。小山圩人在政府的支持下，1985年开始锲而不舍，劈山坳路。第一条路是劈开横山与杨山间的山坳，向北接通杭金公路；第二条是向南穿过老海塘，东通尖山新区，西通县（市）城和省城；第三条是沿横河港，东接硖尖公路。开通了三条公路，山阻变通衢，结束了小山圩人翻山越岭的苦难史。

第三笔是开发荒山。有句古话叫"靠山吃山"，小山圩多的是荒山。改革开放后，小山圩人来了灵感，他们把荒山种水果作为致富的捷径，连跨出三大步。第一步，他们去黄岩学习种橘，把橘苗引进小山圩。没几年，小山圩的橘出了名，1988年，所处的原群欢村被嘉兴市和海宁市命名为"柑橘专业村"。1999年，合并后的尖山村，仍被市里命名为"柑橘专业村"。第二步，他们去余姚学习种杨梅，小山圩的杨梅出了名，为黄湾镇开办杨梅节奠定了基础。第三步，他们去宁波学习枇杷大棚栽培，枇杷园成了水果生产发展的新亮点。

2004年，小山圩的水果生产在水果市场上打出了一张亮晶晶的名片——尖山为民水果专业合作社。这个由50多户水果规模种植户组建的专业社，是个实体，还建立了党支部。经过民主选举出来的社长马建良，是很有经济头脑的带头人，他担负起为果农传授生产技术、开发新品种、开拓销售市场的重担，使小山圩的水果走出海宁，走向沪杭大城市。

2008年，小山圩的水果生产在省有关领导的指点下，有了新的发展思路。他们沿着黄尖公路，在与群闸东线接轨处，树起了"尖山休闲旅游区"的标志性建筑；在与硖尖公路的交会处搭起了"竹牌楼"（后又改造成石牌楼）；在旅游区内，供人休憩的竹凳、竹水榭、竹长廊、竹亭……应有尽有。这个尖山旅游区与大尖山雄伟的寺院群，互相辉照，成为城里人消遣的又一好去处。每当尖山杨梅节举办，四面八方的人们涌来尖山观赏"杨梅满山红"，尽情享受一回摘农家果、钓农家鱼、吃农家饭，体会农家乐的精神大餐。

如今的小山圩，柑橘成片、杨梅满坡、枇杷成园，昔日荒芜的山坳，变成了硕果累累的"聚宝盆"。丰厚的回报，使小山圩成了受人羡慕的富裕村庄。

展望将来，尖山村并没有停下发展的脚步，村里正在紧锣密鼓的建设尖山风情山村。风情山村总占地面积3000亩，重点区域为尖山村32组、34组。尖山风情山村以农业休闲、乡村生活体验、山庄度假为核心功能，以观潮、宗教体验、康体运动和休闲度假为重要补充，下一步拟建山庄接待中心、乡村客栈、夏令营基地、特色露营地等。同时，通过举办特色乡村旅游节会，形成生态特色农业与休闲度假的完美结合，将尖山村建设成为浙江省内知名的风情山村。

（邬建中）

丽水市莲都区箬坑村

红豆杉故乡

丽水市莲都区雅溪镇所辖的箬坑村,位于雅溪镇西北面,距离市区34公里,是个偏僻小山村,该村处于高山深处,地理位置十分重要,是莲都区、宣平县(现已撤销县级建制)、缙云县、武义县四县交界之地。全村几乎清一色的土泥房,现有109户250人。

图 8-5　箬坑村外景

箬坑村养生资源丰富,自古便是养生福地,村口有保存较好的国家一级珍稀濒危保护植物——红豆杉树群共24株,平均树龄500年。村内植被茂密,种类繁多,空气质量上乘,是天然的氧吧。对习惯了城市钢筋水泥丛林的人来说,这里成了休憩之余回归大自然的首选之地。

箬坑村历史悠久,建村至今已有八百多年历史,村内保留了大量明清时期的古民居。这些民居大都坐北朝南,随地形错落有致地分布着,结构独特,雕刻精美,是箬坑村历史文化的集中体现。箬坑村民风淳朴,村民大部分外出务工,留在村里的大都是老人、妇女、儿童。主导产业有红豆杉、香榧、高山蔬菜等。村民热情好客,邻里关系和谐,阡陌交通,鸡犬相闻,人在其中仿佛置身于世外桃源。

箬坑村历史上又称玉川,为何改称箬坑,族谱没有记载。然而箬坑多箬叶，却是不争的事实。箬叶就是平常或是端午、过年等节日用来包粽子的大竹叶子，人们通常称之为箬叶。在箬坑村的山上，特别是在水边或者溪坑边都生长这种箬叶。平时村民们把新鲜的箬叶采集晒干，就可拿到市场上去卖。

深处高山的箬坑村，最值得村民们骄傲的就是箬坑村的野生红豆杉树群。红豆杉又称紫杉或赤柏松、常绿乔木，树高可达25—30米，是世界上濒临灭绝的天然珍稀抗癌植物，属国家一级保护植物。红豆杉的种子用来榨油，也可入药。据《东北药植志》载：红豆杉（紫杉），叶有毒，假种皮味微甜可食，但食多则中毒。《本草推陈》载：紫杉，用皮易引起呕吐，用木部及叶则不吐。

红豆杉属浅根植物，其主根不明显、侧根发达。雌雄异株，雄球花单生于叶腋，雌球花的胚珠单生于花轴上部侧生短轴的顶端，基部有圆盘状假种皮，种子扁卵圆形。红豆杉是集观赏和药用于一身的珍贵树种，从植株中提取的紫杉醇是世界公认的抗癌药，价格昂贵。因而，红豆杉也具有"生物黄金"之称。在中国浙江、云南、黑龙江、西藏、吉林、湖北、四川、广西、江西等省有少量分布。

红豆杉上生长着与红豆一样的果实，隶属于红豆杉科红豆杉属，是第三纪孑遗的珍贵树种。全世界有11种，分布于北半球的温带至热带地区。野生红豆杉生长条件近乎苛刻、生长地域窄小，对气候、土壤条件要求严格，具有喜荫、耐旱、抗寒的特点。箬坑处于深山，其海拔高度有700多米，气候和土壤都十分适宜红豆杉的生长。目前据统计，箬坑村胸径在1米以上的野红豆杉树就有24株，1米以下或那些小的红豆杉树那就更多了。可以毫不夸张地说，箬坑村的红豆杉树群，在我国华东地区也不多见。值得称奇的是，箬坑村至今没有发现一例癌症患者，生其他疾病的患者也不多，这也许就是红豆杉给村民们带来的福音吧。

也许有人会问，丽水这么大，气候地理条件与箬村相近或优于箬村的也有，为什么红豆杉偏偏垂青于箬坑村，而其他地方就少有红豆杉的影子呢？为此，村民们给我们讲了一个有趣的故事：很久以前，箬村有一个老人，他为村民们做了很多的好事、善事，是一个有口皆碑的好老人。有一天，老人正在家门口干活，一只鸟儿掉落在他的前面，这只鸟儿不大，不像麻雀，也不是山鸡，但十分好看。老人赶紧把鸟儿抱在怀里，只见鸟儿的脚上滴着血，身上也有伤。他先小心翼翼地把鸟儿的血止住了，然后拿出平时准备的伤药敷在它的伤口上。同时也为鸟儿寻找、准备好食物。村民们知道老人拾到一只漂亮的小鸟,都过来看。老人把小鸟当成了宝贝。在老人的精心呵护下,小鸟的身体慢慢地恢复正常。看着小鸟日益活泼的样子,老人心中感到很快乐。这小鸟也像通人性一般。身体恢复好了也不飞走,整天围着老人欢快跳跃,叫声更甜美。老人也离不开小鸟,把小鸟当作自己心爱的宠物。一天,同村的一位陈姓老人来拜访,两位老人聊村里的事,都叹息道:箬坑村真是个穷乡僻壤,要特产没特产,种的地收成又少,该怎么办。两位老人聊天时,小鸟就在旁边,似乎听懂了两位老人说的话。第二天早晨,老人起床后没有听到小鸟的叫声,老人很奇怪,就来到他为小鸟编织的鸟巢边,一看,鸟巢里也没有小鸟的影子。老人以为小鸟出事了,找遍了房前屋后和家里的每个角落,都没有小鸟的踪迹,老人感到很失落。一晃半年过去了,一天早晨,天气晴朗,老人刚一起床,就听到很多的鸟儿在房顶上喳喳叫个不停。老人很奇怪,仔细一听,里面仿佛有他宠爱的小鸟的声音,他赶紧出门,一看好多鸟儿。他想找一找他心爱的小鸟,正在这时,一只小鸟轻快地落在他的肩膀上,"啊!正是我那心爱的小鸟",老人高兴极了。他用手轻轻地抚摸着小鸟,仿佛久别重逢的老朋友。小鸟也欢快地叫着。过了不久,只听鸟群发出一声奇怪的叫唤,成群的鸟儿就飞离了村庄。在老人肩膀的小鸟望了望老人,也飞走了。从此以后,老人就再也没有见到他心爱的小鸟。可奇怪的是,自从鸟群来过之后,箬坑村的山上、村边、水边就长出了很多不知名的树,这种树有一股特殊的清香味,人闻了这种气味,就会感到脑清气爽,浑身舒服。而且这种树每年还会结出小小的可以吃的红果子。不过村里的村民至今还不知道这是什么树,有什么用?远道而来的客人说,这就是红豆杉树啊,是一种很珍贵的树种,它全身都是宝啊!村里有这么多的红豆杉,真是你们村的福气啊。至此,村民们才知道这珍贵的红豆杉。人们也才知道,那只不知名的小鸟是向箬坑村的村民们报恩来了。从此,人们更加怀念那位老人,也把那只小鸟称之为神鸟。村民们对红豆杉树爱护有加,任何人不得随意损坏。

箬坑村虽是个小山村,却有着许多有趣的故事和民风民俗,同时箬坑村是革命老区,有许多有关老红军的故事和红色文化流传下来。这些故事需要我们不断地去发掘。让我们记住这些传奇故事、历史风貌和有趣的民风民俗吧!它带给我们的永远是知识、是乐趣。

(莲都区农办)

玉环县东沙村

普安灯塔

在海岛玉环县东南端的地方，有个叫东沙的村庄。它东濒东海，与鸡山、大鹿等岛屿隔海相望，南与南排山岛隔海相邻，远眺洞头岛，西北与鹰东社区依山连接，隶属于坎门街道。辖区面积0.22平方公里，距玉环县城12公里，共有200多户、近千人，是个纯渔业村。该村有个始建于民国二年（1913）的普安灯塔（图8-6）和一个清末建造的四合院民宅。2012年东沙村被列为浙江省首批历史文化村落。

图8-6　普安灯塔

东沙其实就是一个背山面海的山岙。清康熙（1662—1722）初年，从福建崇武一带的百姓陆续迁移到这里繁衍生息，逐渐形成了村子。20世纪50年代，因坎门里岙也有一个"东山"，为了区分，根据村前的沙滩，而更名为"东沙"。

东沙村的民居，带有闽南沿海建筑风格，依山而建，层层递进，大多为单层或两层结构，墙体多为石块垒砌而成，坚固厚实。这些民居屋顶均为小青瓦铺盖，每年的夏季，这里多有台风侵害，因此，瓦顶上都压着石块。村道也是台阶上下，远远望去，黑瓦与石头墙层层叠叠，气势壮观，因此有人形容东沙是"海上布达拉宫"。

在东沙村众多石头屋中，"四合院"是现存最为古老的建筑。清朝同治六年（1867），赋税徭役繁重，民不聊生。温州永嘉一位姓陈的农民为躲避沉重的赋税，扶老携幼来到偏远的玉环岛。一眼望去，海阔无际、天宇湛蓝、白云朵朵，海鸥自由地飞翔，耳边是阵阵涛声，海风吹来，带有些许腥味。陈家老小如来到世外一般，激动不已，于是就在这里搭茅建屋，安顿下来。一家人勤俭苦干，在后山坡垦荒耕种，跟着村里人摇船出海打鱼。数年后积蓄一些银子，主人决定要盖一座像样的住宅。于是，他用船从温州大荆运来木料、砖瓦，建起了这座别具一格的四合院。一百多年来，四合院历经沧桑，尽管青砖表面已经风化，楼板破旧得有些摇晃，但至今仍居住陈氏后人。

东沙头居于高处，海阔天空尽在眼下，一望无际；主航道上船来船往，对面的南排山岛，郁郁葱葱。脚下海浪拍着岸边的礁石，发出轰鸣的巨响，在海浪的冲击下，最硬的火山熔岩也被大海啃得坑坑洼洼，构成了奇特的海蚀地貌，在海水的切割下，岸边那些礁石高耸如鹫鹰、似海狮，栩栩如生。

在东沙村的东头，有一座由北向南延伸到大海的小山岗，山岗上有一座灯塔。它就是东山普安灯塔，又名东沙灯楼。灯塔的东、南、西三面濒临大海，远观茫茫东海浊浪滔天，崖上水花烂漫，脚下礁石，历经千万年浪涛的冲击，塑造出险峻峥嵘、千姿百态的海蚀柱、海蚀洞和海穹。灯塔与南排山岛隔海相望。凡是从海上经过的船只，都会看到岗尖上屹立着的这座普安灯塔。

据《玉环县志》航标篇记载："境内岛屿棋布，礁石丛生，水道复杂，时有船舶迷航失事。"民国二年（1913年）四月，东沙商人史火顺见此山头位置突出，用石块垒砌了管理小屋，选取当时最抗风、最能照远光的桅灯，为南上北下的木帆船、机动船、轮船发送航道安全信号。

传说民国间某年春节将至，夜间大雾，东沙的渔船回家心切，在山后的海面，看不到入港的峡门，焦急不已。突然，岗上发出一丝微弱之光，这不就是自己的家山东沙头吗，这光明分明是家人的等候和期盼啊！船上的人兴奋之余，马上掉转船头，驶向大坎崖的山门。

由于该海域是过往船只的交通要道，1958年间，普安灯塔由温州港监部门用水泥砖石结构进行重修、扩建。扩建后普安灯塔造型古朴典雅，敦厚端庄。灯塔由上下两部分组成，下面为高 2.60 米的锥形塔座，底面近似正方形，塔身高 2.95 米，为四层六边锥形体。塔灯安装在最顶端。后来，用特大号干电池代替了煤油气灯，随着科学技术日新月异的发展，如今又安装了太阳能装置。东沙头也是玉环本岛见到东海日出最早的地方。这个灯塔耸立在东沙 50 多米高的小山顶上，已有百年的历史了。虽然塔身不高，但面对进入坎门港的主航道。据说早年在东沙海面，由于没有航行灯塔，船只在大雾、夜间很难进入坎门附近的海域。于是有人在山顶建有一小屋，悬挂桅灯，发出微小的闪烁之光，所有进出港的大小船舶，全都依赖着发自这座灯塔的微光，护佑其万事平安。后来航道繁忙，桅灯不能满足，于是有人集资筹建了能照射范围更广，四方形基座的普安灯塔，塔身刻有"环海明星"四字。现在几经风雨沧桑，灯塔照明也由原来的蓄电池供电，改成了由太阳能电板供电、照射数海里的新颖灯标。清晨当人们还沉浸在黎明前的睡梦之际，白色挺拔的普安灯塔，早已在东方的朝霞映照之下熠熠生辉；而当人们在城区享受最后一抹斜辉的时候，夜幕降临，发自这颗夜海明珠的闪闪光芒，迎送着往来奔波的百楫千帆。普安灯塔见证了海岛历史变迁，也成了玉环的重点文物保护点。

由于东沙头三面环海，蹲在坎门港的要冲地带，曾是军事要地，民国时的海军部曾在此设海军无线电台，为保证海上军舰的安全航行提供保障。20 世纪 50 年代，解放军也进驻该地，修碉堡挖战壕。现在我们仍能看到纵横交叉、弯弯曲曲的掩体和战壕。

山腰石屋古朴自然，保留了渔村特有的风貌。而实际上东沙村，它就是玉环的"成山头"。现在随着东沙历史文化村落保护的实施，东沙普安灯塔及附近将会有更加科学的发展。

为弥补普安灯塔被南排山岛遮挡，在 2006 年新春佳节来临之际，在离坎门港南排山岛西南侧 800 多米的妈祖印暗礁上，又建了一座高 17.5 米、射程 2 海里、圆形薄壁钢筋混凝土结构的灯塔。新建成的海上灯塔熠熠生辉，大放光彩。该灯塔主要是为进出大麦屿港、温州港的船舶指明航向，这座树在海中的巍巍灯塔，照亮了一艘又一艘过往船只的悠悠航程。它与附近海洋岛屿景观相互交映，成了坎门港的标志建筑。

近百年来，普安灯塔一直为在附近海域南来北往的船只指明夜间和雾天的航道。塔上的楷书"东海明珠"，成了它的历史写照和东沙人的骄傲。2004 年 1 月，普安灯塔作为近现代重要史迹及代表性建筑物，被列为县级重点文物保护单位。

每到夜色降临,浪潮不紧不慢地拍打着海滩,普安灯塔便开始闪烁,东沙村人就在这给人希望的光芒中结束一天的劳作,错落有致的石头屋里也是灯光点点。有灯塔相伴的东沙村,显得特别的安逸和宁静。

(轩歌)

泰顺县溪东村

仕阳碇步

仕阳镇是浙江省温州市泰顺县辖镇，位于泰顺县南部，东邻雪溪乡、万排乡，南界福建省柘荣县，西接龟湖镇，北靠三魁镇、垟溪乡，区位优势极为明显。全镇面积65.14平方公里，有耕地6188亩、森林53254亩，辖18个行政村、96个自然村。随着矿产业和小水电为主的支柱产业的开发与利用，镇党委、政府带领全镇人民解放思想、实事求是、大胆实践，农村面貌发生了翻天覆地的变化。村，即仕阳镇人民政府驻地溪东村。

溪东，唐宋时称仕洋，清代称是洋。泰顺《分疆录》载："是洋是洋，是水洋洋……巨津也。"据此是从仕水汪洋而得名。又因是洋地处仕水之北，石人尖（山名，又名石龙尖）之南，俗以山南水北为阳，后人据此雅化为仕阳。故新中国成立后的设区、置乡、建镇，均以驻地而得名。

而始以溪东名之者，夏氏也。据考：后唐天成二年（927年），有夏氏一支自安固白云山下峦底（今莒江）迁至仕洋之南，取名夏宅港。而仕洋居夏宅港之东，一水相隔，故夏氏以"溪东"称之。村以溪东名之，那是民国后的事了。时至如今，唯朝阳、洋西几个隔溪相望的自然村称溪东以示亲近外，其他乡镇的人而仍称仕阳。

水，即村旁的溪流，它叫仕阳溪，属交溪水系，是泰顺众溪流中流量较大、延伸最长的溪。它全长62.5公里，自东而西，纵贯十数个乡村而蜿蜒入闽。它两岸多峡谷怪石，沿途尽深潭险滩；支流不时来汇，景致雄奇险峻。这是一条不知冲刷沉淀过多少历史而今正在谱写着无数可能的溪流。

村旁有水，乃天所赐，是水汪洋，就有碍交通了。为便于步涉，就自然要为埠（碇埠，俗称矴步，又名碇步）、为桥。仕水巨津，难于为桥，就只好以石为埠。这就是仕水多埠的原因。别的不说，就从雪溪到仕阳的数公里之间，百齿左右的碇步就不下五条。当然，最美最长的当数仕阳碇步（图 8-7）。

图 8-7 仕阳碇步

仕阳碇步，共 223 齿。分高低两行。高者白石建造，低者青石为之。远远望去，青白相间，颇似琴键，故后人美其名曰琴桥。琴桥外观之美，世无其匹；而建造之合理，也极为罕见。

其一是高低两行的设计。当时，两岸的主要交通是碇步。高低两行之设，一为来往避让方便，二为讲究礼仪而设——一般为长者高之，肩荷背负者高之。旧时妇女如遇迎面之男，也会避之而下以示谦卑。小孩一般也会选低而行，是长者循循导以安全故也。其二是颜色质地的选择。高者为主道，稍宽，可供两人行走；选白，是为明而显之。且白岩质地较软，有韧性。两石竖并相依，下设护岩挡之，更不惧洪流夹带异物碰撞。低者为次，稍窄，可行一人，选青石，是因其质地较坚，护主之力强。而且青白相间，不仅可区别于主次，望之也颇悦目。其三是间距的设计。碇步宽可一足，距量半步，中空无阻为畅流水，级距均衡以便顺行。而且，在溪流中间二齿碇步上，架一板青石，形如几凳短桥，以防眩晕，也可供长步休息。而且，为使永固，碇步上下两侧十数余米，皆有松木结架为底，其上巨石连砌成坪以稳溪流；碇步两端更是巨石为埠，并连以护村之坝。足见大匠之思巧，为世谋者长也。

仕阳碇步未建之前，溪流本来较窄。尤其店坪一段，地势骤降，水流颇为湍急。且溪东地势本来就低，百流汇集，常常是今日连木为桥，明日就毁于山洪急雨。碇步建成之后，溪流从此一阔百米。两岸来往不仅便利，家乡从此更添美景。每逢盛夏，晚饭之后，人们便三五成群，陆续聚来。或涤足低坐聊以油盐，或望月高踞畅说得意。而清风徐来，疲劳可除；天水共月，人影婆娑，平添人间一佳景也。待到更深夜阑，人群散去，月色满溪，鸟声喈喈，轻雾游移。景致之清也，虽诗画之景难以比拟。

据传，最早的仕阳碇步有360齿，为夏宅港夏氏为免长期竹筏木舟之苦所建。就这，便花费了夏氏一族百十年的心血。不幸的是，这条因形势而设计成弯弯曲曲优美之状的碇步，在洪武年间，因遭遇特大洪水，连同夏宅港的数百年历史，都被冲刷得干干净净。而现在这条被列入国家级文保单位的仕阳碇步，是道光元年所建。其间，也经历了乾隆五十九年的移址重建、嘉庆间的一再重修。最终是由于温开炳、温应钰父子等两代的坚持，并机遇一代大匠"石精"汤正现，方终成其千古绝调。

仕阳碇步终于建成了，两岸交通自然便利了许多。但仕阳春夏多雨，碇步每被淹没。于是人们就盼望有桥。而这一盼，又盼了百数十年。其间，连神仙的参与也圆不了梦。

故事很简单：不知是哪个朝代，有一仙人，见仕阳之地，春夏之际每遇急雨，便是波涛侵岸，商旅不行。于是思建一桥，以济庶众。因近无良石，便从闽地择石化猪驱赶而来。将至建桥之处时，遇一农妇。仙人问："有没有见到一群猪？"妇答："未见猪，只见石。"于是，这群岩石就再也动不了了。而桥，也自然就没有建成。这就是流传仕阳一带颇为有名的"化猪石"的故事。而今，仕阳苧坑岭尾下之溪中近岸处，还存数堆巨岩，色独黑，即传说猪石幻化所在。

连神仙也没办法的事，那就熬吧。终于熬到了新中国成立，又熬过了文化大革命。1978年，仕阳人民终于盼来了一条跨溪石拱大桥，即仕阳大桥。仕阳大桥全长132米、高10米、宽9米、跨径90米（单孔最大跨径30米）。这条桥由政府出钱（包括设计），老百姓出力（派工），历时两载而成。有桥了，而一桥飞架，不仅两岸交通有了莫大的便利，也自然促进了社会的发展。于是，人们渐渐地富了起来。

看看那水，想想那桥，突然觉得胡以愚先生在《夏沙港桥碑记》里的几句话，说得颇有道理："僻间之义虽小，直可关乎道。仕水建桥，戊午官为，戊寅官助，而今者全筹乎民。而官民之易，虽倚乎义，实托于道也。国循道，则民富而尚义；民尚而传之，则俗清而道存。今者是也。"这几句话虽是赞美之词，也有警戒之意。不是吗？政府及其政府官员只有遵循"发展才是硬道理"这个道，一心为老百姓谋福祉，一生甘为孺子牛，老百姓才会真正的富起来。而民富国强，也就不再是遥远的事了。

（胡梦君）

泰顺县下排村

红色村落

泰顺县位于浙江省最南端,隶属于中国浙江省温州市,为温州下辖六县之一。东南邻苍南县、福建省的福鼎、柘荣,西南接福建省的福安、寿宁,西北靠景宁,东北毗文成。明景泰三年(1452年)建县,县名寓"国泰民安,人心效顺"之意。全县总面积1761.5平方公里,下辖10个乡镇(包括2个少数民族乡镇),人口23.34万(2010年)。

泰顺县是国家级生态示范区、省级生态县,拥有号称"生物种源基库""绿色生态博物馆"的乌岩岭国家级自然保护区和享有"神水宝地""天下第一氡"盛誉的承天氡泉省级自然保护区。

下排村紧邻福建,过了该村就是福建,隘头自然村中央仍保留了跨越浙闽两省的路亭(图8-8)。下排村是个革命老区村,距今已有400多年的历史,村内古民居众多,比较典型的有后洋底吴厝,刘英、叶飞等老一辈领导人。下排村的十余个自然村,大多沿浙闽边界线分布,隘头自然村便坐落于浙闽边界线的古道上,那儿能见到一方民国时期所立的浙闽界碑。1934年闽东游击队在下排村建立了中共泰南区下排党支部及苏维埃政府,领导群众开展抗租、抗债、抗税和打土豪、分粮食的斗争。1936年冬,国民党军驻福建的八十师进驻鼎泰边界,围剿屠杀革命志士,地下党组织惨遭破坏,下排籍吴明抱、彭佳保等十多名革命志士壮烈牺牲。在艰苦曲折的革命斗争岁月里,他们为了革命事业,前赴后继,舍生忘死,英勇奋斗,他们是真正的英雄。吴明抱烈士,下排村人。他为人勇敢刚直,疾恶如仇,爱打抱不平。他家兄弟多,田地少,生活贫苦,难以度日。他十三岁就帮父亲种地耕田,农闲学竹篾手艺。当时在白色恐怖下,仕阳民团胡作非为,经常在下排、隘头一带设卡抽税,苛捐繁重,勒索群众,吴明抱对重税甚感不满,他看在眼里,恨在心里,心抱不平。当时,革命烈火已燃烧到闽浙边界地区,而且已成立了霞鼎泰苏维埃政府。1934年闽东游击队在下排建立了中共泰南区下排党支部及苏维埃政府,领导群众开展打土豪、分田地的斗争。吴明抱与同村的吴明供、彭佳保、吴钦曲、吴钦和、陈金梅、吴文奏、吴明奏等投身革命，到霞鼎泰中心区参加革命工作。吴明抱参加革命队伍后，英勇善战，积极工作，经常在仕阳、福鼎西阳一带进行革命活动，后提升为肃反队队长。

图 8-8　隘头自然村跨省路亭

1935年9月，他带领肃反队攻打王家洋地主，开仓放粮，救济贫困农民。是年冬，又攻打茂竹园民团，缴获枪弹后，又带领肃反队和闽东游击队一起攻打福鼎西阳。他经常对肃反队员说："打地主民团不要怕，俗话说：犁田莫怕屎，当兵莫怕死，我们穷人翻身闹革命，就不怕杀头，万一为革命而牺牲，也是光荣的。"自从吴明抱同志参加革命后，仕阳、西阳一带的反动头目，对他又怕又恨，如敌军头目徐振良两次带领部队围剿下排村，扬言要杀光吴明抱的肃反队，吴明抱和队员早已隐蔽撤离，结果敌军将吴明抱的家物等件全部抢光，并放火烧毁他的老屋。

1936年9月29日，吴明抱带领肃反队在王家洋、武岭一带进行革命活动，是夜倾盆大雨，他们就借宿武岭溪吴守楷老屋。当时驻守仕阳的徐振良伪军，早已探到肃反队的行踪，当夜赶到武岭溪，围剿阻击肃反队，并把老屋团团包围，由于敌军人多武器精良，而我肃反队仅有鸟枪、大刀等，这无疑是鸡蛋碰石头。当时，吴明抱同志为了掩护肃反队员往武岭溪上游密林撤退，阻止敌军追击，结果被敌人的枪弹击中，壮烈牺牲了，年仅29岁。当夜牺牲的还有吴文奏、吴明奏、陈金梅三名烈士。

彭佳保烈士，下排村人，1935年春参加革命，担任霞鼎泰中心区第三分区交通员。吴钦曲烈士，下排村人，1935年春参加革命，担任霞鼎泰中心区第一分区交通员。吴钦知烈士，下排村人，1935年春参加革命，担任霞鼎泰中心区交通员。1936年10月中心区命令他们秘密潜回下排村开展地下革命工作，并把仕阳敌军和西阳民团的动向及时报告中心区党组织。一天他们三人在彭佳保家秘密碰头，研究工作，被林长翼所率的敌军包围，彭佳保掩护吴钦曲、吴钦知突围，左手手腕中弹负伤被捕。吴钦曲烈士在突围中被敌军的子弹击中头部光荣牺牲，年仅26岁。吴钦知烈士在突围中左大腿骨被敌军子弹打穿被捕。彭佳保、吴钦知烈士被押到仕阳敌军驻地受刑后几度昏迷，仍坚贞不屈。敌军为了得到口供，反复折磨他们，用尽了酷刑，也没探露出半个字！恼羞成怒的敌人把他俩押到仕阳岭秘密枪决，当时彭佳保烈士年仅29岁，吴钦知烈士年仅30岁。

吴明供，下排村人。1935年3月参加革命，负责霞鼎泰中心区第三分区财务工作。1936年9月6日中心区派他到福鼎西阳探听敌情，因叛徒告密而被捕。敌人威逼利诱、严刑拷打，要吴明供交出中心区的账本和名单，"不知道！就是知道也不会告诉你们！"吴明供面不改色地回答。恼怒的敌人挥舞着皮鞭恶狠狠地抽打着吴明供，面对敌人的皮鞭吴明供想起了自己参加革命的誓言："头可断，血可流，秘密不可泄！"于是把牙一咬，昂首挺胸，面对死亡，毫不畏惧。就这样，英勇的吴明供为了革命事业献出了自己年轻的生命。

在那白色恐怖的岁月里，在那战火纷飞的年代里，无数的革命先烈，仁人志士，为了人民的幸福，民族的解放和国家的富强，抛头颅、洒热血，前赴后继，英勇战斗，直到战争的胜利。下排村的先烈们为了党的革命事业献出了自己年轻的生命，他们的鲜血染红了我们脚下的这片土地，我们永远怀念他们！——"革命烈士永垂不朽！你们是我们心中永远的丰碑！"

（谢宏钧）

仙居县三井村

三井村特色饮食

仙居广度乡三井村历史悠久，其村的历史来源和三井禅寺（图8-9）关系密切，可以追溯至后唐。直到今天文物古迹等留存较多，古建筑保存良好，人文资源非常丰富。该村落主要保存历史遗迹为古寺院、古民居、干栏式建筑、古井、古道、木雕等，基本可以看到清朝中晚期到民国以及新中国成立前民居建筑的变迁，尤其是三井寺保存之完好以及规模之宏大，在仙居县当地甚为罕见。这些古建筑、古民居是仙居山区民众因地制宜创造人居环境的一个典范。因为三井村和寺院关系密切，所有至今尚存寺僧在腊八节派送腊八粥的习俗。又因为三井村地处海拔600米的高山，与外界交通颇为不便，故因地制宜，保存有和其他各地不同的特色饮食。东晋时，仙人王方平云游到括苍山，在括苍洞不远的村子里，见蔡经尊老爱幼，善待乡人，口碑极好，便度他成仙。四年后，王方平还到蔡经家作客，邀请仙人麻姑一起饮酒欢聚。一天黄昏，王温做工回家，发现两个汉子前来要饭。王温一看，不禁吓了一跳，他们穿着破烂，露在衣裤外面的头脸手足，都生满疥疮，糜烂红肿的地方还流着脓水血水。王温觉得他俩生这毛病太痛苦了，便问他们知不知道有什么药可以医治？如果有药医

图8-9 三井禅寺

治，不管化多少钱，都由他来支付。第二天早上，王温来到后院，刚想进酿酒房看看。不料从屋里走出来两位英俊帅气的小伙子，他们上前向王温致谢，感谢他治病救人的大恩大德。一转眼，两位小伙子不见了。王温来到酒缸前，只见两缸酒清澈无比，飘出阵阵异香，他禁不住舀了一勺酒品尝，感觉香醇甘美，浑身酣畅淋漓。王温便叫全家人都来品酒，家里的狗啊、鸡啊都赶来喝溢到地上的酒。想不到一家人喝了酒后，连同房屋都飞升上天，连狗和鸡都一起飞升成仙。自此，仙居县名一直沿用至今。

三井寺的腊八节源远流长，从先秦起，都是用来祭祀祖先和神灵，祈求丰收和吉祥。腊八节除祭祖敬神的活动外，人们还要逐疫。这项活动来源于古代的傩（古代驱鬼避疫的仪式）。史前时代的医疗方法之一即驱鬼治疾。作为巫术活动的腊月击鼓驱疫之俗，今在湖南新化等地区仍有留存。

《风俗通》记载："夏曰嘉平，殷曰清祀，周曰大腊，汉改曰腊。腊者，猎也，田猎取兽祭先祖也。"各种禽兽经过一年的生长，膘肥毛美，歇冬的农人猎之用于祭祀，用之当时。但当时腊祭的日期并不固定，规定在每年冬至后的第三个戌日举行，并将这个日子称为"腊日"。将"腊日"定为每年的"腊月初八"始于南北朝时期。

腊八节又谓之"佛成道节"，亦名"成道会"，据传，佛教创始人释迦牟尼修行深山，静坐六年，饿得骨瘦如柴，曾欲弃此苦，恰遇一牧羊女，送他乳糜，他食罢盘腿坐于菩提树下，于十二月初八之日悟道成佛。公元1世纪佛教传入中国后，为祭祀释迦牟尼成道之日，各寺院在这一天都要念经，煮粥敬佛，即腊八粥。后演化成纪念佛祖释迦牟尼成道的宗教节日。因在十二月举行，故称该月为腊月，称腊祭这一天为腊日。

三井寺保存有在腊八节派施腊八粥的习俗。这个习俗估计是佛教习俗和中国儒家传统祭祀进行融合以后的结果。三井寺作为历代名寺，一直效仿释迦牟尼成道前的传说故事，用香谷、果实等煮粥供佛。并将腊八粥赠送给门徒及善男信女们，该习俗沿袭至今已有几百年的历史，现在每年腊八节，三井寺都会在寺院门口设施粥点，向善男信女施放腊八粥，并把腊八粥送往附近的敬老院、孤儿院等地。寓意人们可以得到佛祖的保佑，能增福增寿。这一习俗成为三井村独一无二的风俗。

三井村还流传有清明节前后做青团、吃青团的习俗。青团子最早是清明节扫墓用的祭品，沿袭至今，已成为清明节的一种传统食物，每到清明节，家家户户都会制作青团。三井村青团子的皮由糯米粉和一种仙居人俗称"青"的野菜制作而成，这种野菜清明前生长最为旺盛，趁这个时节，村民们到田里采摘，春暖花开时节，摘青也因此成为当地的一种风俗。

青团的馅则分咸、甜两种，一般咸的由咸菜、冬笋、肉丝等精炒组成；甜的一般以豆沙馅居多。

三井村附近的青团子的制作工艺与其他各地不同，可谓一绝，主要体现在外皮制作上。首先，把新鲜摘来的青在热水中汆过，然后把青放到捣臼中捣烂，再把捣烂的青连汁放到烧开的水中，滤掉青的渣之后，把青汁倒入糯米粉中一起搅拌，再把混好青汁的糯米粉放到捣臼中捣，直到糯米粉完全和青汁溶在一起，糯香飘逸再制作青团子。再配上广度特有的冬笋和咸腊肉作为内陷，味道可谓一绝。由于青团外皮制作工艺较为复杂，制作青团都需要数十人一起参与，特别是要有力气大的男子参与捣臼过程，热闹非凡。

更为神奇的是，每到过年的时候，有时也会看到三井村的农家在制作青园，那么这些只有在春天采摘的野菜是怎么保存下来的呢？这里面就蕴含有中国传统社会的饮食智慧。原来春天采摘来的野菜，清明前后做了青园如果尚有留存，村民就把这些野菜放到热水里汆过，然后再捞出来，拿到烈日下暴晒，等野菜彻底干了后，就成为菜干，保存到冬天也没事了。届时拿出来，在水里一泡，又新鲜欲滴了。

三井村的人还爱吃番薯粉面食，这里的面食是仙居方言，它指的就是馄饨。馄饨起初也是用于祭祀的，直到宋代，每逢冬至节，市镇店肆停业，各家包馄饨祭祖，祭毕全家长幼分食祭品馄饨。富贵人家一盘祭祀馄饨，有十多种馅子，谓之"百味馄饨"。南宋后，馄饨转入市肆食店作点心卖了。馄饨既可作点心，又可作菜肴，是大众最普遍又最受欢迎的小吃。一般来说，馄饨的皮都是面粉制作为主。而在三井村，却保存着用番薯粉制作馄饨皮的做法，是为番薯粉面食（馄饨）。

番薯粉做外皮和三井村地理环境关系密切。三井村地处高山，在历史上鲜有小麦种植，而多倾向于种植番薯，番薯量大，以番薯为材料的各种饮食也应运而生，番薯粉面食就是非常有代表性的一种。

制作中，先把烧开的水注入番薯粉和成一块，再把面块放到锅里不停翻炒，待翻炒番薯粉八分熟出锅加入少量面粉，再擀成皮，包馅料而成。按包法和形状的不同，馄饨通常分为四种，分别为：官帽式、枕包式、伞盖式、抄手式。而三井村传统包法，都去元宝式样，大概取义于吉祥。元宝馄饨的做法是，将番薯粉面皮平放到手掌上，取适量馅放中间，再讲馄饨皮对折，捏住对折的中间两个角往一块拉，直到交错重叠在一起时捏紧即可。

番薯粉面食外观晶莹剔透，外皮有嚼劲，馅美味香，是仙居一个传统美食。2015年1月，在仙居县首届风味美食节上，番薯粉面食被众多美食家称赞，获得了仙居县最具推广价值奖。

（仙居县农办）